Kinder-Report

Andrea Ernst/Sabine Stampfel

Kinder-Report

Wie Kinder in Deutschland leben

Kiepenheuer & Witsch

Umschlag: Rudolf Linn, Köln
Lektorat: Erika Stegmann, Köln
Satz: Fotosatz Froitzheim, Bonn
Druck und Bindearbeiten: Claussen & Bosse, Leck
ISBN 3-462-02122-2

Inhalt

Einleitung

»Kinder« sind in Mode gekommen. Die Landesregierungen schicken seit kurzem eigene Kinderbeauftragte ins Rennen, um für eine kinderfreundliche Umwelt zu werben. Die Bundesregierung preist in Hochglanzbroschüren ihre kinderfreundliche Familienpolitik, und Großwandplakate verweisen auf die Freuden des Kinderkriegens und -großziehens. Auch die Werbewelt hat sich dem Trend angeschlossen und verkauft Computer, Rasierklingen, Versicherungen und Dienstleistungen der Post mit lachenden Babys.

Abseits der Werbewelten tut sich eine andere Realität auf. In ihr kommen Kinder kaum zu Wort. Sie haben keine Stimme und bleiben ohne Lobby, wenn es um die Gestaltung ihrer Betreuungseinrichtungen, ihrer Schulen, um das Leben in den Familien oder um ihre soziale Sicherheit geht. Rund acht Prozent aller unter 15jährigen beziehen in der Bundesrepublik bereits Sozialhilfe, weit über eine Million Kinder werden in diesem Jahr von der Arbeitslosigkeit ihrer Eltern mitbetroffen sein.

Die soziale Lage der Kinder ist in Deutschland ein ebenso großes Tabu wie Gewalt, Vernachlässigung und Mißbrauch: Rund 45 Prozent aller Eltern stimmen auch heute noch der Prügelstrafe zu, schätzungsweise 300.000 Kinder werden jedes Jahr sexuell mißbraucht. Dabei fehlt es an Tages- und Freizeiteinrichtungen, die es den Kindern erleichtern würden, den familiären Konflikten zu entfliehen. Nur vier von hundert Kindern haben in Westdeutschland die Chance auf einen Hortplatz, insgesamt fehlen mehr als eine halbe Million Kindergartenplätze. Im östlichen Teil der Republik werden die bestehenden Tageseinrichtungen dem wirtschaftlichen Wandel geopfert.

In der UN-Kinderrechtskonvention, die voraussichtlich im Herbst 1991 im Bundestag verabschiedet wird, werden erstmals Schutzrechte für Kinder auf internationaler Ebene festgeschrieben. Anlaß genug, um zu prüfen, wie es den Kindern hierzulande geht. Neun Lebensbereiche wurden aus dem umfangreichen Rechtskatalog der Vereinten Nationen gewählt, die entsprechenden Fakten gesammelt und schließlich jene ExpertInnen befragt, die am besten Bescheid wissen: die Kinder selbst. In mehrstündigen Gesprächen haben sie über ihre Hort- und Schulerfahrungen, über die Gewalt in ihren Familien und über ihre Ängste erzählt.

Die individuelle Ausdrucksweise der Kinder blieb gewahrt, nur umgangssprachliche Formulierungen wurden der besseren Lesbarkeit wegen verändert. Viele Themen konnten nicht aufgenommen werden, obwohl die Kinder in fast allen Interviews darauf zu sprechen kamen: ihre Sorge um die Umweltzerstörung und die Angst vor Krieg. Vor allem die Kinder in den fünf neuen Ländern sind verunsichert und wissen nicht, wie sie mit bisher unbekannten Formen der Aggression umgehen sollen.

Keines der Gespräche hat uns selbst unberührt gelassen. Vor allem das große Bedürfnis der Kinder, jemanden zu finden, der ihnen zuhört. Wir hoffen, dies unseren LeserInnen weitergeben zu können.

Die Autorinnen

Artikel 18
Die Vertragsstaaten unterstützen die Eltern bei ihrer Erziehungsaufgabe und sorgen für den Ausbau von Kinderbetreuungseinrichtungen.

Kein Platz für Kinder

»In der Ausstattung mit Kindergärten«, tadelte die Bundesministerin Angela Merkel im Frühjahr 1991, »zeige die hochindustrialisierte Bundesrepublik eine geradezu unglaubliche Schwäche.«[1] Tatsächlich rührte sich in der westdeutschen Kinderbetreuungslandschaft jahrzehntelang wenig. In den regierungsamtlichen Leitvorstellungen dominierte ein Familienideal, das die Mütter für die Betreuung des Nachwuchses verantwortlich machte. Der Staat wollte sich daran nicht beteiligen. Nur der Kindergarten bekam in den 70er Jahren eine eigene Bildungsaufgabe zuerkannt. Er wurde zur ersten Stufe des Bildungssystems erklärt und sollte die Erziehung in der Familie ergänzen.[2] Krippen und Horte blieben von der Diskussion unberührt und waren bestenfalls als Notlösungen anerkannt.

Nun ist die gesellschaftliche Entwicklung den FamilienpolitikerInnen davongelaufen. Heute stehen mehr als die Hälfte aller Mütter, nämlich 52,6 Prozent, im Erwerbsleben.[3] In den fünf neuen Ländern ist die Gruppe der traditionellen Familien, nach dem Modell: Vater – Ernährer; Mutter – Hausfrau, auf eine Minderheit von zehn bis zwanzig Prozent zusammengeschmolzen.[4] Während es für die meisten Kinder im östlichen Teil Deutschlands (noch) ausreichend viele Tageseinrichtungen gibt, fehlen nach Schätzungen im alten Bundesgebiet rund 500.000 Kindergartenplätze.[5] Über den Wahrheitsgehalt dieser Schätzung herrscht Uneinigkeit, denn allerorts mangelt es zusätzlich an seriösen Bedarfsplanungen und Daten.

Das Armutszeugnis

Sogar der letzte Jugendbericht der Bundesregierung, erschienen 1990, mußte auf die Jugendhilfestatistik von 1986 zurückgreifen. Danach standen entsprechende Betreuungsplätze nur zur Verfügung:

* Für 1,6 Prozent aller Kinder von null bis drei;
* für 78,9 Prozent aller Kinder von drei bis sechs; und
* für 4,4 Prozent aller Kinder von sechs bis zehn Jahren.[6]

Ein Armutszeugnis, das die überaus reiche Bundesrepublik zum Schlußlicht im europäischen Vergleich macht. So bieten beispielsweise die Franzosen und Belgier 95 von 100 Kindern im Kindergartenalter Plätze an, bei den Italienern und Dänen haben 88 beziehungsweise 87 Prozent die Chance auf einen Platz.[7] Dabei gibt es auch im westlichen Teil der Bundesrepublik große regionale Unterschiede.

Rechnerischer Versorgungsgrad[8] der Landeskinder im jeweiligen Alter in Prozent

von: *in:*	*0–3* *Krippe*	*3–6* *Kindergarten*	*6–15* *Hort*
Baden-Württemberg	1,2	105,0	1,4
Bayern	0,9	68,9	1,9
W.-Berlin	19,7	63,6	12,1
Bremen	0,9	79,5	1,1
Hamburg	10,1	53,8	8,5
Hessen	1,4	91,1	3,5
Niedersachsen	0,9	57,8	1,0
NRW	0,3	77,0	13,9
Rheinland-Pfalz	0,3	100,0	0,6
Saarland	0,4	96,0	0,7
Schleswig-Holstein	0,5	53,8	1,1

Diese Zahlen haben sich inzwischen nicht verbessert, sondern entscheidend verschlechtert. Beispiel Nordrhein-Westfalen: Im Frühjahr 1990 begründete das Sozialministerium das Fehlen von 100.000 Kindergartenplätzen mit völlig falschen Prognosen. Die Frauen hatten insgesamt mehr Kinder bekommen als erwartet. Sie suchten einen Betreuungsplatz ebenso wie die vielen Kinder der Aussiedlerfamilien. Außerdem mußte eingestanden werden, daß die angepeilte Quote von 75 Kindergartenplätzen für jeweils hundert Kinder nicht mehr stimmte. Inzwischen wollen nämlich 90 Prozent aller Eltern ihre Drei- bis Sechsjährigen in einer Betreuungseinrichtung anmelden.[9]

Kinder ohne Rechte

In den Entwürfen zum neuen Kinder- und Jugendhilfegesetz (KJHG), das seit dem 1.1.1991 in Kraft ist, hielt sich die Forderung nach dem bundesweiten gesetzlichen Anspruch auf einen Kindergartenplatz nicht lange. Die Kinderkommission im Bundestag und zahlreiche Wohlfahrtsverbände hatten sich für die Idee des verbindlichen Rechtsanspruchs stark gemacht. Der Vorschlag scheiterte schließlich am Einspruch der Ministerpräsidenten der Länder, die unerwartete Kosten auf sich zukommen sahen. Damit war das Herzstück der Reform vom Tisch. Statt dessen wurde auf eine butterweiche Soll-Bestimmung zurückgegriffen: »Alle Kinder, für deren Wohl eine Förderung in Tageseinrichtungen oder in Tagespflege erforderlich ist, sollen eine entsprechende Hilfe erhalten. Die Länder regeln die Verwirklichung dieses Grundsatzes durch Landesrecht und tragen für einen bedarfsgerechten Ausbau Sorge.«[10]

KritikerInnen sehen in solchen Soll-Bestimmungen nichts anderes, als die generell fehlende Bereitschaft, »sozialpolitische Einrichtungen der Kinder- und Jugendhilfe auch finanziell abzusichern«.[11]

Die durchschnittliche Versorgungsquote gibt wenig Auskunft darüber, in welchem Maße es den Eltern tatsächlich gelingt, einen Betreuungsplatz für ihre Kinder zu finden. Die bisherige Politik förderte vor allem die soziale Ungleichheit und bevorzugte die privilegierten Kinder. Der achte Jugendbericht stellt dazu lakonisch fest, daß dies wohl nicht den bildungspolitischen Intentionen der Kindergartenidee entsprechen könne.[12]

Auf verlorenem Posten[13]

* In kleineren Gemeinden besuchen weniger Kinder den Kindergarten als in größeren. Die ländlichen Gebiete sind generell schlechter versorgt als die Ballungsräume.
* Aus den Familien mit Niedrigsteinkommen besuchen rund 68 Prozent der Vier- und Fünfjährigen einen Kindergarten. Bei den Netto-Verdiensten mit 5.000 Mark monatlich können hingegen 87 Prozent der Vier- und Fünfjährigen an einer Vorschulbildung teilhaben.
* Die geringere Durchsetzungskraft ärmerer Familien im Kampf um die knappen Plätze benachteiligt offenbar die sozial Schwachen. Zusätzlich schrecken sie vor dem Kontakt mit dem Jugendamt zurück, das ihnen die Kosten für den Elternbeitrag abnehmen könnte.
* Es besuchen nur etwa 59 Prozent der ausländischen Kinder einen Kindergarten, während dies 78 Prozent der gleichaltrigen Deutschen tun.

Mittags auf der Straße

Die Öffnungszeiten fast aller Kindergärten sind so, daß Kindern und Eltern ein extrem hoher Organisationsaufwand abverlangt wird, denn die Mehrheit der Einrichtungen schließt um die Mittagszeit, ab 14 Uhr dürfen die Kleinen dann wieder rein. Nach den Erhebungen der Bund-Länder-Kommission lag der Anteil der Ganztagsplätze im Jahre 1984 bei nur 12 Prozent. Demnach hatten von allen Drei- bis unter Sechsjährigen nur neun Prozent einen Ganztages-Kindergarten zur Verfügung.[14] Zahlen, an denen sich nichts Wesentliches geändert hat. Selbst die Bundesministerin für Frauen und Jugend, Angela Merkel, mußte zugestehen, daß die Kindergärten in der weit überwiegenden Zahl nur in den Vormittagsstunden besucht werden (können).[15]

Die meisten erwerbstätigen Mütter sind dadurch gezwungen, tagtäglich ein ausgeklügeltes Betreuungssystem zu organisieren. Tanten, Nachbarn und Freunde müssen zu Mittag bereitstehen, um die Kinder abzuholen. Mit einigem Glück gibt es für den Nachmittag eine Tagesmutter, die einspringt, wenn die Großmütter keine Zeit haben und die Tanten im Urlaub sind. Notfalls müssen Babysitter bezahlt und Taxifahrer angeheuert werden, um den Transport der Kinder sicherzustellen. Nur wer genügend Geld, Nerven und eine kooperationsbereite Verwandtschaft hat, kann diesen Drahtseilakt über Jahre ausbalancieren. Alle Beteiligten müssen dafür Federn lassen. Die Kinder verbringen teilweise unzählige Stunden in Autos, weil in der Nähe der Wohnung keine Ganztagseinrichtung zur Verfügung steht, und sie wechseln bis zu dreimal täglich die Betreuungsperson, weil es die deutsche Kinderpolitik so will.

Inzwischen wird es für die Sozialpolitiker im westlichen Teil der Republik immer schwieriger, an den vier Millionen berufstätigen Müttern und ihren sieben Millionen Kindern vorbeizukommen.[16] Mit flexiblen Öffnungszeiten in den Kindergärten, mit Frühdiensten, verlängerten Vormittagsstunden und verlängerten Abholzeiten wird versucht, wenigstens den teilzeitbeschäftigten Frauen entgegenzukommen.[17]

Die Notlösungen

Neben der Kindergartenmisere führt das fast völlige Fehlen von Krippen- und Hortplätzen zu unerträglichen Belastungen. GrundschülerInnen sind in der Regel zwischen elf und zwölf Uhr wieder zu Hause. Für die Zeit danach gibt es kaum Aufenthaltsmöglichkeiten, Spielstätten, Freizeitangebote oder eben Horte. Nur jedes 23. Kind zwischen sechs und zehn Jahren kann auf einen entsprechenden Platz hoffen.[18] Dabei benötigen nicht nur die GrundschülerInnen einen »Ort«, an dem sie nachmittags spielen und andere Kinder treffen können. Auch die Zehn- bis Vierzehnjährigen suchen nach Einrichtungen, in denen sie Freundschaften schließen, Sport treiben und Hausaufgaben machen können.

Der Mangel an Horten oder anderen Kindertagesstätten ist mit dem deutschen Schulsystem eng verknüpft. Die Schule wurde als Vormittagseinrichtung konzipiert und schielte immer nach den Müttern, die sich am Nachmittag den Kindern widmen sollten. Die außerhäusliche Nachmittagsbetreuung wurde auf diese Weise zum »Notfall« degradiert. Tatsächlich treffen in den Horten mehrheitlich Kinder aus schwierigen Familienverhältnissen, Kinder alleinerziehender Eltern und Ausländerkinder aufeinander. Meist werden ihnen die knappen Plätze über die Jugendhilfe zugewiesen. Die Spitzenverbände der Freien Wohlfahrtspflege kritisieren diesen bildungspolitischen Schildbürgerstreich seit langem. »Er hat die Entstehung von sozialen Brennpunkten geradezu vorprogrammiert«, stellt Ilsa Diller-Murschall vom Bundesverband der Arbeiterwohlfahrt fest. Selbst der achte Jugendbericht der Bundesregierung hält mit Kritik nicht zurück: Die Situation hat zu einer »Stigmatisierung der Horte und deren Besucher geführt. Das Angebot an Hortplätzen steht in keinem Verhältnis zur Lebensrealität der Familien (...) Es müßte eine gesellschaftliche Verpflichtung sein, diesen Jugendhilfebereich stärker auszubauen.«[19]

Gemeinsam mit anderen Kindern

Mit Modellen wie *Betreute Halbtagsschule*, mit *Schulkinderhäusern* oder sogenannten *Betreuungsschulen* wird derzeit länderweise unterschiedlich versucht, dem Mangel entgegenzuwirken. Die Bundesarbeitsgemeinschaft der freien Wohlfahrtspflege (BAGFW) erhofft sich gleichzeitig Unterstützung vom neuen Kinder- und Jugendhilfegesetz (KJHG). Dort wird generell von der notwendigen Förderung der Kinder in *Tageseinrichtungen* gesprochen. »Eine Beschränkung auf Kindergärten, wie dies derzeit überwiegend bei den Landesgesetzen der Fall ist, (...) reicht nach dem neuen KJHG nicht mehr aus«, mahnt die Arbeitsgemeinschaft an.[20] Damit sind auch die Kinderkrippen gemeint, der härteste Zankapfel im Streit um die geeignete Kinderbetreuung.

Die häufigsten Argumente gegen Krippen wurden aus der Hospitalismusforschung geholt, um auf nicht wiedergutzumachende Kindergefährdungen hinzuweisen.[21] Meist heißt es, die Kleinen wären anfälliger für Krankheiten und litten häufiger an Verhaltensstörungen als andere Kinder. Von diesen Zweifeln werden andere europäische Länder weniger geplagt. Sie orientieren sich lieber an der Qualität ihrer Einrichtungen und am Ausbildungsstandard ihres Fachpersonals. Während im westlichen Deutschland zwei (!) von hundert Kleinkindern in einer Krippe versorgt werden können, sind es in Dänemark 44, in Frankreich und Belgien über zwanzig und in den Niederlanden zehn.[22]

Insgesamt stehen im westlichen Teil der Republik nur etwas über 28.000 Plätze für rund 1,8 Millionen Krippenkinder zur Verfügung.[24] Forschungsergebnisse, die zeigen, daß sich die Betreuung in einer guten Einrichtung oder durch eine qualifizierte Tagesmutter positiv auf die kindliche Seele auswirken können, werden hierzulande nur zögernd aufgenommen. Dabei weisen soziologische Untersuchungen schon seit Jahren darauf hin, daß es durch die veränderten Familienstrukturen, durch die vielen Kinder aus Ein-Eltern-Familien und durch die vielen Einzel- und Scheidungskinder immer schwieriger wird, den Erziehungsansprüchen zu Hause gerecht zu werden.[25]

Das EG-Kinderbarometer
Rangliste der Versorgung von Kindern im Krippenalter: [23]

Dänemark	44 %	Portugal	4 %
Belgien	20–25 %	Griechenland	2–3 %
Frankreich	20–25 %	Bundesrepublik	2 %
Niederlande	10 %	Großbritannien	2 %
Italien	5 %	Irland	unter 1 %
Spanien	5 %	Luxemburg	unter 1 %

»Die Sozialisationskapazitäten der Kleinfamilie sind begrenzt,« stellt Kornelia Schneider vom Deutschen Jugendinstitut fest.[26] Und selbst der Zentralrat des Deutschen Caritasverbandes ist bereit, von bisherigen Positionen abzurükken. Familienergänzende Hilfen, so der Geschäftsführer des Zentralverbandes katholischer Kindergärten Heribert Mörsberger, schwächten nicht die Familien, sondern stärkten sie. Vorbehalte gegen Krippen und Kindertagesstätten müßten aufgegeben werden. Mörsberger: »Ausschlaggebend müssen die Bedürfnisse der Kinder sein.«[27]

Der graue Markt

Inzwischen äußern bis zu 40 Prozent aller Eltern den Wunsch nach Betreuungsangeboten schon vor dem Kindergartenalter.[28] Und sie greifen zur Selbsthilfe. Der Druck auf die KommunalpolitikerInnen formiert sich meist in Elterninitiativen, die landauf, landab entstehen. Eltern zahlen bis zu 300 Mark pro Platz, um ihre Kinder entsprechend betreut zu wissen. Noch mehr Geld fließt in den unüberschaubaren grauen Markt. Die Wochenendbeilagen der Lokalzeitungen sind voll mit Hilferufen nach Kinderfrauen, Tagesmüttern, Au-pair-Mädchen und Leih-Omas. Nach Angaben des Deutschen Vereins für öffentliche und private Fürsorge geben die Eltern teilweise schon ein Drittel ihres Einkommens für »graue« Pflegestellen aus.[29] Etwa 25.000 »Ersatzmamas« sind in den »alten« Bundesländern registriert.[30] Die Vermittlung dieser Tagespflegestellen läuft über die Jugendämter. Daneben bilden sich Arbeitsverhältnisse heraus, in denen weder die sozialrechtlichen Fragen geklärt sind noch die Qualifikation der Betreuungspersonen gesichert ist. Oft sind die Beziehungen zur Tagesmutter instabil, manche Drei- bis Vierjährige können schon auf abenteuerliche »Betreuungskarrieren« zurückblicken. Zufrieden können nur jene sein, deren Eltern es schaffen, mit entsprechenden Finanzmitteln Kontinuität in die ersten Kinderjahre zu bringen.

»Im Hort macht es mehr Spaß«

Patricks[31] *Haare stehen in einem wohlgeordneten Chaos zu Berge. Im Nacken verlängert sich der Schopf zu einem geflochtenen Schwänzchen mit Band. Sein Sommersprossengesicht ist noch vom Fußballspielen erhitzt, während er zu erzählen beginnt. Patrick ist elf Jahre alt und lebt mit seinen Eltern und seiner Schwester Andrea zusammen. Der Vater arbeitet als Sozialwissenschaftler in einem großen Wirtschaftsunternehmen, die Mutter als Ökonomin in einem Ministerium. Die Eltern waren immer erwerbstätig, solange*

er zurückdenken kann. Das zweistöckige Reihenhaus mit Garten gehört der Familie und bietet reichlich Platz zum Spielen.
Andrea (7) legt Wert darauf, ihr Kinderzimmer ganz genau vorzustellen. Unter ihrem Hochbett stehen Kindermöbel, auf denen sie bittet, Platz zu nehmen. Sie serviert Mineralwasser und ordnet ihre Puppen und Kuscheltiere auf den frei gebliebenen Stühlen. Im Kaufladen thront eine Barbiepuppe. Bis zu ihrem dritten Lebensjahr wurde Andrea von einer Tagesmutter betreut.

Andrea
»Bei der habe ich auch manchmal geschlafen, aber ich kann mich nicht mehr so gut an sie erinnern. Es ist schon so lange her. Dann war ich im Kindergarten. Mein Papa hat mich immer hingebracht und abends abgeholt. Manche Kinder wurden auch schon um zwölf abgeholt, aber ich blieb immer zum Mittagessen, und danach durften wir in den Turboraum. Da konnten wir toben. Aber nicht auf dem Tisch, da durften wir nicht runterspringen, weil da hatte sich schon mal einer ein Loch geschlagen. Anfangs mußte ich im Kindergarten auch immer schlafen, das hat mir nicht so gut gefallen.«

Patrick
»Ich hatte keine Tagesmutter, weil ich in Berlin geboren bin und gleich in die Krabbelgruppe gekommen bin und weiter in den Kindergarten. Meinen besten Freund, den Rudolph, habe ich dort mit zehn Monaten kennengelernt. So lange kennen wir uns schon. Die Krabbelgruppe und der Kindergarten waren in einem Gebäude, mitten in Berlin, und wir haben ganz nahe gewohnt, nur ein paar Ecken weiter. Das mit dem Kindergarten war gut, weil meine Mutter damals selbständig war, so einen Beruf, mit Reportagen und Projek-

ten. Da war sie manchmal zu Hause und manchmal nicht. Ohne Kindergarten wäre ich zu Hause alleine gewesen.«

Andrea
»Ich kann mir nicht vorstellen, am Nachmittag zu Hause zu sein. Ich weiß es nicht, wie es ist. Weil hier in der Straße gibt es nur eine Freundin, die Line. Und wenn sie keine Zeit hätte, dann müßte ich mich am Nachmittag immer langweilen und basteln. Wenn die Mama am Nachmittag zu Hause wäre, dann könnte ich mit ihr vielleicht Mensch-Ärgere-Dich-Nicht spielen. Aber das wäre auch langweilig.
Ich bin jetzt seit einem Jahr im Hort. Manchmal sind die Erzieherinnen nett und manchmal doof. Dann spielen die nichts mit uns und rauchen nur und sitzen im Büro. Manchmal hätte ich es im Hort schon gerne ein bißchen anders. Da haben wir nur Autos, nichts für Mädchen. Keine einzige Puppe, kein Kuscheltier, echt doof. Kleinigkeiten können wir zum Spielen mitbringen. Aber nichts Großes, weil die anderen passen nicht auf, das wird kaputtgemacht und landet dann im Müll. Zum Beispiel meine Barbiepuppen, die würde ich gerne mitnehmen. Und kleine Portemonnaies und Schlüssel, damit wir Mädchen was zum Spielen haben.«

Patrick
»Als ich in die Grundschule gekommen bin, da waren wir schon in Düsseldorf. Unsere Eltern haben zusammen mit anderen Eltern den Kindergarten und Hort selbst organisiert. Der war nicht von der Stadt, der war selbständig gemacht. Wir hatten Glück, weil über dem Kindergarten waren vier Wohnungen. Da sind die Leute ausgezogen, und wir konnten aus den Wohnungen unseren Hort machen. Der ist jetzt ganz groß, da sind wir 30 Kinder. Darunter ist der Kindergarten geblieben, in dem auch schon die Andrea war.

Bei uns kann man auch rausgehen und Fußball spielen, das Gelände haben wir von der Stadt bekommen. Wir haben jetzt begonnen, das zu einer Fahrradstrecke auszubauen. Das machen wir selbständig. Das doofe ist, daß es bei den Arbeiten geregnet hat und daß das keine richtige Fahrradstrecke geworden ist. Man kann jetzt nämlich überhaupt nicht drauf fahren, weil man immer abrutscht. Im Sommer wollen wir das noch mal richtig ausbauen.«

Andrea

»Im Hort sind wir viele Erstklaßler, aber auch Zweit-, Dritt- und Viertklaßler. Die Großen spielen fast immer, die Kleinen gucken zu, und die Mädchen müssen sich langweilen. Besser ist es, wenn wir draußen spielen. Man kann Umziehsachen mitnehmen und sich schmutzig machen. Wir dürfen immer raus, nur im Winter nicht, wenn es matschig ist. Außerdem finde ich im Hort auch noch das Aquarium und die Fische gut. Am besten ist der Turboraum zum Toben und dann vielleicht noch der Werkraum zum Hämmern.

Ich gehe gern in den Hort, aber es stört mich, daß wir Mädchen nicht genug Spielzeug haben. Wenn wir da alles von Barbie hätten: Eine Küche, ein Bad, ein Schlafzimmer, ein Haus, das wäre schön. Und dann stört mich noch das Essen. Zu essen gibt's im Hort meistens Kartoffeln, den meisten Kindern stehen die schon beim Hals raus, die Kartoffeln. Das Essen kommt aus einem Heim.«

Patrick

»In der Kinderküche gibt es am Nachmittag noch mal was zu essen. Da müssen wir selbst abwaschen, so nach einem Punktesystem, das wir beim Hausaufgaben-Machen bekommen. Wenn wir laut sind, dann bekommen wir verschiedene Farben. Gelb ist die erste Verwarnung, Orange die zweite, und bei Rot muß man bis drei Uhr draußen bleiben und dann woanders die Hausaufgaben machen. Mit den Farben gibt es auch Punkte, und wer die meisten Punkte hat, der muß in der Kinderküche abwaschen. Ich hab' dieses Jahr noch kein einziges Mal abgewaschen.«

Andrea
»Das mit dem Schulbus, das würde ich auch ändern. Meine Schule ist immer um halb zwölf aus, und wir müssen uns dann immer beeilen und laufen, damit wir den Schulbus noch kriegen. Im Fahren müssen wir da reinspringen, das ist so ein doofer Busfahrer, der wartet nicht. Von der Busstelle muß ich noch ein kleines Stückchen laufen, und dann bin ich im Hort.
Im Hort ess' ich erst mal, dann sind Hausaufgaben angesagt und dann erst spielen. Der Papa holt uns immer so um halb sechs ab. Dann gehe ich noch zu der Line, die wohnt ein Haus weiter. Und am Abend kommt Mama, die muß nämlich immer sehr viel für den Minister schreiben.«

Patrick
»Ich bin der Älteste im Hort, aber ich bleibe auf jeden Fall noch drinnen, weil was soll ich denn hier zu Hause machen? Es ist total langweilig. Im Hort sind einfach viele Kinder. Dreißig Kinder und meine Schwester ist auch noch da. Man kann viel mehr machen als zu Hause. Auf unserer Straße wohnt sonst nur einer, der Robert. Wenn ich am Nachmittag zu Hause wäre, dann könnte mir außerdem niemand mit den Hausaufgaben helfen. Ich wäre allein zu Hause. Meine Mama kommt oft ganz spät von der Arbeit, deswegen holt uns auch meistens der Papa ab.
Daß die Mama Hausfrau ist, das habe ich nur kennengelernt, wenn sie einmal krank war. Also ich kenne das, aber ich finde es nicht so toll, denn dann ist keiner zum Spielen da.

Die Mama könnte mir zwar bei den Hausaufgaben helfen, aber sonst nichts. Im Hort kann ich sogar zusammen mit meinen Freunden die Hausaufgaben machen. Zu Hause ist man immer nur zu zweit. Im Hort macht es mehr Spaß.«

»Drüben« war alles anders

In der Wendezeit avancierte das Kindergartenwesen der ehemaligen DDR zum abschreckenden Beispiel. Durch Bilder und Reportagen aus Tageseinrichtungen, in denen die Kinder auf Sauberkeit, Disziplin und Pflichterfüllung gedrillt wurden, bekamen vor allem die Krippengegner Zuspruch. Tatsächlich war es unerträglich zu sehen, wie sehr das Spielen, Albern und Toben der Kinder in den streng vorgegebenen Tagesablauf aus Margot Honeckers Volksbildungs-Ministerium gepreßt wurde. Abweichungen vom vorgegebenen Programm waren nicht möglich, und die Angepaßtheit der Kinder, ihr Stillsitzen, der Ordnungszwang und die ideologische Zurichtung schmerzten demokratiegewöhnte PädagogInnen.
Kaum beachtet wurde, daß die Betreuungsinstitutionen von der Bevölkerung akzeptiert und als selbstverständliche Einrichtungen im Alltag der Familien Platz gefunden hatten. Die Frauen stellten fast 50 Prozent aller Beschäftigten, und die Erziehung ihrer Kinder in Ganztagseinrichtungen war Normalität. »Das Image und Ansehen der ErzieherInnen war hoch«, stellt Frau Diller-Murschall vom Bundesverband der Arbeiterwohlfahrt fest: »Die Mütter waren darauf angewiesen, sie konnten sich darauf verlassen und hatten in der Regel auch das Gefühl, daß die Kinder da gut aufgehoben waren. Wenn wir von den disziplinierenden Erziehungszielen absehen, dann wird deutlich, daß die Krippen, Kinder-

gärten und Horte in der ehemaligen DDR von der Struktur des Angebots her den Familien entsprachen.«

Das flächendeckende Angebot

Die Öffnungszeiten der Kindertagesstätten wurden weder für die normale Angestellte noch für die Schicht- oder Teilzeitarbeiterin zum Problem. Sie konnten ihre Kinder bringen und jederzeit abholen, je nachdem, wann es die Arbeitszeit verlangte oder ermöglichte. Von sechs Uhr morgens bis sechs Uhr abends standen die Türen offen – und das bei einem flächendeckenden und weitgehend kostenlosen Angebot. Bis auf einen Beitrag zum Essen mußte kaum etwas gezahlt werden.

In den ersten Lebensmonaten blieb die überwiegende Mehrheit der Kinder bei der Mutter oder dem Vater, die das einjährige Erziehungsjahr nutzten. Oft werden deshalb bis heute für die Berechnung des Versorgungsgrades nur zwei Altersjahrgänge, also vom ersten bis zum dritten Lebensjahr, berücksichtigt: Nach diesem Berechnungsmodus lag die Versorgungsquote im Krippenbereich nicht bei 57, sondern bei 84 von 100 ehemaligen DDR-Kindern.

Rechnerischer Versorgungsgrad[32] der Landeskinder im jeweiligen Alter in Prozent

	Krippe	*Kindergarten*	*Hort*
Ost-Berlin	60,4	121,5	86,5
Brandenburg	58,0	111,4	86,8
Mecklenburg	57,9	110,2	117,8
Sachsen-Anhalt	57,0	114,5	69,7
Sachsen	52,2	113,2	85,9
Thüringen	57,5	110,8	87,0
Gesamt, rund	57 %	113 %	88 %

»Die Kinder wurden in den Krippen nicht nur umsorgt, sondern auch ärztlich untersucht, entsprechend geimpft und im medizinischen Sinne vorsorgend betreut. Wie man diese Rundumversorgung der Kinder und die damit verbundene Abnahme der elterlichen Aufgaben bewertet, ist eine gesonderte Frage. Tatsache ist, daß sich derzeit die Vielzahl der Probleme erhöht«, kommentiert Ilsa Diller-Murschall die Lage in den fünf neuen Länder. Die Referentin für den Bereich Kinderhilfe und Familienpolitik beim Bundesverband der Arbeiterwohlfahrt weiß aus zahlreichen Gesprächen, daß die Eltern im östlichen Deutschland mit völlig neuen Fragen fertig werden müssen: »Dabei geht es nicht nur um die Schließung der Einrichtungen, um höhere Preise und geänderte Öffnungszeiten. Die Familien müssen nun auch die gesundheitliche Versorgung für ihre Sprößlinge selbst planen, sie müssen die entsprechenden Kinder- und Zahnärzte finden und Präventionsangebote suchen. Für viele ist das eine zusätzliche Belastung, vor allem, weil das System der niedergelassenen Ärzte noch nicht voll ausgebaut ist und die Polikliniken schließen.«

Nicht auf dem Rücken der Kinder

Mit der Forderung, daß die deutsche Einheit »nicht auf dem Rücken der Kinder und Eltern ausgetragen werden darf«, trat die Interessengemeinschaft »Erhaltet die Kindereinrichtungen in den neuen Bundesländern« bereits im November 1990 an die Öffentlichkeit.[33] Entscheidend dafür war, daß der Einigungsvertrag im Artikel 31 die Finanzierung der Kindergärten, Krippen und Horte nur bis zum 30. Juni 1991 absicherte. Der Bund erklärte sich bereit, mit insgesamt einer Milliarde Mark den Tageseinrichtungen unter die Arme zu greifen. Dennoch konnten Schließungen nicht verhindert werden. Oft kamen die Fördermittel zunächst nicht an ihr vorbestimmtes Ziel, sie verfingen sich in den noch nicht voll entwickelten Verwaltungsstrukturen und im mangelhaft ausgebauten Bankenwesen.[34] Schon im Frühjahr

1991 hatte Ost-Berlin rund 1.500 Kinderplätze weniger als ein Jahr davor, in Brandenburg waren über 19.000 Plätze dichtgemacht worden und in Sachsen über 12.000.[35]
Noch fehlt es in den Ländern, Kreisen und Kommunen an glaubwürdigen Bedarfsplänen und die Angst vor Massenschließungen ist berechtigt. Seit dem 1. Juli 1991 müssen die Länder selbst für ihre Einrichtungen aufkommen. Ein Teil der finanziellen Lasten wird an die Eltern und Kommunen weitergegeben: Doch in die Kassen der Bürgermeister fließen kaum Steuereinnahmen, und auf den Konten vieler arbeitsloser Familien herrscht bedrohliche Ebbe. Mit der entsprechenden Forderung nach einer weiteren und längerfristigen Bundesbeteiligung ist die Interessengemeinschaft zum »Erhalt der Kindereinrichtungen« bislang auf taube Ohren gestoßen.

Was wird aus uns?

Fraglich ist generell, wie weit es gelingen wird, die Hortplätze zu erhalten. Sie waren in die Grundschulen integriert, die ErzieherInnen und LehrerInnen hatten die gleiche Ausbildung und die gleiche Bezahlung. Beim Übergang der Horteinrichtungen vom Schulbereich in den dafür gesetzlich vorgesehenen Bereich der Jugendhilfe wird es wahrscheinlich Platzverluste geben. »Was aber wird dann aus meinen Kindern?« fragt eine Berliner alleinerziehende Mutter aus der Selbsthilfegruppe SHIA[36] verzweifelt: »Wer wird sich um die kümmern? Wenn ich niemanden aus der Familie finde, der einspringt, dann muß ich meinen Job aufgeben. Dabei habe ich den doch gerade retten können. Ich habe auch noch ein Kind im Kindergarten. Was wird nur aus uns?«
Antonia Steinmüller, Öffentlichkeitsreferentin der Initiativgruppe SHIA in Ost-Berlin, kämpft gegen die zunehmende Hoffnungslosigkeit der alleinerziehenden Frauen: »In der

ehemaligen DDR kam jedes dritte Kind außerehelich zur Welt. Kinderbetreuungseinrichtungen waren völlig selbstverständlich. Nun haben die Frauen das Gefühl, ins soziale Nichts abzustürzen. Wir versuchen zur Selbsthilfe aufzurufen und bieten Organisationshilfen an.« Gegenüber den Kindern steigt inzwischen der Streßpegel: »Sie übernehmen die Orientierungslosigkeit und Unsicherheit der Eltern. Die Kinder spüren die Stimmungsschwankungen«, meint Antonia Steinmüller.
Die Wende und das erste Jahr im vereinten Deutschland haben tiefe Spuren in den Kinderseelen hinterlassen. Gewalt und Aggressivität nehmen zu. In den Wohnungen der anonymen Vorstadtsiedlungen wird es eng. Dabei wissen viele Mütter noch nicht, was ihnen droht, wenn Krippe oder Kindergarten dichtmachen. Nach bundesdeutschem Recht gelten sie dann beim Arbeitsamt als »nicht mehr vermittelbar«. Womit sich der Teufelskreis aus fehlendem Arbeitsplatz und fehlendem Betreuungsplatz schließt. Was bleibt, ist die Sozialhilfe.

»Den Hort anders organisieren«

Jule (8) und Steffi (9) wachsen wie Geschwister auf. Vor zwei Jahren haben Jules Mutter und Steffis Vater geheiratet. »Es ist schöner, so zusammen«, meinen die beiden Ost-Berlinerinnen. »Wir machen jetzt alles gemeinsam.« Seit der Wende ist auch ihr Kinderzimmer neu ausgestattet. Nun gibt es einen bunten Teppichboden und helle Möbel. Die anderen Räume der Wohnung wurden nicht verändert, dafür fehlt derzeit das Geld. Der Vater wurde vor einem Jahr arbeitslos. Die Mutter hat ein Studium an der Sozialpädagogischen Fachhochschule in West-Berlin begonnen und bekommt Bafög. Der Vater verbringt jetzt viel mehr Zeit zu Hause als früher. Die beiden Kinder gehen daher nur noch selten in den Hort.

Jule: »Nach der Schule sind wir früher immer gleich zum Essen im Hort geblieben. Jetzt aber kostet das Essen auch Geld. Zwei Mark pro Tag. Das ist ein bißchen teuer. Zuerst hat es fünfundfünfzig Pfennig gekostet. Da waren wir auch immer essen. Bei vielen anderen Kindern in der Klasse, da arbeiten Mama und Papa noch. Die können die zwei Mark pro Essen zahlen. Wir wissen nicht, wieviel Geld unsere Eltern haben, aber es ist nicht viel. Wir sind doch vier – und dafür ist es wenig.«
Steffi: »Jetzt nehmen wir immer Frühstück und eine Stulle in die Schule mit. Nach der fünften Stunde ist Mittagspause, und wenn die anderen essen, dann gehen wir immer in den Hof. Am Nachmittag haben wir oft Arbeitsgemeinschaften, Schwimmen und Akrobatik. Das fängt um drei Uhr an, das machen wir gemeinsam.«
Jule: »Die Arbeitsgemeinschaften, also die Akrobatik, hat es früher auch gegeben. Aber jetzt kosten sie Geld. Also jetzt kosten drei Monate fünfzehn Mark. Und wir sind zu zweit. Also dreißig Mark, und deswegen muß man dann immer hingehen, weil's ja bezahlt ist. Früher war das kostenlos.«

Disziplin und Ordnung

Jule: »Die Hausaufgaben schaut immer eine Hortnerin an. Da stellt man sich hin in der Reihe, und die schaut dann die Hefte an. Wenn es gut geworden ist, dann schreiben sie auch ›fein‹ drunter. Oder sie schreiben drunter: ›Du hast schön gearbeitet.‹ Wenn man ein besonderes Lob bekommt, dann malen sie auch Blümchen ins Heft, und die Blumen darf man dann ausmalen. Dann dürfen wir spielen.
Doof ist im Hort, daß wir nicht spielen können, was wir wollen, daß wir immer alles zusammen machen müssen.

Zum Beispiel basteln wir manchmal was, und ich hab' keine Lust. Wenn die anderen dann basteln und wir fragen: ›Dürfen wir Tischtennis spielen?‹ dann heißt es: ›Nee.‹ Dann zwingen die Hortnerinnen einen zum Mitbasteln.«

Steffi: »Manchmal sind die Hortnerinnen am Meckern, und manchmal ist es langweilig. Und dann gibt es noch extra Ordnungsdienste. Dann muß immer ein Kind den Mülleimer runterbringen. Das ist ein richtiger Ämterplan, der hängt immer dran. Wer zum Beispiel Milchdienst hat oder Tischdienst. Dann muß man Teller austeilen, Tassen austeilen, Tee eingießen. Das alles wieder einholen und in die Küche bringen. Ich würde den Hort anders organisieren. Dann würde er mir gefallen. Zum Beispiel, daß die Hortnerinnen selbst ihre Mülleimer runterbringen. Und daß sie einen Tischtennis spielen lassen, wenn man es will, und daß sie einen basteln lassen, wenn man basteln will. Und daß sie einen nicht zwingen, wenn man keine Lust hat.«

Jule: »Ich würde es auch so organisieren. Daß man, wenn die anderen am Nachmittag Kaffee trinken und man selbst hat keinen Hunger, daß man dann auch mal in der Kiste mit den Büchern lesen darf. Daß man auch zwischendurch mal was lesen kann. Außerdem finde ich es doof, daß die Vier-Uhr-Kinder immer die Stühle hochstellen müssen oder fegen müssen. Manche Hortnerinnen meckern immer mit den Mülleimern und machen keinen Schritt zu weit. Die sind einfach faul und schicken uns.«

Steffi: »Es gibt auch eine nette. Bei der dürfen wir hinten im Sporthof spielen. Wenn wir in den Hof dürfen, da ist es immer schöner. Draußen müssen wir nicht mehr alles zusammen machen. Draußen ist es überhaupt besser, dann sind auch die Hortnerinnen netter, die meckern nicht mehr soviel. Immer wenn schlechtes Wetter ist, dann müssen wir oben bleiben. Und in der Klasse kriegt man schneller Ärger, dann toben wir herum oder kloppen uns.«

Die Wende

Jule: »Also, was ich nicht gut finde, das ist das mit den *Hubba-Bubba*-Kaugummis. Die hat es nur in West-Berlin gegeben. Und mein Freund, der hatte die Kaugummis schon früher. Dafür sind wir extra auf den Schrank geklettert. Der hatte *Hubba-Bubba*, weil sein Vater aus dem Westen war, und der hat das immer mitgebracht, und für uns war das etwas ganz Besonderes. Oder auch Haribo. Das gab es früher alles nicht bei uns. Da sind wir dafür extra in einen Shop gegangen, und dort war es schweinisch teuer. Ich find' es nicht so gut, daß es das jetzt in jedem zweiten Laden gibt. Es ist überhaupt nichts mehr Besonderes.«

Steffi: »Jetzt haben wir alles neu gekriegt. So schöne Schulmappen, die gab es früher nicht, mit leuchtenden Farben. Oder so bunte Hosen, mit Leuchtfarben, die gab es früher auch nicht. Das finde ich gut, daß es jetzt andere Sachen gibt. Aber viele Sachen taugen nichts. Die gehen bei jedem bißchen kaputt. Alles ist schön und geht schnell kaputt. Und jetzt ist auch alles so teuer geworden.«

Jule: »Jetzt kaufen unsere Eltern auch nicht mehr soviel, weil sie gemerkt haben, daß das meiste Mist ist. Also, was wir uns aussuchen und was wir schön finden, das ist fast immer Mist.«

Steffi: »Unsere Eltern sind jetzt eben arbeitslos. Die anderen können noch mehr kaufen, weil fast bei jedem Kind arbeitet noch eine Mutti.«

Jule: »Zum Beispiel eine Freundin von uns, die hat zu Weihnachten einen Videorecorder und einen Fernseher gekriegt. Die haben jetzt zwei Videorecorder und sechs Fernseher im Haus. Vier Menschen und sechs Fernseher. Ich find' das eigentlich nicht so gut, weil vom Fernseher, da lernt man auch viel Scheiße. Wir müssen immer fragen, und manchmal dürfen wir gucken, aber nicht jeden Tag. Also ein bißchen mehr würden wir auch gern gucken. Aber nicht, wo sie schießen. Ich finde nur Filme gut, wo sie nicht schießen, sonst krieg' ich nämlich Angst. Früher haben wir auch schon einen Fernseher gehabt, aber einen kaputten.«

Steffi: »Wir holen uns jetzt gegenseitig immer vom Hort ab, wenn wir nach Hause gehen. Oft schon um halb drei. Und dann sind wir hier. Wir fahren nicht viel nach West-Berlin. Die Westkinder sind frecher. Mit denen kann man nicht gut reden. Zum Beispiel im Schwimmbad, da haben sie die Jule immer untergestubt.«

Jule: »Den Westkindern, denen sieht man das an. Die sehen anders aus, die haben auch eine andere Stimme, und die sind frech. Sie haben unserem Papa auch schon die Zunge gezeigt.«

Artikel 31
Die Vertragsstaaten erkennen das Recht des Kindes auf Ruhe, Freizeit und Spiel an.

Artikel 24
Die Vertragsstaaten erkennen das Recht des Kindes auf das erreichbare Höchstmaß an Gesundheit an.

Kindsein ist kein Kinderspiel

Der Autoverkehr hat sämtliche Lebensbereiche seiner eigenen Logik unterworfen. Eine Straße, auf der man sich trifft, auf der man spielt und andere Menschen kennenlernt, gibt es kaum mehr. So einfache Dinge wie Ballspielen, Radfahren oder Rollschuhlaufen sind nun für Kinder gefährlich geworden.
Mit Tempo-30-Zonen versuchen die KommunalpolitikerInnen, die verlorenen Qualitäten der Straße wieder zurückzugewinnen und haben dabei teilweise Erfolg. So gehen die Unfälle mit Kindern in verkehrsberuhigten Wohngebieten auf rund 60 Prozent zurück, die mit schweren Personenschäden auf etwa 50 Prozent.[1] Um diese Unfallzahlen weiter zu reduzieren, müßten sich die AutofahrerInnen allerdings an die Tempobegrenzungen halten. Zwei Drittel tun das nicht. Bis heute bleiben die Tempo-30-Zonen auf Modellregionen und einzelne Kommunen beschränkt, obwohl die Bundesrepublik seit langem einen internationalen Spitzenplatz belegt: Nirgendwo sonst in Europa ist das Risiko für Kinder so groß, beim Spielen auf der Straße, beim Radfahren oder auf dem Schulweg Leben oder Gesundheit einzubüßen. Dennoch lehnt die Bundesregierung seit Jahren eine allgemeine

Geschwindigkeitsbeschränkung kategorisch ab. Der Grundsatz »Freie Fahrt für freie Bürger« geht dabei über die Interessen der schwächsten Verkehrsteilnehmer hinweg. Verkehrsunfälle sind die Todesursache Nummer eins im Kindes- und Jugendalter. Allein 1989 verunglückten 43.484 Kinder auf bundesdeutschen Straßen, über 300 ließen dabei ihr Leben, einige tausend blieben mit unheilbaren Schäden zurück.[2] Seit der Einheit sind nun auch die Überlebenschancen der Kinder auf den Straßen der östlichen Länder gesunken. In den fünf neuen Ländern ist die Zahl der durch Verkehrsunfälle getöteten Kinder 1990 um 80 Prozent gestiegen, die der verletzten Kinder hat sich fast verdoppelt.[3]

Dabei wären verkehrsberuhigte Zonen nur der erste, winzige Schritt zu einer Rückeroberung der Straße als Lebensraum, denn Kinder leiden auf vielfache Weise am Autoverkehr. Sie dürfen nicht mehr spontan und impulsiv reagieren. Plötzliches Loslaufen ist ebensowenig erlaubt wie das Rufen nach FreundInnen auf der anderen Straßenseite. Darüber hinaus sind kleinere Kinder nicht in der Lage, die Geschwindigkeit von Autos und die entsprechenden Bremswege richtig einzuschätzen.

Die Utopie – Leben in der Stadt mit Kindern

* Dezentralisierung, d.h. Verwaltungseinrichtungen, Dienstleistungs- und Freizeitangebote, Schulen, Kindergärten und Spielplätze sind zu Fuß oder mit dem Rad erreichbar.
* Schaffung autofreier Wohn- und Stadtteilgebiete.
* Ausbau des öffentlichen Nahverkehrs.
* Großzügiger Ausbau des Fuß- und Radwegenetzes, Begrünung, Einrichten von Ruhe-, Aufenthalts- und Spielzonen.
* Ganzheitliche Umgestaltung der Straßenzüge und Stadtviertel.

Statt immer mehr in die Erziehung »verkehrsgerechter« Kinder zu investieren, sollte der »kindgerechte« Verkehr in den Vordergrund rücken. Derzeit bleiben den Kindern nur »Inseln«. Reservate, wie Spielplätze oder Parkanlagen, zu denen sie an der Hand begleitet werden müssen. Dort treffen sie häufig genug wieder auf Grenzen, wie »Ballspielen und Radfahren nicht erlaubt« oder »Rasen betreten verboten«.

Die Restkategorie: Spielplatz

Je perfekter ausgestattet, je detaillierter geplant und festgelegt ein »Raum« für Kinder ist, um so unbeliebter ist er bei ihnen. Hoch im Kurs stehen hingegen wilde Grundstücke, Baulücken und Baustellen, stillgelegte Fabriken, U-Bahnstationen, Fußgängerpassagen, Einkaufszentren und Tiefgaragen.
Kinder wehren sich gegen Spiel- und Freizeitangebote, die ihre Aktivitäten festlegen, vorherbestimmen und vorwegnehmen. Wo es keine Möglichkeit mehr gibt, die »Welt« selbst zu entdecken, zu erkunden, zu gestalten und Neues zu probieren, zu verwerfen, zu ändern und wieder zu beginnen, entsteht Langeweile. Die Mehrzahl der bundesdeutschen Spielplätze sind solche Orte der Trostlosigkeit.

Spiel mit der Gefahr

In bundesdeutschen Hochhaus- und Trabantensiedlungen spielen die Neun- bis Vierzehnjährigen immer wieder mit erstaunlicher Ausdauer und Phantasie gegen ihre vorgefertigte Umwelt an. Während die eingezäunten Spielplätze verwaist daliegen, erproben die Kinder BMX-Kunststücke auf den Parkplätzen vor dem Haus, verwandeln Tiefgaragen in Skateboard-Bahnen und verschönern die Betonwüste mit Graffitis. Sie spielen in den Kellerabteilen, probieren fremde

Fahrräder aus oder verwandeln gepflegte Vorgärten in Fußballplätze. Die Nähe zur Destruktion und »kleinen« Kriminalität kann für Kinder aus sozial schwachen Familien zur Gefahr werden. Sie sind es vor allem, die sich selbst als ohnmächtig und hilflos in einer Welt erleben, die sie mit ihren eigenen Händen und Füßen nur mehr zerstörerisch bewegen können. Dazu gehören auch Spiele, für die sie Kopf und Kragen riskieren. In Hamburg und Berlin hatte die Polizei 1989 alle Hände voll zu tun, Schulkinder vom S-Bahn-Surfen abzubringen. Dort klemmten sich zahlreiche Zehn- bis Vierzehnjährige zwischen die Türen der S-Bahn und versuchten, auf den rasenden Zügen außen hängend »mitzusurfen«. In New York hat sich inzwischen eine noch tödlichere Variante des Surfens durchgesetzt. Beim Fahrstuhl-Surfen schwingen sich die Ghetto-Kids auf Fahrstuhlkabinen und »steigen um« durch waghalsige Sprünge von Kabinendach zu Kabinendach. Allein 1989 verletzten sich 40 SurferInnen schwer, zwei büßten mit dem Leben.[4]

Verplante »Räume«

Bereits Mitte der 60er Jahre konnte das Wissenschaftlerteam Hetzer und Benner beobachten, daß auf »typisch« hergerichteten und verplanten Spielplätzen – mit Schaukel, Klettergerüst und Rutsche – mehr als die Hälfte aller Spielabläufe weniger als fünf Minuten dauern. Auf einem anderen – weniger vorherbestimmten – Gelände aber nur knapp ein Drittel aller Spiele so kurz waren.[5]
Ähnliche Ergebnisse brachte – ebenfalls bereits Mitte der 60er Jahre – die wissenschaftliche Beobachtung öffentlicher Spielplätze mit gegenüberliegender Baustelle. An den Tagen, an denen dort nicht gearbeitet wurde, spielten auf der Baustelle fünfmal so viele Kinder wie auf dem Spielplatz. Als dann der Bau beendet war, wechselte nur ein Drittel der früheren Baustellen-SpielerInnen zum öffentlichen Spielplatz über.[6]

Trotz der frühen Erkenntnisse, die in unzähligen Studien während der letzten 30 Jahre immer wieder bestätigt wurden, geht die Spezialisierung und Reservierung eigener »Kinderräume« immer weiter. Die Architektin und Raumplanerin Susanne Edinger-Achenbach verlangt deshalb eine radikale Umkehr des Denkens beim Gesetzgeber und bei ihren BerufskollegInnen: »Grundsätzlich müssen alle Flächen einer Stadt bespielbar sein. Nicht-Bespielbarkeit – heute die Regel (und das Gesetz) – muß zur Ausnahme werden. Auch wenn es dann viele Ausnahmen gäbe – es wäre ein Schritt zum Umdenken.« So könnten beispielsweise alle Schulgrundstücke geöffnet werden, ebenso die Frei- und Grünflächen an Behörden oder auch Baulücken und städtische Brachflächen.[7] Der öffentliche Raum wäre damit in einen grundsätzlich bespielbaren umdefiniert und könnte nur mit Sondergenehmigungen »anders« genutzt werden.

Seit den 80er Jahren versuchen unterschiedlichste Bürger-, Eltern- und Stadtteilinitiativen dieser Idee näherzukommen und ungeplante Freiräume für sich und ihre Kinder zurückzugewinnen. Dabei geht die Palette der Möglichkeiten von Kinderstraßenfesten und Streichelzoos bis zur Anmietung von Brachflächen. In eigener Initiative werden Biotope und Abenteuerspielplätze angelegt und aufgelassene Stadtgärtnereien in Kinderbauernhöfe umgewandelt.[8] Und dennoch erinnern die Bemühungen an den berühmten Tropfen auf dem heißen Stein:

* Für PKW-Abstellflächen werden derzeit rund sieben Quadratmeter pro EinwohnerIn zur Verfügung gestellt. Für Kinderspielflächen aller Art etwa ein Quadratmeter.[9]
* Allein in Nordrhein-Westfalen wurden 1988 über 204 Hektar Land mit Bundesautobahnen, Bundes- und Landesstraßen »neu« versiegelt, während nur etwas über 19 Hektar »entsiegelt« wurden.[10]

* In nur zehn Jahren, von 1978 bis 1988, stiegen die gefahrenen Personenkilometer mit dem privaten PKW landesweit um 23,6 Prozent. Im gleichen Zeitraum sanken die Personenkilomter mit dem Bus, der U- und Straßenbahn um fast 13 Prozent.[11]

Spielen nach Terminkalender

Während die Kinder der sozial Schwächeren noch eher die Gefahren der Straße auf sich nehmen oder sehr viel Zeit zu Hause verbringen, zeigen die Kids betuchter Eltern ein anderes Verhalten. Gegensätze tun sich dort auf, wo Wohnen, Arbeiten und Freizeit, kindliches Spiel und Erholung so weit voneinander getrennt wurden, daß die Freizeit strikt geplant werden muß. Dabei verhalten sich immer mehr Kinder so, wie sie es bei Erwachsenen sehen:[12] Sie verabreden sich telefonisch mit KlassenkameradInnen, planen ihre Woche in Abstimmung mit dem Fernsehprogramm, und sie leben – wenn sie erfolgsorientiert erzogen werden – nach einem gefüllten Terminkalender, der sie ebenso streßt wie die Erwachsenen.

Zwei Dinge haben, nach Meinung der Sozialwissenschaftlerin Helga Zeiher, die Kinderkultur derart nachhaltig verändert.[13] Die Orte des Kinderalltags werden immer weiter aus den nachbarschaftlichen Zusammenhängen ausgelagert. Der Alltag setzt sich aus Fertigbausteinen zusammen, die teilweise kilometerweit auseinanderliegen: der Schule, dem Spielplatz, dem Kindertheater, der Spielgruppe, dem Sportplatz, den Bastel-, Töpfer-, Schwimm- oder Musikkursen. Um diese »Inseln« der Freizeit überhaupt nutzen zu können, müssen meist die Mütter einen hohen Organisations-und Planungsaufwand auf sich nehmen. Sie zerstückeln damit ihren eigenen Tag ebenso wie den ihrer Kinder. Anmeldefristen, Öffnungszeiten und Gruppenzahlbeschränkungen müssen beachtet werden, das Zubehör und die Bastelutensilien zeitgerecht gekauft und die Transportmöglichkeiten überlegt werden. Im modernen, gutsituierten Kinder- und Familienleben darf nichts dem Zufall überlassen bleiben, sonst drohen Einsamkeit und Isolation.[14]

Die Kosten der modernen Lebensweise

Während die lebensbedrohlichen Kinderkrankheiten in der Bundesrepublik ihren Schrecken verloren haben, leiden immer mehr Kinder an psychosomatischen und vegetativen Beschwerden. So untersuchte Klaus Hurrelmann, Kindheits- und Jugendforscher an der Universität Bielefeld, in einer repräsentativen Studie Zwölf- bis Siebzehnjährigen und fand zahlreiche Streßsymptome: 48 Prozent der Befragten gaben an, häufig oder manchmal unter Kopfschmerzen zu leiden, 41 Prozent berichteten von Nervosität und Unruhe, 37 Prozent von Kreuz- und Rückenschmerzen, 36 Prozent von Konzentrationsschwierigkeiten, 30 Prozent von Schwindelgefühl und Magenbeschwerden, 25 Prozent litten unter Schlafstörungen.

»Unverkennbar kostet die fortgeschrittene Industrialisierung und Urbanisierung einen hohen Preis«, stellt Hurrelmann fest.[15] Einen Preis, den Kinder in vielfältiger Art und Weise bezahlen, denn auch andere repräsentative Studien ergeben für die Bundesrepublik ein recht eindeutiges Bild. So leiden etwa 10 bis 12 Prozent der Kinder im Grundschulalter an psychischen Störungen im Wahrnehmungs-, Leistungs-, Sozial- und Gefühlsverhalten. Gleichzeitig wird das Ansteigen chronischer Krankheiten wie Allergien, Bronchitis, Asthma oder Neurodermitis beobachtet. Etwa 7 bis 10 Prozent aller Kinder und Jugendlichen leiden an langwierigen, auch unheilbaren Krankheiten dieser Art.

Für Hurrelmann liegen die Ursachen für die immer auffälliger werdende Störanfälligkeit der Kinder zum einen im Verlust von Familienbeziehungen. Trennungen und Scheidungen nehmen stetig zu. Zum anderen ist die kindliche Entwicklung auch durch vielfältige Umwelteinflüsse gefährdet.[16] Der Kindheitsforscher sieht das moderne Leben in einer speziellen Spannung. Einerseits werden den Kindern und Jugendlichen immer größere Freiräume eröffnet, in denen sie ihre Freizeit und ihr Konsumverhalten selbst wählen können. Das fördert die Selbständigkeit. Andererseits wird es mit diesen »Individualisierungschancen«, wie die SoziologInnen sie nennen, immer schwieriger, dauerhafte soziale und kulturellen Bindungen aufzubauen. Im organisierten Kinderleben – zwischen Schule, Sportverein, Abenteuerspielplatz, Nachhilfe, Flöten- und Schwimmstunde – ist es kaum möglich, feste Freundschaften zu erproben und zu erhalten.

Die Kinder treffen sich zwar regelmäßig, aber die Zeit, die sie zusammen verbringen, ist relativ kurz. Die sozialen Kontakte, die Freunde und Freundinnen wechseln in schneller Abfolge, je nach Kursdauer, Veranstaltung, Musikinstrument oder Sportart. Konflikte müssen nicht mehr ausgefochten, nach Lösungen muß nicht mehr gesucht werden. Wenn ein Sportkollege unsympathisch ist, wird einfach der Kurs gewechselt. Damit kann den Kindern eine wichtige Erfahrung verlorengehen, die im nachbarschaftlichen Lebensraum zum Alltag gehört: daß man mit denselben Menschen – am selben Ort – verschiedene Dinge gemeinsam unternehmen, gestalten und erstreiten kann und muß.

Die Kindheitsforscherin Helga Zeiher beobachtet, daß sich mit den »verinselten« Lebensräumen auch die sozialen Kontakte untereinander verändern. Die »Paarbeziehungen« haben Einzug in den Kinderalltag gefunden, die »Gruppen« verschwinden. Etwa ab dem neunten Lebensjahr beginnen sich die Kinder selbständiger – ohne Eltern – zu verabreden und treffen sich dann mit einem Freund oder einer Freundin. Über die Wochentage hinweg wechseln die Paarzusammensetzungen. Mit den nachbarschaftlichen Spielhorden, in denen sich alle Kinder zwischen drei und vierzehn Jahren spontan vor dem Haus und auf der Straße treffen, haben »Paare« allerdings wenig gemeinsam. »Die nachbarschaftliche Spielgruppe war als Ganzes unabhängig, das einzelne Kind hatte sich in den Gruppenzusammenhang und seine sozialen Zwänge einzufügen«, meint Helga Zeiher: »Im Verabredungsgeflecht ist dagegen jedes Kind ganz auf sich allein gestellt, ist täglich neu auf eigene Aktivität angewiesen, wenn es am Nachmittag nicht allein bleiben will.«[17]

Jene Kinder, deren Mütter (oder Väter) keine Möglichkeit haben, das Alltagsleben ihrer Kleinen vorzubereiten, zu managen, Autofahrten zu organisieren und Kurs- und Mitgliedsbeiträge zu bezahlen, haben es am schwersten. Es sind vor allem die Kinder der unteren sozialen Schichten. Für sie sind Horte, offene Freizeiteinrichtungen, Nachbarschafts- und Kinderzentren von zentraler Bedeutung – falls solche in ausreichender Zahl und wohnungsnah zur Verfügung stehen. Denn die Chance, »unorganisiert« einen Freund oder eine Freundin im Wohngebiet zu finden, ist in den letzten zwanzig Jahren deutlich gesunken. So wurden Anfang der 70er Jahre noch über eine Million Kinder jährlich geboren, 1989 waren es rund 170.000 weniger.[18]

Mit dem Bildschirm zu Hause

Nachdem es immer schwieriger wird, sich auf der Straße und vor dem Haus herumzutreiben, ziehen sich viele Kinder in den sicheren Wohnbereich zurück. SoziologInnen sprechen von einer »Verhäuslichung« der Kindheit. Die Außenwelt kommt schließlich mit reichen Stimulierungen über den Bildschirm, über Video, Radio und Walkman in die eigenen

vier Wände. Und je mehr Medienangebote es in einer Familie gibt, um so intensiver werden sie genutzt.
So zeigte eine im Auftrag des NRW-Sozialministeriums durchgeführte Untersuchung[19], daß Drei- bis Sechsjährige in vollständig verkabelten Haushalten durchschnittlich 55 Minuten vor der Flimmerkiste verbringen, während es in nichtverkabelten Familien nur 29 Minuten täglich sind. Nachdem in diesen Durchschnittszahlen auch die Nicht-SeherInnen erfaßt wurden, muß davon ausgegangen werden, daß viele Kleinkinder weitaus länger in die Röhre gucken. Hinzu kommt, daß »Viel-SeherInnen« auch »Viel-HörerInnen« sind. Sie benützen häufiger den Cassettenrecorder, das Radio und den Walkman und greifen weniger zum Buch als Kinder mit geringem Fernsehkonsum. Mit zunehmendem Alter wenden sich die »Viel-Fernseh-Kinder« auch intensiver den Computer-, Video- und Telespielen zu als weniger fernsehgewöhnte Kinder.
Weitgehend einig sind sich die PädagogInnen[20] bei der Bewertung dieser Erfahrungen. Filme, Videos, Platten und Tonbänder können das sinnliche Erleben, das beim gemeinsamen Spielen, Toben, Schmusen oder Streiten gewonnen wird, nicht ersetzen. Kinder müssen ihre Umwelt »selbst« spüren, tasten, riechen, sehen, hören und erfahren; die Erlebniswelt der Medien liefert nur Erfahrungen aus »zweiter Hand«. Sie können hilfreich sein, aber auch zur inneren Verarmung führen. Dann nämlich, wenn es den Kindern gar nicht mehr möglich ist, die zahllosen Sinneseindrücke mit ihrer eigenen Lebenswelt in Einklang zu bringen.

»Ich habe sowieso nicht viel Zeit«

Markus[21] (13) ist ein unruhiges Kind. Ein bißchen blaß, hält es ihn kaum auf seinem Stuhl. Er wippt und dreht sich während des gesamten Gesprächs. »Früher war ich noch schlimmer und unruhiger«, meint er. Schon als ganz kleines Kind litt er unter Neurodermitis und kratzte sich häufig die Innenseiten der Arme wund. Die Hautkrankheit ist fast ganz verschwunden. Asthma und Allergien sind geblieben. Im Sommer, auf dem Land, wird das Asthma am schlimmsten.
Markus lebt zusammen mit seiner Mutter in Hamburg. Zu seinem Vater hat Markus gute, aber relativ wenige Kontakte. Er sieht ihn jedes dritte, vierte Wochenende und während der Ferien. Die Eltern trennten sich, als Markus vier Jahre alt war. Wirtschaftlich geht es der Familie sehr gut. Die Mutter führt ein eigenes Kleinunternehmen mit mehreren Angestellten. Der Vater arbeitet im öffentlichen Dienst. Im über 20 m^2 großen Kinderzimmer von Markus findet sich alles, was Spielwarenläden zu bieten haben.

»Freunde habe ich eigentlich nicht, nur den Arne. Mit dem habe ich mich dicker befreundet, wie der noch neben mir wohnte, aber jetzt ist er weggezogen. Der Arne hat immer so ein Glück. In dem Haus, in dem sie jetzt eingezogen sind, da sind auch wieder Kinder im Haus, die Familien haben dort alle zwei, drei Kinder.
Mit Arne muß ich mich jetzt immer verabreden. Ich sehe ihn nur noch am Wochenende, da können wir uns besuchen. Dann gehen wir in die Stadt bummeln und gucken uns die Kaufhäuser an. Ich finde das doof. Wir sind auch vor einem Jahr umgezogen, nur ein Haus weiter, in der gleichen Straße. Aber wir haben vorher in einem Haus gewohnt, in dem keine Kinder waren, und jetzt wohnen wir wieder in einem Haus, in dem keine Kinder wohnen. Bei anderen ist es

einfacher. Da sind auch noch die Eltern eng befreundet, und die fahren dann alle gemeinsam in Urlaub. Aber bei uns wohnen überhaupt wenig Kinder.
In der Schule habe ich auch keine Freunde. Die meisten Jungs, die ich kenne, die haben alle schon Freunde, und die haben keine Lust, noch einen reinzulassen. Und dann gibt es Kinder, die haben noch keinen Freund, und mit denen bin ich dann zusammen. Dann kommt eines Tages irgendein anderer Junge in die Klasse, und dann hängen die dem alle hinterher, und dann ist mein Freund auch wieder weg.
Aber ich habe sowieso nicht viel Zeit. Am Montag habe ich Englisch-Nachhilfe und am Dienstag auch. Vorher mache ich meine Hausaufgaben, und wenn noch Zeit bleibt, dann gehe ich im Winter raus zum Schlittschuhlaufen oder ich gehe Radfahren. Am Mittwoch gehe ich zu den Pfadfindern und am Freitag zum Rudern. Am Donnerstag mache ich irgendwas, wozu ich Lust habe. Dann gucke ich, ob es was im Fernsehen gibt, und wenn es etwas gibt, dann schaue ich mir das an. Am liebsten sehe ich Zeichentrickfilme, so witzige, die laufen immer am Nachmittag auf *Tele 5*.
Ich lerne jetzt im Ruderverein auch wieder andere Jungs kennen, und mit der Zeit kann man sich ja mit denen auch außerhalb verabreden. Deshalb bin ich auch bei den Pfadfindern. Da fahren wir auch zusammen weg. Aber es dauert halt seine Zeit bis man einen Freund kriegt. Ich habe es auch schon im Eishockeyclub versucht. Da war ich drei Jahre lang, aber da waren die Kinder alle stärker, es gab immer Schlägereien, und dort bin ich weg. Auch im Karatekurs, da habe ich den gelben Gürtel gemacht, aber Freunde gab es keine.
Nein, Geschwister hätte ich nicht gerne. Also ich könnte dann nicht mehr treiben, was ich möchte. Vielleicht ist es ganz toll, daß jemand da ist, mit dem man spielen kann. Aber wenn der dann auch seine eigenen Freunde hat, mit denen er weggeht? Außerdem könnte man dann auch nicht

mehr so in die Ferien fahren, weil das ganz schön teuer wird, mit noch einem Kind. Wir fahren immer wohin: nach Sylt oder nach Föhr oder irgendwelche Nordseeinseln. Oder in den großen Ferien fahren wir nach Frankreich in unser Haus oder fliegen irgendwo hin. Nach Mallorca oder sonstwohin.«

Der Fernseher und die Computer

»Oft setze ich mich so hin, zu meinen Kuscheltieren in die Ecke, und dann höre ich Cassetten mit dem Walkman, entweder Musik oder irgendwelche Abenteuer- und Detektivgeschichten. Eine Stereoanlage habe ich auch zum Geburtstag gekriegt, mit eingebautem Wecker.

Ich habe Spiele, die man an den Fernseher anschließen kann, so Nintendo-Computerspiele. Da geht es um Reaktion und Schnelligkeit, und man muß in einem Labyrinth einen Schatz finden. Den Fernseher haben wir damals in mein Zimmer gestellt, weil ich diesen Anschluß für die Computerspiele bekommen habe. Ich sollte in meinem eigenen Zimmer spielen und nicht im Gästezimmer, wo der Fernseher sonst steht. Aber ich habe dann nachmittags und abends und nachts auch noch immer Fernsehen geguckt. Irgendwann wollte Mama das nicht mehr. Jetzt steht der Fernseher wieder im Gästezimmer. Zum Einschlafen spiele ich jetzt immer mit meinem kleinen Computer, mit Kopfhörern. Den habe ich zu Weihnachten bekommen. Der Computer ist so groß wie ein Walkman. Mit diesem Computer spiele ich eigentlich öfter als mit den großen Spielen, so jeden Tag. Manchmal höre ich aber auch auf damit und bin ganz sauer, wenn ich nicht gewinne. Am Computer bin ich am liebsten alleine, sonst fragt einen immer jemand etwas, und dann kann man sich nicht konzentrieren.

Beim Fernsehen wäre es am schönsten, dann zu sehen, wann man will, auch spätnachts noch. Eigentlich schaue ich fast immer, bevor ich ins Bett gehe, am liebsten so Pilotenfilme, wo Leute irgendwohin fliegen und irgendwelche Sachen wegbringen oder abstürzen. Da gibt es auch die Sciencefiction, die Serien in RTL, den Airwolf, diesen Hubschrauber. Den gibt es auch schon in Wirklichkeit. Ich finde es toll, was man mit dieser Technik machen kann, daß man alles erfassen kann und dann eine Rakete runterschießen kann und so.

Aber wenn man das dann wirklich im Krieg einsetzt, dann finde ich das nicht gut. Also, wie das jetzt im Golfkrieg ist, da werden diese Hubschrauber auch alle eingesetzt, mit dem riesigen Computerkopf und mit Laserstrahlen. Als Film finde ich das witzig, aber so in der Wirklichkeit finde ich das nicht gut, wenn man es herstellt, um irgendwelche Leute umzubringen.«

Die Liebe zur Technik

»Am liebsten würde ich eine alte Burg haben, und die würde ich ganz mit Computern ausstatten, also alles mit High-Technik. Automatische Türen, die einfach aufgehen, eine Rutsche, die ganz schnell nach unten geht und automatisch aus der Wand rauskommt. Fernrohre, mit denen man gukken kann, die automatisch aus dem Dach rausfahren. Und für hinauf gibt es eine Rolltreppe, so ein Förderband. Das fände ich witzig, ohne sich anzustrengen, die Treppen hochfahren.

Mit der Technik macht man sich weniger Arbeit. Der Nachteil ist nur, wenn man sich alles sehr bequem macht, dann wird man ganz dick, und Dickwerden ist eklig. Dann braucht man Hosengröße XXL.

Ich würde gerne Hubschrauberpilot werden. Das fasziniert mich, der drehende Propeller da. Und ich finde es toll, wie der fliegt, dieses schräge Abkippen und dann nach vorne weg. So mit den Schaltern und rauf und runter. Da gibt es ja Tausende von Knöpfen im Cockpit. Eigentlich benutze ich die Technik nur. Manchmal bastle ich auch, aber wenn ich es dann aufschraube und versuche, das auseinanderzunehmen und wieder zusammenzukriegen, dann geht es nachher nicht mehr. Obwohl ich es mir genau merke: Der Draht kommt dahin und dahin. Dann versuche ich es mit dem Lötkolben und reiße es wieder auseinander. Dann ist es meistens kaputt.«

Die Umwelt

»Also Technik finde ich gut, aber die Treibstoffe finde ich nicht gut. Wenn ich könnte, würde ich in Hamburg die Benzinautos verbieten, da dürften alle nur noch mit Solarmobilen fahren, und der ganze Asphalt müßte weg. Es gibt dann nur noch festgewalzte Sandwege und viele Seen und viele Parks und Kinos für Kinder und Fahrradwege. Der Asphalt macht alles kaputt. Da steht da mal ein Hochhaus und da mal ein Hochhaus, alles aus Beton und Asphalt. Ich hätte gern mehr grüne Sachen und keine Wohnungen, sondern nur kleine Häuser, so Einfamilienhäuser.

Die Spielplätze sind auch nicht gut. Da müßten sie eine Seilbahn oder Berge hinmachen. So richtige große Berge, auf die man raufklettern und runterrutschen kann. Aber nicht aus Plastik, sondern aus Naturstein. Und Hunde dürften auch nicht rauf. Der Sand wird so ekelhaft, wenn Hunde drauf kommen.«

Artikel 19
Die Vertragsstaaten treffen alle geeigneten Maßnahmen, um das Kind vor jeder Form körperlicher oder geistiger Gewaltanwendung zu schützen.

Wer sein Kind liebt,
spart mit der Rute nicht.
(Bibelspruch)

Mißhandelt und geschlagen

Die allgemeine Gleichgültigkeit gegenüber der Gewalt gegen Kinder zeigte ein Experiment des Kinderschutzbundes Hamburg vor acht Jahren: In einer Parterrewohnung an einer belebten Straße ließen die Mitarbeiter ein Tonband laufen. Darauf waren laut das Schreien eines Kindes und sein prügelnder Vater zu hören. 989 Passanten gingen innerhalb einer Stunde an dem Haus vorbei, nur 4 BürgerInnen alarmierten die 30 Meter weiter liegende Polizeiwache, und drei andere klingelten an der Tür des Hauses um einzugreifen. Der Rest reagierte nicht.[1]
Gewalt gegen Kinder ist immer noch ein selbstverständliches Erziehungsmittel, obwohl nahezu jeder Erwachsene aus seiner eigenen Kindheit weiß, wie demütigend Schläge für ein Kind sind. Dennoch: Knapp 84 Prozent derjenigen, die von ihren Eltern mit körperlicher Gewalt erzogen worden sind, meinen, daß ihnen die Prügel nicht geschadet haben.[2] Und sie setzen diese Gewaltspirale auch bewußt fort. 49 Prozent dieser Eltern sagen, wenn sie schlagen, sei das eine »gezielte Erziehungsmaßnahme« und nicht nur ein »Handausrutschen«. Kinder sind dieser Gewalt schutzlos ausgeliefert.

Über 200 Kinder sterben jedes Jahr an den Folgen elterlicher Prügel und Mißhandlungen. Insgesamt werden im alten Bundesgebiet pro Jahr rund 20.000 Gewalt- und Sexualstraftaten an Kindern angezeigt. Dabei liegt die Dunkelziffer der mißhandelten Kinder noch höher als die der sexuell mißbrauchten. Generell ist die Häufigkeit, mit der Kinder geschlagen werden, erschreckend, stellen Cordula Winkels und Christine Nawrath in einer 1990 durchgeführten Untersuchung zu Kindern in Frauenhäusern fest.[3] Mißhandlungen gehören zum Alltag. Die Kinder müßten ständig damit rechnen, wegen jeder Äußerung oder wegen »falschen Verhaltens« angegriffen zu werden.

Erweiterte Definition von Kindesmißhandlung[4]
»Mißhandlung ist die nicht zufällige, bewußte oder unbewußte gewaltsame körperliche und/oder seelische Schädigung, die in Familien oder Institutionen geschieht und die zu Verletzungen und/oder Entwicklungshemmungen oder sogar zum Tode führt und die somit das Wohl und die Rechte eines Kindes beeinträchtigt oder bedroht.«

Nach Ansicht der Rechtsmedizinerin Elisabeth Trube-Becker kommen nur maximal fünf Prozent aller Fälle von Kindesmißhandlung zur Anzeige, nach neueren Schätzungen sogar nur 0,5 Prozent.[5] Für das Gebiet der ehemaligen DDR gibt es fast keine Zahlen. Gewalt gegen Kinder war dort kein öffentliches Thema. Das einzige Kinderschutzzentrum existiert seit dem Juni 1990 in Magdeburg. Schon 1985 hatte sich dort ein ÄrztInnenteam zusammengefunden, um die Mißhandlung von Kindern systematisch zu erfassen. »Wichtig war«, so die Ärztin und Leiterin des Kinderschutzzentrums Bärbel Goedike, »möglichst viele Menschen, die beruflich mit Kindern zu tun haben, für unser

Projekt zu gewinnen. Wir hatten ein Formblatt erarbeitet, in dem Kriterien für die Feststellung und Beurteilung von Körperverletzungen aufgelistet waren.« Mit dem »Magdeburger Meldebogen« stieg die Zahl der Anzeigen auf das Vierfache im Vergleich zu den Vorjahren.[6]

Die Würde des Kindes ist antastbar

Gewalt ???
Als ich dich fragte, was Gewalt ist,
sagtest Du, schlagen und geschlagen werden.
Wenn Du oft über mein Aussehen klagst und
wenn Du so tust, als ob wir nicht zusammengehören,
wenn Du mich nicht mit zu Deinen Freunden nimmst,
wenn Du sagst, ich bin zu nichts zu gebrauchen,
merke ich, daß Du nicht weißt,
was Gewalt ist.
(Gemeinsam geschrieben von vier Mädchen, alle 12 Jahre)

Das Gesetz verbietet »entwürdigende Erziehungsmaßnahmen«, wenn sie »unangemessen« sind. Wie weit Eltern bei der Bestrafung ihrer Kinder gehen dürfen, läßt der Gesetzgeber allerdings weitgehend offen. 1986 beschied beispielsweise der Bundesgerichtshof, daß eine »gelegentliche wohlverdiente Tracht Prügel« als zulässig im Rahmen des Gesetzes erachtet wird. Nach Ansicht der Rechtsmedizinerin Elisabeth Trube-Becker sollte das sogenannte Züchtigungsrecht der Eltern generell abgeschafft werden, denn über den gesetzlichen Freibrief werden die »Erziehungsmethoden« der Eltern legitimiert; dabei schrecken viele nicht einmal vor dem Schlagen von Säuglingen und Kleinkindern zurück.[7]
In der Vielfalt der Mißhandlungen setzen sich die Eltern kaum Grenzen: Die Kinder werden an Möbelstücken festgebunden, damit sie nichts kaputtmachen, während sie in der Wohnung allein gelassen werden. Sie werden in dunkle Kel-

Formen der Gewalt gegen Kinder[9]

Körperliche Mißhandlung

Schläge mit der Hand oder mit Gegenständen, Tritte, Stöße, Schütteln, Stiche, Verbrennungen, Vergiftungen und andere Gewalttätigkeiten, die beim Kind zu körperlichen Verletzungen führen.

Psychische Mißhandlung

Am häufigsten sind: Liebesentzug, Demütigungen, andauernde Bestrafung – zum Beispiel durch Hausarrest, Beschimpfungen und ständige Nörgelei.

Auch die Überbehütung und -versorgung von Kindern kann mißhandelnden Charakter annehmen.

Vernachlässigung

Körperliche Vernachlässigung durch unangemessene und nicht ausreichende Ernährung und Pflege und seelische Vernachlässigung durch Ablehnung und Desinteresse gegenüber dem Kind.

Sexueller Mißbrauch

Von Erwachsenen erzwungene sexuelle Kontakte zur Befriedigung ihrer eigenen Bedürfnisse. Beeinhaltet körperlichen Mißbrauch durch erzwungenen Körperkontakt bis hin zum Geschlechtsverkehr und seelischen Mißbrauch, indem der Erwachsene das Kind durch Drohungen (»wenn du es erzählst, hat die Mami dich nicht mehr lieb«) zum Schweigen zwingt.

Kindstötung

Vorsätzlich oder als in Kauf genommene Folge von Vernachlässigung und schweren Mißhandlungen.

ler oder Abstellräume gesperrt, sie werden beschimpft, vor anderen bloßgestellt oder in elterliche Auseinandersetzungen mit hineingezogen.[8]
Wahllos wird mit allen nur erreichbaren Gegenständen auf Kinder eingeschlagen, um die kindliche Autonomie zu brechen: Riemen, Peitschen, Stöcken, Kohlenschaufeln, Kochlöffeln, Feuerhaken und anderem.
Hinzu kommen die vielfältigen Formen des gewalttätigen Umgangs mit Kindern, die als legitim gelten und gesellschaftlich gebilligt werden. Dazu zählen »Maßnahmen« wie die berühmte Ohrfeige, der versohlte Hintern oder die Kopfnuß. Auch die Bundesarbeitsgemeinschaft der Kinderschutzzentren fordert deshalb ein Verbot der Prügelstrafe, wie es in Belgien und Schweden bereits durchgesetzt ist.
Wenn Eltern mit dem Vorwurf der Kindesmißhandlung konfrontiert werden, weisen sie ihn fast immer empört zurück, nicht zuletzt mit dem Hinweis, es sei »ihre Sache«, wie sie ihre Kinder erziehen. Die Kinder mißhandeln, das sind in der Rechtfertigung der schlagenden Eltern die anderen, diejenigen, über die in der Zeitung mit Schlagzeilen berichtet wird, wie: »Baby tot – Vater in U-Haft«. Groß ist der moralische Druck, die Angst vor den Nachbarn und Bekannten, auch zu diesen »schlechten Eltern« gezählt zu werden.
Auf diese Weise werden die Probleme personalisiert, zu Einzelereignissen erklärt und tabuisiert, ungeachtet dessen, daß es in unserer Gesellschaft alltäglich ist, Konflikte gewaltsam zu lösen. Dabei ist die Mißhandlung von Kindern »nur« der Ausdruck einer insgesamt kinderfeindlichen und durch Gewalt gekennzeichneten Gesellschaft. Das vertraute »dem gehört mal ordentlich der Hintern versohlt« hat schon jeder gehört, wenn eine Mutter mit einem weinenden Kind im Supermarkt in der Schlange steht und nach An-

sicht der anderen Wartenden mit dem Kind »einfach nicht fertig wird«. Den Müttern wird schließlich öffentlich der »heilende Klaps« als Erziehungsmittel empfohlen. Er gilt nicht als kriminell, sondern als »erfolgversprechendes« Instrument der Erziehung. So werden Kinder zum Schweigen gebracht.

Aus der Antwort der Bundesregierung auf eine große Anfrage der Grünen zur Kinderschutzpolitik[10]

Die Bundesregierung ist »nicht bereit, sich an Spekulationen über die Höhe der Dunkelziffer im Bereich der Kindesmißhandlung und -vernachlässigung zu beteiligen.
Sie weist deshalb die Behauptung zurück, Gewalt gegen Kinder sei gesellschaftliche Normalität.« Wer solches behauptet, »diffamiert unsere Familien, trägt zu ihrer Verunsicherung bei und schafft ein kinder- und familienfeindliches Klima«.

Blind, taub und stumm

Beim Bekanntwerden von Kindesmißhandlungen in der Nachbarschaft oder im Bekanntenkreis sind die »unbeteiligten« Erwachsenen oft erstaunt und verwundert, daß so etwas in ihrer Nähe passieren konnte und sie es nicht bemerkt haben. »Erwachsene müssen erst lernen, die Hilferufe der Kinder zu verstehen«, meint der Kinderpsychiater und Leiter der Düsseldorfer Kinderschutzambulanz, Eugen E. Jungjohann. Die Erfahrungen in seiner Praxis haben gezeigt, daß Kinder, wenn sie niemanden finden, der ihnen zuhört, sich mittels der Körpersprache mitteilen, sie werden krank. Doch aus den Fällen der Kinderschutzambulanz weiß

Jungjohann auch, daß viele seiner ärztlichen Kollegen, bei denen die Kinder zunächst in Behandlung waren, die psychosomatischen Signale der Kinder, wie beispielsweise Eß-, Schlaf- oder Sprachstörungen, nicht als Folge von Gewalt verstanden haben.

Schutzbehauptungen mißhandelnder Eltern[12]

* Hinfallen von Kleinstkindern bei den ersten Stehversuchen
* Sturz von der Treppe, vom Stuhl, Tisch und aus dem Bett
* Herunterreißen einer mit heißem Tee gefüllten Kanne vom Tisch
* Anstoßen des Kopfes an einem Schrank
* häufiges Hinfallen sowie die Neigung zu Hautblutungen und Frakturen
* Ausreißen von Haaren durch die Kleinkinder selbst
* Erbrechen und Nichtessenwollen (bei schlechtem Ernährungszustand)

So ist es keine Seltenheit, daß viele Kinder schon mehrere Klinikaufenthalte hinter sich haben, bis sie an einen Arzt kommen, der die Symptome erkennt und eine Kinderschutzambulanz oder ein Kinderschutzzentrum hinzuzieht. Selbst wenn die körperlichen Mißhandlungen durch blaue Flecken oder gebrochene Gliedmaßen unschwer zu übersehen sind, wird oft den Angaben der Eltern geglaubt, das Kind sei gestürzt oder habe sich mit anderen Kindern geprügelt. »Wenn der Arzt die Eltern darauf anspricht, daß die Verletzungen des Kindes nicht mit ihren Unfallerklärungen übereinstimmen«, so die Erfahrung von Jungjohann, bekommt er vorerst selten ein Eingeständnis. Die Eltern stehen auf dem Standpunkt,

»daß sie das Kind geschlagen haben, um es zu erziehen, denn so haben sie es gelernt, und dann wurde der Schlag eben etwas härter«.[11] In den Kinderschutzambulanzen, in denen meist ein kooperatives Modell zwischen Medizin, Sozialarbeit, Psychologie und Psychotherapie erprobt wird, finden schließlich nicht nur die Kinder Hilfe; auch die Eltern bekommen, sobald sie dazu bereit sind, Unterstützungsangebote.

»Ich gehör' nicht dazu«

Sarah[13] (16) hat vier Geschwister. Sie lebt mit ihren Eltern, dem neun Monate jüngeren Bruder Michael und ihrer älteren Schwester Marie (19) zusammen. Ihre älteste Schwester wohnt nicht mehr im Haus, der ältere Bruder hat ein eigenes Zimmer über der Wohnung der Familie. Zu Hause ist Sarah nur noch selten, eigentlich nur zum Schlafen, in der Nacht. Tagsüber verbringt sie die Zeit mit ihrem Freund Tobias, mit dem sie seit anderthalb Jahren »zusammen« ist. Am liebsten würde sie zu Tobias und seinen Eltern ziehen, denn zu Hause, sagt sie, hält sie es fast nicht mehr aus.

»Das erste Mal war ich dreizehn oder vierzehn, wo ich so richtig eine Tracht Prügel bekommen hab', ich meine, vorher bin ich auch schon verkloppt worden, wegen Kleinigkeiten, aber ab vierzehn so richtig. Da hab' ich verkehrten Umgang gehabt, also Drogen und so. Ich hab' keine genommen, absolut nicht, aber die andern, und das hat meinen Vater gejuckt. Das waren halt die falschen Leute, okay, aber die waren für mich da, und zu der Zeit hatte ich noch keinen Freund. Die Leute, die haben mir zugehört, und die hatten auch ähnliche Probleme wie ich, die hatten alle irgendwo Scheiße zu Hause. Die gingen auch nicht gern in die Schule. Und das kam dann alles auf einmal: erst Schule schwänzen, da hat mein Vater schon zuviel gekriegt, aber da ist noch nichts passiert. Dann das Klauen und das Schwarzfahren, und dann hab' ich wieder Schule geschwänzt, und dann ist bei dem der Faden gerissen, und dann hat der echt voll draufgeschlagen. Hinterher hatte ich das Gesicht total blau. Und meine Schwester stand im Türrahmen, fing dann an zu lachen und hat nichts gemacht. Die hat mir nicht geholfen, mein Vater hätte mich totschlagen können, da hätte nicht mehr viel gefehlt. Meine Mutter wußte überhaupt nicht, was sie machen sollte. Der einzige, der dann runterkam, war mein Bruder, der Udo, und meine älteste Schwester. Die haben meinen Vater dann abgehalten, und der hat sich dann in die Küche gesetzt. Dann hat meine Mutter meine Tante angerufen und hat gesagt: ›Du mußt sofort kommen, du mußt die Sarah abholen. Ich hab' Angst, daß der Vater die totschlägt.‹ Ja, und dann hat die mich geholt.«

Die Traummutter

»Mit der hab' ich mich astrein verstanden. Meine Tante war immer meine Traummutter. ›So eine Mama möcht' ich haben‹, hab' ich immer gesagt, sogar zu meiner eigenen Mutter. Darüber hat sie sich voll aufgeregt: ›Was macht Tante Annette denn, was ich nicht mach?‹. Und dann hab' ich gesagt: ›Die redet mit mir, die ist lieb zu mir, die verwöhnt mich manchmal sogar ein bißchen.‹ Ich war oft bei meiner Tante, weil die halt besser war als meine Eltern. Die war ganz enttäuscht von meinem Vater, als sie gehört hat, daß der mich schlägt. Von ihrem Bruder hätte sie das nicht gedacht. Als sie mich abgeholt hat, hat die echt einen Schock gekriegt, so wie ich aussah.

Mein Vater kennt das nicht anders. Der kriegt Wut, dann rastet der aus, dann hat der sich nicht mehr unter Kontrolle und schlägt zu. Mein Vater ist ja nicht gerade schwach, und ich seh' dann immer geküßt aus, wenn ich eine Tracht Prügel gekriegt hab'. Ich halt' nur immer die Hände vors Gesicht, damit nichts im Gesicht passiert.«

Was die Nachbarn sagen

»Als ich wieder nach Hause kam, bin ich meinem Vater regelrecht in die Arme gelaufen. Ich wußte gar nicht, was ich sagen sollte. Dann fing' der an zu weinen. ›Darf ich dich mal in den Arm nehmen?‹ hat er gefragt, und er tat mir dann auch leid. Er hat sich sogar entschuldigt. Er hat Angst gehabt, hat er gesagt, weil ich würd' mir noch mein ganzes Leben versauen, wegen den Drogen und wegen der Klauerei. Mein Vater meint immer, die Leute denken, seine Tochter würde nur auf Jück sein und auf der Straße rumlungern. Am meisten hat er Angst davor, was die Nachbarn sagen. Ich sag': ›Dich interessieren immer nur andere Leute, nur deine eigene Tochter, die interessiert dich nicht.‹ Da war er sauer.
Ich fühl' mich überhaupt nicht mehr wohl zu Hause. Ich komm' mir immer mehr so vor, als wär' ich unerwünscht. Meine Mutter, die hängt nur mit meiner Schwester zusammen. Über meine Schwester wird auch nur gut geredet, weil die macht halt den ganzen Haushalt, schmeißt die ganze Wohnung, und dann ist die das Lieblingskind. Ich bin einfach anders. Und wenn ich nach Hause komme, da redet auch keiner mit mir. Ich hab' echt das Gefühl, ich gehör' nicht dazu.«

Die Mutter

»Meine Mutter meint immer: ›Wenn du mehr zu Hause wärst, würde ich mich auch mehr um dich kümmern. Dann könnten wir mal reden.‹ Da war ich einmal eine Woche lang zu Hause. Es war genau das gleiche. Die hat ja nie Zeit. Erst ist sie am Kochen, dann geht sie einkaufen, dann geht sie mit meiner Schwester in die Stadt und alles. Auch Klamotten hol' ich mir jetzt immer selber. Meine Mutter holt mir nichts

mehr. Mit den anderen fährt sie zusammen in die Stadt. Das hat sie mir auch schon so oft versprochen, daß sie mal mit mir zusammen in die Stadt fährt. Aber nein: ›Ich hab' keine Zeit, du mußt doch alleine fahren.‹ Dann gibt sie mir Geld, und ich fahre allein. Mit meiner Schwester fährt sie gern in die Stadt und mit mir nicht, warum, weiß ich nicht. Ich hab' ihr das mal gesagt, im Streit: ›Ich bin ja sowieso unerwünscht hier, warum bin ich überhaupt noch hier?‹ Aber wenn ich so was sage, dann heißt es direkt: ›Du bist krank, Mädchen.‹ Oder wenn ich weine, heißt es: ›Kriegst du wieder deinen Moralischen?‹ Deswegen darf ich nie weinen zu Hause, auch wenn ich Kummer hab'.
Die nimmt mich auch nie in den Arm oder so, nie, hat die noch nie gemacht. Und wenn, dann war ich da ganz klein, da kann ich mich nicht mehr dran erinnern. Wenn ich die mal in Arm nehmen wollte, weil ich traurig war oder so, dann heißt es: ›Laß' mich in Ruhe.‹ Und ich brauch' das ab und zu mal, daß ich meine Mutter mal in den Arm nehmen könnte, aber geht nicht. Meine Geschwister, die können damit leben, die sind genauso, die brauchen das auch nicht. Ich hatte das Heulen echt verlernt, ich hab' nie geweint, wenn ich Kummer hatte. Auch wenn ich Streit hatte mit meinem Freund. Wenn der geweint hat, hab' ich immer gesagt: ›Hör' auf zu weinen, warum weinst du denn?‹ Seit ich den Tobias kenne, seitdem weine ich auch zu Hause. Das ist mir jetzt egal. Früher hab' ich das nur gemacht, wenn keiner dabei war.«

Der Vater

»Im Moment ist es schlimm geworden mit meinem Vater. Der ist ziemlich gereizt in letzter Zeit. Jeden Abend, wenn ich nach Hause komme, muß ich damit rechnen, daß der wieder schlechte Laune hat, und dann schlägt der zu. Da sagt der zu mir: ›Lüg' mich nicht an, damit machst du alles nur noch schlimmer.‹ Wenn ich aber nicht lüge und sage: ›Ich war heute nicht in der Schule‹, krieg' ich trotzdem eine Tracht Prügel. Das ist doch Schwachsinn, warum soll ich denn die Wahrheit sagen, wenn ich doch eins drüber kriege. Da wär' ich doch schön blöd.

Letztens komme ich rein, und ich konnte gar nicht erst sagen, warum ich die Schule geschwänzt hatte. Der hat direkt draufgeschlagen, hat mich mit dem Kopf gegen die Wand geknallt, in den Rücken getreten, alles. Und dann hat er mich ins Zimmer geschmissen und gesagt: ›Da kommst du heute den ganzen Tag nicht mehr raus, wehe wenn du mir wieder unter die Augen trittst.‹ Mein Freund hat abends angerufen, und als ich ihm das erzählt hab', wollte er meinen Vater anzeigen. Aber ich will das nicht, ich hab' Angst davor. Ich würde das nicht machen, meinen Vater anzeigen. Niemals. Ich meine, der kann so nett sein, aber der kann auch so falsch sein, aber ich würde den niemals anzeigen. Ich hätte Angst, wegen dem Michael, meinem Bruder, der würde nie darüber hinwegkommen, daß mein Vater so was macht. Ich meine, der sieht das zwar, aber der sieht das mit anderen Augen. Der Michael, wenn der das sieht, dann heult er. Ich tu' dem auch leid. Mein Vater hat den auch schon verkloppt, ein- oder zweimal. Aber beim Michael ist das so, der schreit dann zurück und sagt zu dem: ›Du Arschloch.‹ Der Michael ist halt behindert, und der sagt das einfach so, und dann hat mein Vater wohl gemerkt, daß das Schlagen nichts bringt beim Michael. Und bei mir meint er vielleicht, das bringt was. Wenn der Michael nicht wäre, würde ich den vielleicht schon anzeigen, aber der Michael hängt unheimlich an meinem Vater. Doch dann schon. Dann ist ja keiner mehr da, der meinen Vater braucht. Außer meiner Mutter, aber na ja.

Einmal war ich mit dem Tobias verabredet, und sein Freund hat mich abgeholt. Mein Vater hat das wohl gesehen. Und als ich abends nach Hause gekommen bin, da hab' ich voll eine geknallt gekriegt: ›Mit wem treibst du dich denn wieder rum, ich denke du bist mit dem Tobias zusammen, treibst dich mit anderen Kerlen rum.‹ Das denkt der sich dann einfach alles so selber zusammen. Ich bin froh, daß ich den Tobias jetzt hab'. Der hat auch keine Angst vor meinem Vater. Einmal, als mein Vater wieder einen Wutanfall hatte, hat er zu ihm gesagt: ›Setzen Sie sich lieber hin, bevor Ihnen wieder die Hand ausrutscht‹ und ›Mir brauchen Sie nicht zu verheimlichen, daß Sie die Sarah schlagen, ich bin schließlich ihr Freund. Ich seh' so was, ich merk' das.‹ Mein Vater ist meinem Freund dann eine Zeitlang aus dem Weg gegangen. Vielleicht, weil er weiß, wenn er dem Tobias was tun würde oder mir verbieten würde, mit dem zusammenzusein, daß er mich dann ganz verloren hätte.«

Der Freund

»Mein Freund, der ist für mich im Moment mein ein und alles. Der ist auch so ein Ersatz für mich, für meine Eltern. Der Tobias, der lobt mich auch mal, wenn ich jetzt was gut gemacht hab', auch wenn ich gute Noten geschrieben hab'. Und der nimmt mich in Arm, mit dem kann ich über alles reden, und brauch' vor dem nichts zu verheimlichen. Ich muß keine Angst haben, daß ich eine gescheuert krieg'. Das würd' der nie machen.

Dem Tobias hab' ich als erstes erzählt, daß mein Vater mich so schlägt. Da hab' ich ein halbes Jahr zu gebraucht, um dem das zu sagen. Vorher hab' ich mit niemandem darüber geredet. Ich glaub', wenn ich den Tobias nicht gehabt hätte, hätte ich das nie jemandem erzählt. Ich versuch', das ein bißchen zu verdrängen, sagt der Tobias immer, ›du kommst zu mir, und dann verdrängst du das.‹«

Ein Tag wie jeder andere

»Ich steh' morgens früh auf und mach' mir mein Frühstück selber. Die anderen kriegen das alle geschmiert. Ich schon

lange nicht mehr, schon seit dem vierten Schuljahr mach' ich das alleine. Irgendwann hat das aufgehört. Warum, weiß ich nicht. Nachmittags komm' ich nach Hause, nehm' das, was ich brauch' mit und fahr' zum Tobias. Essen gibt's sowieso nicht nachmittags. Für mich wird nicht extra gekocht, ich darf warten, bis Vater abends nach Hause kommt. So abends um neun komm' ich dann nach Hause, zieh' mich aus und geh' ins Bett. So geht das in der Woche immer.
Wir reden zu Hause wenig miteinander, nur die nötigsten Worte ›Tag‹ und ›Tschö‹. Dann heißt es ›Tag, gib mein Geld‹ und dann bin ich weg, also mein Taschengeld, da besteh' ich immer drauf. So Taschengeld, Unterschriften und Fahrgeld, das ist so das einzige, ansonsten nichts mehr.«

Die Schwester

»Mit meiner Schwester versteh' ich mich nicht. Wir haben uns jeden Tag in der Wolle. Die ist mit mir in einem Zimmer, und da macht sie Kinderbetreuung. Wenn ich mittags nach Hause komme, kann ich nicht ins Zimmer rein, dann sind die Kinder am Schlafen, und wenn ich abends nach Hause komme, ist meine Schwester am Schlafen, und nachmittags sind die Kinder am Spielen. Deswegen bin ich auch nie zu Hause, mein Zimmer ist ja immer besetzt. Und ich kann nichts dazu sagen, ich kann mich auch nicht gegen die wehren, weil sie älter ist und weil sie das Mamakind ist. Da hält die Mutter immer ihre Hand drüber: Marie ist das Beste, was es gibt.
Jeden Tag werd' ich von meiner Schwester doof angemacht: ›Du mußt dein Zimmer aufräumen.‹ Da reg' ich mich immer tierisch auf. Ich hab' ja kaum noch Sachen in dem Zimmer, weil sie alles rausgeschmissen hat. Die Hälfte meiner Sachen hab' ich jetzt beim Tobias. Dann sag' ich: ›Deinen Scheiß kannst Du selber wegmachen, das haben die Kinder gemacht und nicht ich.‹ Dann fängt sie an rumzuschreien, und ich dreh' mich um und geh'.«

Die Geschichte vom Vater

»Einmal war mein Vater angetrunken, und da war er lieb und alles. Und dann hat er von früher erzählt, wie er sich mit seinem Vater gestritten hat, und dann hat er die Hand gegen seinen Vater erhoben. Da hab' ich gefragt: ›Was würdest du denn sagen, wenn deine Tochter die Hand vor dir erheben würde?‹ ›Die würde ich umbringen‹, meinte er zu mir, ›Kinder haben die Hände nicht vor den Eltern zu erheben.‹ Sag' ich: ›Und warum hast Du das dann getan?‹ ›Ja, weil der mich nicht schlagen darf‹, meint er. ›Dann darfst du mich aber doch auch nicht schlagen‹, hab' ich zu ihm gesagt, und da hat er abgeblockt und ist ins Bett gegangen. Und am nächsten Tag, wenn er wieder nüchtern ist, hat er alles wieder vergessen. Ich hab' doch nichts davon, wenn ich nur mit meinem Vater reden kann, wenn der voll ist.

Wenn der mich noch mal so schlägt, würd' ich echt abhaun. Einmal bin ich schon abgehaun und einen Tag lang hat mich die Polizei gesucht. Ich wollte echt nicht mehr nach Hause gehen, ich wär' auch nicht nach Hause gegangen, wenn die Polizei mich nicht gefunden hätte. Die haben mich dann auf dem Spielplatz gefunden, da hing ich mit so ein paar Leuten zusammen. Ich wollte noch weglaufen, aber die waren etwas schneller. Und dann mußte ich mit auf die Polizeiwache, und dann kam mein Vater dahin. Da war mein Vater der liebste Mensch der Welt. Er hat sich bei mir entschuldigt, das war toll. Da war ich auch irgendwie stolz drauf, das fand ich schön. Das war richtig toll, da hat der das erste Mal vor mir geweint und hat mich in den Arm genommen, meine Mutter auch. Da hab' ich erst gedacht, ja vielleicht haben sie dich ja doch ganz gern, aber nachher war das wieder weg. Da hab' ich gedacht, ›siehst ja, was dabei rausgekommen ist, gar nichts.‹ Für ein paar Monate hat das angehalten, und jetzt geht es schon wieder los.

Wenn das noch mal passiert, würde ich jetzt zum Tobias gehen. Würde meine Eltern anrufen und sagen, daß die entweder das Sorgerecht dem Tobias seinen Eltern geben oder das halt so regeln, daß ich bei meinem Freund bleiben darf. Ich würde auf keinen Fall nach Hause gehen, nie wieder.«

Grundrechte für Kinder

Erst 1979 wurde im Gesetz die »elterliche Gewalt« in »elterliche Sorge« umgetauft. »Dies ist ähnlich zu bewerten«, so der Familienrichter Helmut Ostermeyer, »wie die Umbenennung der Zuchthäuser und Gefängnisse in Justizvollzugsanstalten oder der Irrenhäuser in Landeskrankenhäuser. Statt der Sache, wird der Name geändert.«[14] Das Grundgesetz schützt die Ehe und die Familie, nicht aber die darin lebenden Kinder. Unsere Verfassung verpflichtet die Eltern, für das Wohl ihrer Kinder zu sorgen. So heißt es im Artikel 6 des Grundgesetzes: Die »Pflege und Erziehung der Kinder sind das natürliche Recht der Eltern und die zuvörderst ihnen obliegende Pflicht.« »Dieses Recht und die ›Pflicht‹«, so Ostermeyer, sind »die Rechtfertigung für die Auslieferung des Kindes an die Eltern, für seine Unterwerfung unter ihre Gewalt, die Sorge heißt.«[15]
Früher litten die Kinder nicht nur unter der elterlichen Gewalt, sondern auch unter dem Züchtigungsrecht ihrer AusbilderInnen, LehrerInnen und ErzieherInnen. Bis in die 50er Jahre hinein wurde an den bundesdeutschen Volksschulen geschlagen.[16] Heute liegt das körperliche Gewaltmonopol ausschließlich bei den Eltern, die dem »Sorgeauftrag« des Grundgesetzes oft nicht gerecht werden können. Die Realität sind unsichere und angespannte Familienverhältnisse durch Trennung und Scheidung, durch Erwerbslosigkeit und Armut. So konnte beispielsweise in Großbritannien nachgewiesen werden, daß mit der zunehmenden Arbeitslo-

sigkeit auch die Anzahl der Kindesmißhandlungen durch die Eltern stieg.[17] »Die klein gewordene und krisenanfällige Familie muß daher«, so meint der Kindheits- und Jugendforscher Klaus Hurrelmann, »in ein Netz von informellen nachbarschaftlichen, von Selbsthilfekontakten, von Haushaltshilfen, sowie eben auch von öffentlich institutionalisierten Einrichtungen für Kinder einbezogen werden.«[18] Denn die Folge der zerrütteten Familienbeziehungen sind oft aggressive und gewalttätige Auseinandersetzungen zwischen den Ehepartnern und unkontrollierte und unberechenbare Erziehungsstile. »Die Eltern werden zu ›Tätern‹«, so Hurrelmann, »weil sie mit ihrem eigenen Leben wegen massiver Berufs-, Partner- und Selbstwertprobleme nicht zurechtkommen.«[19] Hinzu kommt, daß diese Eltern fast immer selbst in gewalttätigen Familien groß geworden sind. Selbst wenn sie sich vorgenommen haben, ihre eigenen Kinder ohne Schläge zu erziehen, haben sie doch oft keine anderen Verhaltensweisen in Konfliktsituationen gelernt.[20]

Ende der Bevormundung

Jeder Mensch hat das Recht auf Leben und körperliche Unversehrtheit, heißt es im Artikel zwei des Grundgesetzes. Und: In diese Rechte darf nur aufgrund eines Gesetzes eingegriffen werden. Für Kinder ist dieser Eingriff das Sorgerecht der Eltern. Es bestimmt »die Überantwortung des Kindes an die Eltern und macht es damit rechtlos«.[21]

Die Vereinigung der beiden deutschen Staaten hätte die Chance geboten, über eine neue Verfassung nachzudenken, die den veränderten Lebensbedingungen ihrer BürgerInnen Rechnung trägt. Das »Kuratorium für einen demokratisch verfaßten Bund deutscher Länder« legte dazu einen Entwurf vor. In ihm wurden die Kinder zu *Subjekten* des Grundgesetzes mit einer eigenen Rechtsstellung. Zusätzlich wurde auch der von vielen Kinderschutz-Organisationen lange geforderte Grundsatz der gewaltfreien Erziehung aufgenommen.

> *Aus dem Entwurf einer neuen deutschen Verfassung*[22]
> *Artikel 6*
> * Kinder sind gewaltfrei zu erziehen.
> * Kinder genießen den staatlichen Schutz vor körperlicher und seelischer Vernachlässigung und Mißhandlung.
> * Kindern ist durch Gesetz eine Rechtsstellung einzuräumen, die ihren wachsenden Fähigkeiten und Bedürfnissen zu selbständigem Handeln entspricht.

Die verpaßte Chance

Nicht nur in einer neuen Verfassung wäre es möglich gewesen, die Rechtsstellung der Kinder zu verbessern; das neue Kinder- und Jugendhilfegesetz (KJHG) hätte dazu ebenfalls eine sehr naheliegende Möglichkeit geboten. Jahrelang wurde um das Gesetz gestritten, bis es schließlich am 1. Januar 1991 in Kraft trat. KritikerInnen meinten dazu, es sei »ein bißchen mehr als eine Novelle des alten Jugendwohlfahrtsgesetzes, aber eben weniger als eine Reform«.[23]
In den Stellungnahmen zum Gesetzesentwurf wurde vor allem die Familienorientierung kritisiert, denn die »Allzuständigkeit« und das »Erziehungsprimat« der Eltern wurden erneut festgeschrieben.[24] »Schlimmer noch«, meint der Sozialrechtler Ulrich Preis von der Universität Köln, »es ist zu einem tiefgreifenden Perspektivenwechsel gekommen. Der Gesetzgeber richtet sich nicht mehr an die Kinder und Jugendlichen, sondern ausschließlich an die Eltern.« Früher hatten die Kinder wenigstens einen individuellen Anspruch, beispielsweise auf Unterstützung, wenn sie in der Familie mißhandelt wurden. Mit dem neuen Gesetz wurden sie aus der Position der Anspruchsteller verdrängt. Für Ulrich Preis

heißt das: »Die Kinder werden nicht als Subjekte anerkannt, sie gelten nur als Erziehungsobjekte.«
So ist es von der Bundesregierung auch gewollt. In den Gesetzesdiskussionen hielt sie fest, daß Hilfen zur Erziehung nur demjenigen gewährt werden können, »der erzieht und nicht dem, der erzogen werden soll«.[25] Tatsächlich haben nun die Eltern »Anspruch auf Hilfe«, wenn das Wohl des Kindes in Gefahr ist.[26] Der Ausbau von Erziehungs- und Konfliktberatungsstellen ist auch wichtig, meinen die Fachleute. Wo aber bleibt der Anspruch des Kindes, wenn sich die schlagenden Eltern weigern, die Beratungsangebote der Jugendhilfe anzunehmen? »Es wäre kein Problem gewesen«, stellt Preis fest, »den Kindern eine eigene Rechtsposition einzuräumen. Beispielsweise in Form von eigenen Kinderombudsmännern oder -frauen. Schließlich wird im Erbrecht schon den Säuglingen die Rechtsfähigkeit zuerkannt.« Doch die ideologische Grundausrichtung sollte beibehalten werden. In der Regierungsbegründung wurde festgestellt, daß man den Kindern keinen eigenen Anspruch gewähren wolle, weil dann der Staat zu sehr in die Familie eingreifen würde. Daß eine derartige »Sichtweise eher dem Familienrecht des 19. Jahrhunderts entspringt, als einem Gesetzeswerk zur Schwelle des 21. Jahrhunderts«[27], stört in diesem Zusammenhang kaum eine/n PolitikerIn.
So ist es zu einer Zweiteilung des Gesetzes gekommen. Auf der einen Seite sollen alle Maßnahmen der Jugendhilfe auf die Erhaltung der Familie gerichtet werden; auf der anderen Seite stehen die Vormundschaftsgerichte. Wenn sich die Eltern dem »sanften Druck der BeraterInnen nicht beugen wollen«, stellt Ulrich Preis fest, »dann können die Eltern das Sorgerecht sehr schnell verlieren.«

Beratung oder Strafe?

Im Strafgesetzbuch fällt die Mißhandlung von Kindern unter den Abschnitt: Körperverletzungen. Der Paragraph 223b ahndet die »Mißhandlung von Schutzbefohlenen« in minder schweren Fällen mit Geldstrafe oder mit bis zu drei Jahren Freiheitsentzug, in besonders schweren Fällen mit bis zu fünf Jahren Gefängnis. Die Polizeistatistik weist für das Jahr 1990 gegenüber 12.741 sexuell mißbrauchten Kindern lediglich 1.213 Fälle körperlicher Mißhandlung von Kindern aus. Und – ähnlich wie beim sexuellen Mißbrauch ist die Zahl der Verurteilten noch einmal um einiges geringer. »Dabei ist allerdings nicht anzunehmen«, meint Eugen Jungjohann von der Düsseldorfer Kinderschutzambulanz, »daß der sexuelle Mißbrauch die Kinder zehnmal häufiger in unserem Lande trifft als der Stock, der Gürtel oder der Stiefel. Wir sehen es nur nicht, weil die Kinder schweigen.«

Straftaten und Urteile (§ 223 b) [28]

Jahr	*Straftaten*	*Abgeurteilte*	*davon verurteilt*
1987	1.120	162	99
1988	1.145	128	77
1989	1.111	145	87

Eine Verringerung der Dunkelziffer erhofft man sich in Nordrhein-Westfalen durch die Einrichtung des Sonderdezernats »Gewalt gegen Kinder« bei der Staatsanwaltschaft. Das Pilotprojekt wurde 1990 in Dortmund gestartet. »Nach meiner ersten Einschätzung ist die Zahl der zur Anzeige gebrachten Fälle seither gestiegen«, stellt Staatsanwalt Stefan Lechtape vom Dortmunder Sonderdezernat fest.

Die Zusammenarbeit zwischen den Strafbehörden und den SozialarbeiterInnen in den verschiedenen Beratungseinrichtungen gestaltet sich oft schwierig. »Sie wollen natürlich nicht zum Hilfsbeamten der Staatsanwaltschaft werden«, kommentiert Lechtape. Dementsprechend wird in den meisten Familienberatungsstellen die Arbeit der Justiz eher negativ bewertet, weil die »Strafverfolgung nicht nur die Wirksamkeit von Hilfsangeboten, sondern oft schon ihre Annahme blockiert«, meint der Kölner Familientherapeut Tom Levold.[29]

Bei der Dortmunder Staatsanwaltschaft wünscht man sich hingegen eine Meldepflicht, zumindest in »besonders schweren Fällen von Mißhandlung«. »Die entsprechenden Gesetze müßten geändert werden«, so Lechtape, »ähnlich wie es auch im Umweltbereich geschehen ist. Denn es gibt immer noch Ärzte, die sich auf ihre Schweigepflicht berufen.«

Vielen scheint die Wirkung der Strafverfolgung fraglich. Untersuchungen haben belegt, daß nach Haftstrafen die Rückfallquote der mißhandelnden Eltern höher ist als nach der Nutzung von Hilfsangeboten.[30] Familientherapien, intensive Beratungsgespräche, soziale Unterstützung und die Betreuung der Kinder in Tageseinrichtungen können meist wirksamer entlasten als ein Gefängnisaufenthalt des Vaters oder der Mutter. Der Gesetzgeber müsse zwar eine »Ächtung der Gewalt an Kindern aussprechen«, stellt Tom Levold fest: »Aber heißt Verbot auch Bestrafung?«[31]

ZeugInnen der Anklage

Viele FamilientherapeutInnen kritisieren außerdem den psychischen Druck, der auf mißhandelten Kindern lastet, wenn sie als Hauptbelastungszeugen von einer Vernehmung zur nächsten müssen. Und das oft über Monate und Jahre hinweg. Da ist die Anhörung vom Jugendamt, von KriminalbeamtInnen, von der StaatsanwältIn, vom Vormundschaftsgericht und von der StrafrichterIn. Und, wenn die Mißhandlung von den Eltern geleugnet wird, muß auch noch eine PsychologIn hinzugezogen werden, die das Kind auf seine Glaubwürdigkeit überprüft. Im Dortmunder Pilotprojekt will man versuchen, den Kindern diese Tortur zu

ersparen, »indem gleich zu Beginn die VertreterIn der Staatsanwaltschaft, die RichterIn oder auch die PsychologIn, die hinterher das Glaubwürdigkeitsgutachten erstellt, hinzugezogen werden«.
Vorbilder dafür gibt es schon. So werden die Kinder im australischen New-South-Wales unmittelbar nach der Anzeige bei der Polizei von einem Team aus spezialisierten ÄrztInnen, PsychologInnen und SozialarbeiterInnen untersucht.[32] Die Gespräche und das Verhalten des Kindes im Spieldiagnostikzimmer werden mit einer Videokamera aufgezeichnet, die körperliche Untersuchung wird fotografiert. Danach wird das Kind nicht mehr belästigt und weiterhin ausschließlich therapeutisch betreut. Diese Untersuchungsdokumentation ist rechtsrelevant und wird vom Gericht, der Staatsanwaltschaft und der Verteidigung anerkannt. Eine deutliche Erleichterung für das Kind.

»Wenn man immer nur Vorwürfe kriegt«

Frank (14), Susanne[33] (15), Lesley (15) und Melanie (16) haben an ihrer Hauptschule an einer Projektwoche zum Thema »Gewalt gegen Kinder« teilgenommen. Das Interesse war groß. Über achtzig SchülerInnen wollten mehr zu diesem Thema erfahren. So mußte im Losverfahren über die Teilnahme entschieden werden. In dieser Woche besuchten die Jugendlichen die Jugendschutzstelle, die Kinderschutzambulanz und – sie machten eine Straßenumfrage mit einem selbst entworfenen Fragebogen. Das Ergebnis unterscheidet sich von Repräsentativumfragen: 77 Prozent der über 20jährigen antworteten den Jugendlichen, sie seien dagegen, daß Kinder in gewissen Situationen geschlagen werden, und lediglich ein Fünftel der befragten Erwachsenen gab zu, selbst Kinder zu schlagen.

Die Straßenumfrage

Melanie: »Viele Leute haben aggressiv auf die Umfrage reagiert. Die sind zwar stehengeblieben, aber wenn man gesagt hat, ›Gewalt gegen Kinder‹, sind die weitergegangen: ›Das interessiert mich nicht, geht mich nichts an, ich würde meine Kinder nie schlagen.‹ Mehr wollten die nicht sagen. Und viele, finde ich, haben auch gelogen.«

Susanne: »So wie die sich verhalten haben, glaube ich das auch. Bei einer stand zum Beispiel das Kind daneben, guckte mich an und fing dann an zu lachen, als sie gehört hat, was ihre Mutter erzählt. Da wußte man schon direkt Bescheid, daß die Frau gelogen hat. Da hat die Tochter die eigene Mutter verraten.«

Melanie: »Wir haben eigentlich alle damit gerechnet, daß die lügen. So sind die Erwachsenen. Es gibt selten welche, die anders reagieren. Nur ein junges Mädchen, die hat sich wirklich dafür interessiert. So wie die Leute reagiert haben, hat man gemerkt, daß die das gar nicht ernst nehmen.«

Frank: »Viele meinten auch, sie hätten nichts damit zu tun, weil sie keine Kinder hätten.«

Susanne: »Das waren nur ein paar Leute, die sich wirklich damit auseinandergesetzt haben und die einem wirklich richtige Antworten gegeben haben.«

Frank: »Viele haben auch gesagt, wenn Kinder nicht artig sind, da wär' mal ein Klaps angebracht. Das fand ich nicht gut. Und eine Frau hat gesagt, daß sie mal ausgerastet ist und zugeschlagen hat. Sie findet das zwar nicht gut, aber da war sie mit den Nerven am Ende.«

Melanie: »Ja, viele haben einfach gesagt: ›Was sollen wir Eltern denn machen, wir sind am Ende mit den Nerven, und dann knallt das halt.‹ Die haben das sehr locker gesehen und fanden das auch gar nicht schlimm. Aber das ist doch nicht normal so was, nur weil man ausrastet, kann man doch nicht zuschlagen. Wenn einer dann so am Ende ist, dann soll er das Kind in Ruhe lassen, soll dem einfach aus dem Weg gehen. Das hab' ich zu einem Mann auch gesagt, der ist dann richtig aggressiv geworden, der fing dann direkt an rumzuschreien: ›Ich muß doch selber wissen, ob ich mein Kind schlage, das ist mein Kind, das ist meine Sache‹.«

Was ist Kindesmißhandlung?

Frank: »Ich finde, wenn Kinder immer angeschrien werden, das ist auch schon mißhandeln. Und Kinder einsperren, Stubenarrest. Oder wenn die Eltern den Kindern was wegnehmen, was sie gerne haben, also wenn die Eltern das so richtig ausnutzen.«
Susanne: »Und mit Gegenständen hauen und verprügeln.«
Lesley: »Oder wenn Mädchen so angefaßt werden.«
Melanie: »Und wenn man immer nur Vorwürfe kriegt im Leben, also wenn man nur schlechtgemacht wird: ›Du kannst gar nichts.‹ Das macht einen auch echt fertig. Wegen Kleinigkeiten regen sich manche Eltern schon auf. Wenn man mit schlechten Noten nach Hause kommt. Man ist ja nicht immer zu faul, man hat das einfach nicht gepackt, weil man Probleme hatte oder mit den Gedanken woanders war. Da ist man selber fertig mit den Nerven, weil man das danebengehauen hat, und dann kriegt man noch einen drüber. Wenn die Eltern rumschreien oder rumschlagen, dadurch machen sie die Probleme doch nur schlimmer.«

Kinder haben auch Rechte

Melanie: »Wie wir hier in der Schule und in der Klasse gefragt haben, gab es viele, die gesagt haben: ›Wenn ich Scheiße gebaut hab', dann find' ich das korrekt, wenn ich dann eine geknallt kriege.‹ Echt, das verstehe ich nicht, wie die so was sagen können. Wieso soll ich denn meinen Kopf hinhalten, nur weil ich was gemacht hab'. Aber es gibt viele, die noch so denken, zu viele. Man muß denen die Augen öffnen, daß sie auch Rechte haben, daß sie sich nicht schlagen lassen müssen und daß die Eltern kein Recht darauf haben, Kinder zu verkloppen.«

Frank: »Wir haben auch Beratungsstellen besucht, die einem helfen. Wir waren in der Kinderschutzambulanz, und wenn man da schon mal war, traut man sich dann eher hin, wenn man's braucht. Man achtet jetzt auch mehr darauf. Ich hab' öfters schon mal von Freunden gehört, daß die Schläge kriegen, und jetzt weiß ich, wo man hingehen kann, und kann denen das sagen.«

Susanne: »Oder so was mal im Fernsehen zeigen. Die haben das ja jetzt auch mit den Tierversuchen gebracht, und genau so was könnte man auch mal über Kindesmißhandlung machen.«

Melanie: »Ja, und wenn ich Hilfe brauche, daß mir dann auch geglaubt wird, bei manchen Leuten. In der Kinderschutzambulanz zum Beispiel. Also, wenn ich echt Probleme hätte, würd' ich schon da hingehen. Bisher hab' ich immer gedacht, es wird dir sowieso nicht geglaubt, bist ja ein Kind, bist am phantasieren. Aber da würde ich schon hingehen.«

Zu Hause

Melanie: »Ich werde öfters geschlagen. Jetzt, nach der Projektwoche, da kann ich mir auch helfen und versuchen, mit meinen Eltern darüber zu reden. Daß vielleicht auch ein bißchen Einsicht von denen da ist, daß die sich dann damit beschäftigen, was ich hier in der Projektwoche gemacht hab'. Daß ich denen das zeigen kann und daß die dann darüber nachdenken.«

Frank: »Mein Vater hat mir nur einmal eine runtergehauen. Dann hab' ich nicht mehr mit ihm geredet, und dann hat er sich entschuldigt. Seitdem haut der mir keine mehr.«

Susanne: »Bei uns zu Hause wird nur rumgeschrien, aber ich krieg' keine Schläge. Meine Mutter kriegt schon einen Panikanfall, wenn ich nur zwei Minuten zu spät komme, und nach zwei Stunden ruft sie direkt die Polizei an. Das nervt.«

Lesley: »Mit meiner Mutter kann ich über alles sprechen, mit meinem Vater rede ich eigentlich über gar nichts. Meine Mutter ist meine beste Freundin. Mein Vater kommandiert mich immer so rum, und meine Mutter verteidigt mich dann immer. Meine Mutter und ich, wir machen meinen Vater immer fertig. Nur, wenn meine Mutter nicht da ist, dann versteh' ich mich eigentlich mit meinem Vater auch ganz gut. Die war jetzt in Urlaub, da hab' ich mich auch mit meinem Vater verstanden. Aber wenn meine Mutter wieder da ist: ›Mama, Mama.‹ Ich liebe halt meine Mutter sehr und meinen Vater nicht so.«

Susanne: »Du haßt den.«

Lesley: »Na ja, manchmal kann ich den schon leiden. Manchmal ist der ja auch nett, aber wenn ich von der Schule komme, so total müde, und dann sagt der: ›Mach mal dies, mach mal das‹, und ich möchte mich eigentlich erst mal ausruhen und dann essen und dann Hausaufgaben machen. Dann hetzt der mich immer sofort: ›Mach mal das Katzenklo, spül mal.‹ Und meine Mutter macht das überhaupt nicht, die sagt: ›Wenn du Lust hast, tust du heute abend spülen.‹ Das hab' ich viel lieber, als so rumkommandiert zu werden. Wenn mein Vater nicht da wär', ich würde den nicht vermissen. Ich schätze, das weiß der auch. Meine Mutter und ich, wir brauchten eigentlich meinen Vater gar nicht. Wir haben auch schon mal gesagt, der soll ausziehen. Der macht sowieso alles alleine, und meine Mutter und ich, wir machen alles zusammen. Manchmal tut mir mein Vater auch leid. Meine Mutter und ich alleine, das wäre schöner. Ich brauch' den nicht.«

Melanie: »Ich finde das beschissen. Ich kann das nicht: mit jemandem zusammensein, den ich nicht leiden kann. Und dann noch Tag und Nacht. Ich versteh' auch nicht, wie deine

Mutter das kann, wenn du sagst, die versteht sich nicht mit deinem Vater.«

Frank: »Ich kann mir das auch nicht vorstellen, also mit einem Mann oder mit einer Frau, die ich überhaupt nicht leiden kann. Das ist ja wohl nervig, da wird man ja bekloppt. Oder wie du gesagt hast, wenn du nach Hause kommst, ›mach mal dies, mach mal das.‹ Da sind meine Eltern ganz anders. Meine Mutter sagt immer ›bitte‹, wenn ich was machen soll.«

Lesley: »Wenn mein Vater das einmal sagen würde: ›Mach mal bitte‹ oder wenn der das lieb sagen würde: ›Würdest du gleich spülen.‹ Das wäre ja in Ordnung. Aber so, wie der das immer sagt, da krieg' ich zuviel. Wenn der einfach mal höflich fragen würde.«

Melanie: »Wir sagen zu unseren Eltern ja auch nicht: ›Das mußt du jetzt machen.‹ Nur, weil wir jünger sind, können die Eltern doch nicht einfach über uns bestimmen. Ich hab' mal versucht, das rumzudrehen, und hab' zu meinem Vater gesagt, er sollte was selber machen. Da haben wir Streit gekriegt. Das würde ich nie wieder machen.«

Artikel 19
Die Vertragsstaaten treffen alle geeigneten Maßnahmen, um das Kind vor Verwahrlosung oder Vernachlässigung und vor schlechter Behandlung zu schützen.

Ungeliebt und vernachlässigt

Mit kurzen Zeitungsnotizen wie: »Völlig abgemagerte Leiche eines zweijährigen Mädchens gefunden«[1] oder »Angekettete nach 35 Jahren befreit«[2] signalisieren die bundesdeutschen Blätter allwöchentlich, daß Gewalt gegen Kinder weit mehr als Schläge und Prügel bedeutet. Was passiert, fragen kritische BerichterstatterInnen[3], wenn Eltern, Nachbarn und Bekannte zusehen, wie ein Kind Woche für Woche magerer wird, nicht laufen und sprechen lernt und langsam das Leben aufgibt?
Verhungernde, vergessene, sprachlose und weggesperrte Kinder sind Teil der sogenannten Zivilisationsgeschichte. Dem massenhaften Kindersterben vergangener Zeiten schenkte man kaum Beachtung.[4] Erst seit rund hundert Jahren steigt der Wert eines Kinderlebens und damit die öffentliche Aufmerksamkeit. Fast untrennbar scheinen die Leiden der vernachlässigten Kinder mit den sozialen Fragen der Armut verknüpft; mit Wohnungsknappheit, Krankheit, Erwerbslosigkeit, Überschuldung und der Aussichtslosigkeit der Erwachsenen, das eigene Überleben zu sichern. »Wenn der Druck zunimmt«, stellt die Berliner Pädagogikexpertin Katharina Rutschky fest, »werden immer Junge und Hilflose die ersten Opfer sein.«[5]
Es gibt keine deutschen Statistiken, in denen die Fälle kindlicher Vernachlässigung zahlenmäßig erfaßt wären. Nur Hin-

weise, wie beispielsweise aus Kalifornien, wo sich 1983 unter den Meldungen zur Kindesmißhandlung rund zwanzig Prozent vernachlässigte Kinder fanden.[6] Aus eigenen Beobachtungen dokumentierte die Gerichtsmedizinerin Elisabeth Trube-Becker 1987 insgesamt 65 Fälle von vernachlässigten Kindern, die an Unterernährung oder Unterkühlung starben. Die Obduktionsbefunde der Getöteten ergaben, daß der Magen und Darm meist völlig leer waren, daß sich um die Genitalien Ekzeme gebildet hatten und die Kinder hochgradig verschmutzt, teilweise bereits verkrustet waren.[7]

Die durch Vernachlässigung getöteten Kinder sind fast immer jünger als drei Jahre. Ältere können meist schon selbst nach Nahrung und Kleidung in der Wohnung suchen und entgehen so dem Tod. Geschulte ÄrztInnen können die Symptome der körperlichen Vernachlässigung erkennen. Die emotionalen Folgen bleiben hingegen lange unsichtbar, dem Kind aber ein Leben lang erhalten.

Symptome der Vernachlässigung[8]

Von Säuglingen

Den Kindern fehlt der typische »Babyspeck« (Unterernährung); sie wachsen langsamer, als es ihrem Alter entsprechen würde; häufig liegen sie wund, ihre Haut schuppt; sie sind verschmutzt und kränkeln.

Von Kleinkindern

Die Kinder sind mangelhaft ernährt; beim Gehenlernen häufen sich Stürze und Verletzungen, weil die Kinder kaum betreut werden und ihre körperliche Konstitution zu schwach ist; die Sprachentwicklung und Motorik bleiben zurück; die Kinder sind häufig krank.

Von älteren Kindern

Die körperliche, geistige, emotionale und soziale Entwicklung ist gestört, die Spielfähigkeit eingeschränkt.

Mißbrauchte, mißhandelte oder vernachlässigte Kinder werden vor allem seelisch gebrochen. Denn neben dem körperlichen Leid, das nur die Spitze der Gewalt sichtbar werden läßt, stehen mangelnde Aufmerksamkeit, Zuwendung und Wärme. Eltern ignorieren ihre Kinder oder sie »vergessen« sie einfach, weil sie in eigene Probleme verstrickt sind: Die emotionale Vernachlässigung ohne Lob, Ermunterung, Zuhören und Zärtlichkeit gleicht einem langsamen Tod.

Die ungeliebten Kinder

Gerhard Amendt und Michael Schwarz von der Unversität Bremen werteten 1990 in einem Großprojekt rund 500 internationale Untersuchungen von MedizinerInnen, PsychologInnen und SozialarbeiterInnen aus, die den Lebensweg abgelehnter Kinder verfolgten.[9] Die Ergebnisse waren niederschmetternd. Und – sie zeigten auch den möglichen Zusammenhang auf zwischen einer unerwünschten Schwangerschaft und jahrelanger Kindesablehnung und Vernachlässigung.

* In der Bundesrepublik ist fast jede zweite Schwangerschaft unerwünscht; noch nach der Geburt eines anfangs unerwünschten Kindes gesteht jede dritte Frau große Haßgefühle gegen das Neugeborene ein.[10] Nach internationalen Schätzungen werden etwa 30 Prozent aller ausgetragenen Schwangerschaften bis zur Geburt von ablehnenden Gefühlen begleitet.[11]
* Unerwünschte Kinder kommen häufiger als Frühgeburten zur Welt. Sie leiden schon als Neugeborene an Untergewicht und haben damit eine geringere Überlebenschance als erwünschte.[12]
* Auch der »Plötzliche Kindstod« (PKT), der in der Bundesrepublik schon 40 Prozent der Sterbefälle im Säug-

lingsalter verursacht, trifft abgelehnte Kinder öfter als Wunschkinder. Dabei handelt es sich um die unheimlichste Art des »leisen« Sterbens von Babys: Sie schlafen abends scheinbar gesund ein und sind am nächsten Morgen tot, ohne daß es dafür eine ausreichende Erklärung gäbe.

* Unerwünschte Kinder sind im ersten Lebensjahr viel häufiger in Lebensgefahr als gewollte. Die Eltern ignorieren Krankheitssymptome und Gefährdungen, und sie verzögern – bewußt oder unbewußt – ärztliche Hilfe.[13]
* Ungewollte Kinder werden häufiger geschlagen und seelisch gequält als erwünschte. Bei einem Vergleich beider Gruppen wurden 66 Prozent der mißhandelten Kinder von ihren Eltern als ungewollt bezeichnet.[14]

Gleichgültigkeit und Unerwünschtheit liegen nahe beieinander, stellen die beiden Wissenschaftler Amendt und Schwarz fest: »Durch verweigerte Zuwendung werden den Kindern soziale und psychische Entwicklungsmöglichkeiten verstellt.«[15] Die Diskussion um den Paragraphen 218 und um die Fristenlösung wurde mit den Ergebnissen von Amendt und Schwarz weiter belebt. Beide halten fest, daß spezielle Prämien, mit denen die Frauen zum Austragen einer ungewollten Schwangerschaft bewegt werden sollen, wenig helfen. Tatsächlich sollte die materielle Basis einer Familie gesichert sein. Ökonomische Anreize allein können das Problem aber nicht lösen. Die Erwünschtheit eines Kindes kann letztlich nur von den Eltern, vor allem aber von der Mutter, entschieden werden.

Der letzte Ausweg

Fast immer unerwünscht, ungewollt, ungeliebt, nicht beachtet, nicht benötigt und ausgestoßen fühlen sich jene 1.400 Kinder und Jugendlichen, die alljährlich durch Selbstmord ihr kurzes Leben beenden. Sie schneiden sich die Pulsadern auf, stürzen sich von Hochhäusern, nehmen Tabletten oder erhängen sich auf den elterlichen Dachböden. Bei den Jugendlichen zwischen 16 und 20 Jahren ist die Selbsttötung, nach den Verkehrsunfällen, inzwischen zur zweithäufigsten Todesursache geworden. Von allen Ländern der Welt steht die Bundesrepublik bei den Suizidzahlen an sechster Stelle.[16] Die offiziellen Statistiken sind allerdings ungenau, denn vor allem die Selbstmorde von Minderjährigen werden häufig aus Scham und Bestürzung vertuscht. Noch unbekannter ist die Zahl der versuchten Suizide, bei denen die Kinder von FreundInnen oder Angehörigen gerettet werden. Die Pädagogin und Kindertherapeutin Christa Hömmen schätzt, daß täglich zehn bis zwanzig Kinder und Jugendliche »erfolglos« versuchen, sich das Leben zu nehmen.[17] Während bei den Suizidversuchen die Mädchen in der Mehrheit sind, kehrt sich das Verhältnis bei den »gelungenen« Selbstmorden um. Die Jungen sind konsequenter, wenn sie sich auf den Weg in den Tod machen.

»Kinder kündigen ihre Selbsttötungsabsicht ganz unterschiedlich an«, stellt Christa Hömmen in einer eigenen Dokumentation fest. Sie sprechen davon, »keinen Bock mehr zu haben«, sie möchten ihre »Ruhe haben und ewig schlafen« oder »schon alles hinter sich haben und tot sein«.[18] Die Hilferufe der Jugendlichen werden von den Eltern meist nicht verstanden. Viele sind gar nicht gewohnt zuzuhören, sie sprechen kaum mit ihren Kindern, ignorieren sie, sind oft abwesend, unaufmerksam und schweigen. Auf der anderen Seite der emotionalen Vernachlässigung steht die emotionale Mißhandlung: »Unfaßbar« ist es für den Hamburger Pädagogikprofessor und Vorsitzenden des Deutschen Kinderschutzbundes, Walter Bärsch, in welchem Ausmaß Kinder Demütigungen ausgesetzt sind. Bärsch hat Abschiedsbriefe von Suizidversuchern analysiert: Spott und Lieblosigkeit gehörten zum Alltag der Kinder.[19]

In Watte gepackte Isolation

Über psychische Gewalt gegen Kinder wurde bis vor wenigen Jahren noch nicht diskutiert. Zum einen, weil sie keine sichtbaren Spuren hinterläßt wie blaue Flecken oder gebrochene Gliedmaßen, zum anderen sicher auch, weil die Öffentlichkeit erst langsam sensibler für diese Gewaltformen wird, wie durch den Fall, der jetzt in einem Tübinger Krankenhaus bekannt wurde: Drei Jahre lang redeten die Eltern nicht mehr mit ihrem Kind.[20] Viele Kinder erleben dies in ähnlicher Form. »Es gibt kein lautes Reden, kein Beschimpfen. Es ist wie eine in Watte gepackte Isolation von allem, was Zuhören, Erfahrenwollen, Interessiertsein heißt.«[21] Eine solche Familie mag nach außen harmonisch und gewaltfrei erscheinen, materiell mangelt es an nichts. Erst wenn die Kinder dann auffällig werden, nehmen die Eltern sie überhaupt wahr.

Zur passiven Gewalt gehört auch, daß Kinder ständig die Auseinandersetzungen der Eltern miterleben und deren Streit mitanhören müssen, ohne selbst in den Konflikt hineingezogen zu werden. Die Kinder sehen zu, wie sich ihre Eltern prügeln, sie erleben Alkoholexzesse und Eifersuchtsausbrüche. So werden Kinder permanent Zeugen einer Gewalt, die sie zwar nicht direkt bedroht, von der sie sich aber psychisch empfindlich getroffen fühlen.

Formen emotionaler Mißhandlung[22]

Ablehnen
Dem Kind werden Zuwendung, Zärtlichkeit und Sicherheit dauerhaft verwehrt. Es wird allein gelassen.

Isolieren
Das Kind wird von Außenkontakten abgekapselt. Es muß sich fast ausschließlich in der Wohnung aufhalten, Beziehungen zu anderen Kindern werden unterbunden.

Demütigen
Das Kind wird kontinuierlich kritisiert, beschimpft, gedemütigt, benörgelt, vor anderen bloßgestellt und lächerlich gemacht. Lob und Anerkennung werden ihm verweigert.

Terrorisieren
Das Kind wird in Angst und Schrecken versetzt, um seinen Willen zu brechen. Dazu zählen Drohungen wie: Es holt dich der schwarze Mann; oder: Du kommst in ein Heim.

Ignorieren
Die Eltern sind körperlich anwesend, entziehen sich aber dem Kind psychisch. Sie sind mit eigenen Problemen beschäftigt. Es ist eine Form von »geistiger Abwesenheit«, die viele Kinder in Scheidungs- und Trennungsfamilien trifft.

Korrumpieren
Dem Kind werden sehr früh erwachsene Verhaltensweisen aufgezwungen; es wird beispielsweise in sexuelle Erlebnisse gedrängt oder mit gewalttätigen Medieninhalten konfrontiert.

»Es ist gut, wie es ist«

Bettina (14) ist schlank, trägt ihre langen Haare zurückgebunden und wirkt ihrem Alter um einige Jahre voraus. Das dreistöckige Haus, in dem sie lebt, liegt in einem riesigen Garten, umgeben von alten Bäumen. Ihre »Eltern« sind beide Sozialarbeiter. Sie betreuen hier fünf Pflegekinder unter einem Dach. Eine Großfamilie, wie Bettina feststellt: »Auf diese Art habe ich viele Geschwister. Das gefällt mir.«
In ihrem Zimmer erwartet uns ihre Mitschülerin Monika (14). Sie ist zu Besuch aus einem Kinderheim bei Bonn. Mit ihrem Heim ist sie zufrieden, meint Monika. »Wir sind dort eine Familie mit sechzig Kindern. Ich kenne seit elf Jahren gar nichts anderes, das ist mein Zuhause.« Monika ist im Gegensatz zu Bettina noch etwas kindlicher, runder und unterbricht ihre eigenen Erzählungen mit häufigem Lachen. Die beiden Freundinnen verhalten sich sehr höflich zueinander, hören aufmerksam zu, keine fällt der anderen ins Wort.

Monikas Kindheit
»Ich war drei Jahre alt, wie ich ins Heim gekommen bin, zusammen mit meinem älteren Bruder, der ist jetzt achtzehn, und mit meiner älteren Schwester, die ist jetzt zweiundzwanzig.
In der Akte steht: Ungünstige häusliche Verhältnisse. Das liegt wohl daran, weil mein Vater nicht ganz dicht im Kopf ist. Der hat tatsächlich einen Knacks. Der hat meine Mutter immer geschlagen, und die hat dann angefangen zu trinken. Sie ist zwar keine Alkoholikerin geworden, aber immer wenn irgendein Krach war, dann hat sie getrunken. Und wenn sie dann betrunken war, hat er sie weiter geschlagen. Ein riesiges Theater. Ich selbst kann mich an die Sachen nur erinnern, wenn wir zu Besuch waren. Wir kamen ja anfangs alle vierzehn Tage nach Hause, und da hatte sich nichts verändert.

Eigentlich hat das schon mit der Ehe meiner Eltern doof angefangen. Also meine Mutter hat mit zwanzig meine ältere Schwester gekriegt, aber von einem anderen Mann. Und mein Vater, der war damals schon immer scharf auf meine Mutter und wollte sie haben. Dann hat ihn meine Mutter geheiratet und hat gesagt, der ist der Vater von dem Kind. Mein Vater hat meine Schwester voll angenommen, und das ging auch gut ein paar Jahre. Aber dann ist meine Mutter wieder schwanger geworden, und zwar wieder von dem Vater meiner Schwester, also von dem anderen Mann. Und dann gab es einen riesigen Krach und ein riesiges Palaver. So ist also mein Bruder gekommen. Und dann bin ich gekommen. Ich kam dann von meinem Vater. Also ich habe eine Halbschwester und einen Halbbruder.
Wenn wir bei unseren Eltern geblieben wären, da weiß ich nicht, was aus uns geworden wäre. Das wäre nicht gutgegangen. Meine Erinnerungen sind einfach schrecklich, ich hatte früher auch immer Alpträume. Es sind so Bruchteile. Wenn meine Mutter zum Beispiel gesagt hat: ›Ich erstech ihn, ich erstech ihn.‹ Und dann hat sie einmal das Küchenmesser rausgenommen und ist auf meinen Vater los. Mein Vater ist aber viel stärker als sie. Er hat ihr die Finger gebrochen und sie weggedreht. Sie ist dann einfach abgehauen und bis ein Uhr nachts weggeblieben. Dann ist sie ganz betrunken zurückgekommen.
Wenn wir zu Besuch waren, dann haben wir immer alles mitbekommen. Einmal war einfach kein Strom da, dann haben sich die beiden gefetzt, wer die Rechnung nicht bezahlt hätte. Von solchen Sachen kriegt man doch zuviel, das ist doch Piselkram, oder?«

Monikas Vater

»Der ist wirklich nicht richtig im Kopf. Wenn der sich aufregt, dann kann er sich einfach nicht mehr kontrollieren.

Er wird ganz laut, bei jeder Kleinigkeit, und brüllt herum. Dann geht er jeden Abend in die Kneipe und versäuft dort seine zwanzig Mark. Ich habe einmal erlebt, wie meine Mutter gerade Spinat gemacht hat, und er sagt dann einfach: Das mag ich nicht und schmeißt den Topf durch die Küche. Der Spinat flog durch die ganze Küche. Das ist doch nicht normal.

Also ich sehe ihn nicht als meinen Vater an. Ich schäme mich, daß das mein Vater ist. Mit ihm kann man überhaupt nicht reden. Der wird sofort rebellisch. Aber uns hat er nie geschlagen. Der hat uns nie angegriffen, das hätte der nie gemacht. Und die anderen Leute haben erzählt, daß meine Mutter manchmal zertreten und voll Blut am Boden lag. Er ist eigentlich kein Alkoholiker, aber so wie jeder Bauarbeiter, der abends sein Bierchen trinkt. Mit ihm will ich gar nicht so viel zu tun haben.«

Monikas Mutter

»Über meine Mutter denke ich viel nach. Schließlich ist sie ja meine Mutter. Obwohl, wenn ich es mir überlege: Eine richtige Mutter ist doch immer für ein Kind da. Meine ist ja oft abgehauen und hat uns auch weggeschickt. So eine richtige Mutter ist sie vielleicht doch nicht. Andererseits finde ich es gut, daß sie uns ins Heim geschickt hat, weil das viel besser für uns war. Es war auf jeden Fall besser. Für meine Schwester war es vielleicht schon zu spät. Die wacht noch heute schweißgebadet auf und ist völlig fertig, weil sie von früher träumt.

Ich war die Jüngste und habe kaum was mitgekriegt, und mein Bruder kann sich auch nur noch schwach erinnern. Wir waren eben nur zu Besuch. Und da hat meine Mutter immer zu uns gehalten. Sie hat uns immer beschützt.

Zuletzt habe ich mit meiner Mutter darüber gesprochen, daß sie sich von meinem Vater trennen sollte. Aber meine Mutter sagt, sie kann das nicht, weil sie nicht weiß, was sie dann tun soll. Ich hab' gesagt, sie könnte sich ja einen Job suchen. Also meine Schwester hat auch gesagt, wenn sie sich trennen würde, dann käme sie wieder nach Hause. Meine Schwester liebt meine Mutter, aber sie haßt meinen Vater. Ich meine, wir wissen ja alle, was der mit unserer Mutter gemacht hat.

Meine Mutter ist total verlebt. Die hat keinen Schwung mehr, neu anzufangen. Sie müßte sich aufpäppeln. Wenn ich schon seh', wie die rumläuft. Die hat vorne keine Zähne mehr, die hat sie von meinem Vater rausgeschlagen gekriegt. Dann hat sie graue Haare. Früher hat sie sich die Haare noch rot gefärbt, aber jetzt verhunzt sie sich einfach. Die hat keinen richtigen Lebensmut mehr.

Meine Eltern wohnen jetzt im totalen ›Asi-Viertel‹. Die Leute hängen einfach den ganzen Tag in der Bude und sind sich nur am Vollsaufen. Dann sind da noch ein paar, die werden alle Wochen mal in die Irrenanstalt gefahren. Niemand kümmert sich um irgendwas. Und meine Mutter wohnt da drinnen und ist immer tiefer gerutscht. Am Anfang haben sie auch in guten Milieus gewohnt. Dann haben sie eben nur Scheiß gebaut, sich gestritten. Der Vermieter hat sie dann gekündigt. Und dann ging es weiter immer tiefer und tiefer, bis sie jetzt in diesem ›Asi-Viertel‹ sind.«

Monikas Heim

»Meine Geschwister sind meine Familie. Ich hatte ja auch nichts anderes, wir mußten einfach zusammenhalten. Wir sind als Geschwister immer zusammengeblieben. Auch jetzt noch, wo meine Schwester ausgezogen ist.

Wir hatten eine Supererzieherin. Die hat uns gezeigt, daß sie uns mochte, die war astrein. Für diese Erzieherin waren wir die beste Familie. Für meine Schwester war das die Mutter. Die hat mit der über alles gesprochen. Weil wir ja alle keine

Mutter hatten, ich meine eine solche, wie es sein sollte. Und jetzt ist diese Erzieherin vor zwei Jahren weggegangen. Ihr Mann hat woanders einen Arbeitsplatz gekriegt. Das war ganz schrecklich für mich. Die war ja auch für mich die Mutter. Die wußte alles über uns, mit der verstanden wir uns so gut. Wir haben keinen Kontakt mehr zu ihr, und meine Schwester macht das total fertig, weil sie doch versprochen hat, daß sie mit uns im Kontakt bleibt.
So, wie ich aufgewachsen bin, war das Heim mein Zuhause. Ich hab' mich immer gut gefühlt, ich glaube, so wäre das zu Hause nie der Fall gewesen. Das Milieu wäre nicht das richtige gewesen, obwohl es auch bei uns schlimme Zeiten gegeben hat. Da hatten wir einmal eine Nonne, die hat uns Kinder immer tyrannisiert und geschlagen. Dann ist unsere Supererzieherin, also die wir als Mutter hatten, zu der Obernonne gegangen und hat gesagt, daß sie das nicht mehr verantworten kann und daß sich etwas ändern muß. Sie hat gesagt, sie könne meinen Bruder nicht mehr kontrollieren. Wenn der größer wäre, dann würde er vor Wut diese Nonne die Treppe runterschmeißen. Die haben sie dann von der Heimleitung ausgewechselt. Jetzt fühl' ich mich astrein, rundum gut und habe ein Zimmer mit meiner besten Freundin zusammen.«

Monikas Zukunft

»Ich möchte einmal Sozialpädagogik machen und in einem Jugendgefängnis arbeiten. Wenn ich nach Hause fahre und die vielen ›Asis‹ sehe, dann denk' ich mir, daß die Leute aus sozial schwachen Verhältnissen verdummen und verblöden. Daß die ihr ganzes Leben eigentlich nur vertun. Und die können ja absolut nichts dafür, daß sie da aufgewachsen sind. Es muß eigentlich mal verhindert werden, daß solche ›Asi-Viertel‹ überhaupt entstehen. Man muß gucken, daß die Leute da rauskommen aus der Umgebung. Deswegen möchte ich ins Jugendgefängnis gehen.

So mit 28 oder 29 wäre es ganz nett, einen super Mann zu finden. Der müßte ganz, ganz lieb sein, total sensibel und intelligent und ehrgeizig. Ja, und wenn ich so einen Mann gefunden habe, dann könnte ich mir vorstellen, Kinder zu kriegen. Das finde ich nicht schlecht.«

Bettinas Kindheit

»Ich lebe jetzt seit sieben Jahren bei meinen Pflegeeltern. Vorher war ich auch in einem Kinderheim, in der Nähe von Leverkusen. Ich glaube, ich war bis zu meinem dritten Lebensjahr bei meinen Eltern und bin dann erst ins Heim gekommen. Aber ich kann mich daran nicht mehr erinnern, vielleicht war ich auch kleiner. An das Kinderheim kann ich mich auch nicht mehr so gut erinnern. Ich glaube, daß es in dem Heim ganz schön war, aber ich habe das Angebot, hierher in Pflege zu kommen, sofort angenommen.

Bevor ich in dieses Haus kam, haben sie mich zu Besuch hergeschickt. Es hat mir sehr gut gefallen. Ich erinnere mich gut, daß ich damals ein Schiff gesehen habe, und mein Vater, also mein Pflegevater, hat gesagt: ›Ich baue mit Dir auch ein Schiff.‹ Dann hatte er aber keine Zeit mehr gehabt, und als ich dann hier einzog, dann stand da eins im Regal. Er hatte für mich ein Schiff gekauft. Ich hab' es heute noch.

Von meinem richtigen Vater habe ich seit sechs Jahren nichts mehr gehört. Ich weiß eigentlich nicht, ob ich ihn wiedersehen möchte. Er war immer sehr komisch. Er hatte eine ganz andere Art, als ich gewohnt bin. Er ist Alkoholiker. Und er hat gesagt, daß er sich aus der Erziehung ganz herausnimmt. Er hat sich ganz zurückgezogen, und das finde ich auch gut, weil es doch immer Ärger gab. Die Familie von meinem Vater ist nicht gut zu sprechen auf meine Mutter. Und beide Familien leben in einem Dorf, und da geht es immer hin und her, die streiten immer. Beide leben da, mein Vater und meine Mutter, aber getrennt.«

Bettinas Mutter

»Mit meiner Mutter habe ich manchmal Briefkontakt. Vor vier Jahren habe ich sie einmal eine Woche besucht. Von dieser Zeit habe ich auch Fotos, und ich weiß, wie sie aussieht. Davor, also wie ich noch kleiner war, habe ich sie manchmal außerhalb gesehen, da hat sie mich besucht. Aber dann nicht mehr. Mit meiner Mutter war das immer so: Sie hat mir zum Geburtstag Geld geschickt, und ich habe ihr dann einen Brief geschickt. Dann kam zu Weihnachten eine Grußkarte, und dann war wieder ein Jahr Ruhe. Ich habe immer richtige Briefe geschrieben, und von ihr kam nichts.

Ich würde sie schon ganz gerne noch einmal sehen. Es würde mich interessieren, wie es früher war. Ich würde gerne die Sachen erfahren, an die ich mich nicht mehr erinnern kann: Wie es war, als ich ein kleines Kind war. Es ist ein komisches Gefühl, weil ich nicht weiß, wie ich sie anreden soll. In den Briefen schreibe ich immer ›Mama‹, aber es kommt mir komisch vor. Weil meine Pflegemutter nenne ich ja auch Mama, und die ist ja auch meine richtige Mama.

Ich glaube, ich bin ins Heim gekommen, weil sich meine Eltern nicht gut miteinander verstanden haben. Meine Mutter war siebzehn, als ich auf die Welt kam, und mein Vater ist eben Alkoholiker. Und meine Mutter, die ist oft seelisch krank, die hat sehr stark Ängste. Also zum Beispiel, wenn sie über eine Brücke fährt, dann hat sie Angst. Manchmal geht es ihr psychisch gut, manchmal schlecht. Aber so genau weiß ich das auch nicht, weil sie schreibt mir das nicht.«

Bettinas Pflegeeltern

»Mit meinen Pflegeltern versteh' ich mich super. Früher waren wir bis zu acht Kinder hier. Davon waren ein paar auch behindert. Für meine Eltern ist das der ganze Beruf. Da ist nie einer weggefahren. Eine Zeit hat auch noch mein Onkel hier gewohnt. Beide Eltern mußten immer zu Hause sein, anders ging das gar nicht. Und manche von uns kamen ja schon als Säuglinge hierher, wo wir noch richtig Arbeit machten. Mein Bruder zum Beispiel, der war lernbehindert, und es gab riesige Probleme. Jetzt ist es für meine Eltern leichter, weil wir schon größer sind. Jetzt können sie auch manchmal wegfahren und ihren eigenen Krempel machen.«

Bettinas Zukunft

»Ich möchte einmal in einer Apotheke arbeiten oder so etwas Künstlerisches machen. Zum Beispiel als Dekorateurin. Jedenfalls möchte ich nicht so normal leben, so zwei Kinder und ein Häuschen und jeden Sommer auf Ferien fahren. Aber einen Mann hätte ich schon gern. Der sollte so was Eigenes haben, etwas, was nur er hat. Der sollte seine eigenen Auffassungen und seinen eigenen Geschmack haben. Mit Kindern hab' ich es nicht so.«

»Ich will nach Hause«

Philip (13) entschuldigt sich formvollendet für sein unaufgeräumtes Zimmer. Auf dem Schreibtisch türmen sich Hefte, Bücher, Cassetten, Socken und Stickers. Auf dem Bett liegt ein Berg frischgewaschener Wäsche. Daneben das Skateboard, die Gitarre und Sportschuhe. Nichts in diesem Zimmer erinnert daran, daß Philip in einem Kinderheim lebt. Das Jugendhilfezentrum besteht aus mehreren Häusern. Die ganze Siedlung gleicht einem sonnigen Ferienort, eingebettet in die Höhenzüge der Eifel, umgeben von Wäldern.

Philip schildert sein Leben sprunghaft. Er ist als »Nachzügler« in der zweiten Ehe seiner Mutter zur Welt gekommen. Seine beiden Halbschwestern aus der ersten Ehe kennt er kaum. Mit seiner Geburt geht die Ehe seiner Mutter in

Brüche. Die Eltern trennen sich, und Philip bleibt vorläufig bei seiner Mutter.
Als Dreijähriger wird er dann zum Vater geschickt, obwohl er lieber »zu Hause« geblieben wäre. Bis zum sechsten Lebensjahr lebt er beim Vater und wird schließlich von der Mutter zurückgeholt. Während der ersten Schuljahre wird er wieder »zu Hause« heimisch. Die Mutter lebt inzwischen mit einem neuen Mann zusammen, den sie einige Jahre später auch heiratet.
In der sechsten Klasse beginnen die Schulprobleme für Philip. Er wechselt vom Gymnasium in die Realschule und kommt in ein Internat. Dieses muß er nach wenigen Monaten aus disziplinären Gründen wieder verlassen. Es folgen mehrere Monate in einem Übergangsheim, und schließlich landet er im Jugendhilfezentrum.

»Ich weiß nicht genau, warum das in der Realschule passiert ist. Es kam ein Brief nach Hause, in dem stand, daß ich nicht mehr in die Schule brauche. Da war ich zwölf. Die Schule hat auch das Jugendamt geholt. Sie haben geschrieben, daß ich nicht haltbar wäre und daß ich dringend pädagogische Betreuung brauche. Damit hab' ich nie gerechnet. Ich war so geschockt, wie das vom Jugendamt kam und die gesagt haben, daß ich in ein Kinderheim muß.
Wahrscheinlich war es wegen einiger Sachen, die ich mir geleistet habe. Hin und wieder gab es kleine Fetzereien. Richtig draufgehauen hab' ich vielleicht ein- oder zweimal. Manchmal hab' ich viel Scheiße gebaut. Ich hab' halt einfach Mist gemacht. Zum Beispiel hat mich in der Schule immer einer genervt. Der hat mir mit einem Spuckrohr spitze Pfeile in den Rücken geschossen. Der Lehrer hat das nicht gemerkt. Und dann bin ich aufgestanden und hab' dem anderen eins auf die Nase gegeben. Ich war einfach sauer und mies drauf. Wir haben den Lehrern auch Streiche

gespielt und die Leute auf dem Schulhof doof angelabert. Ich glaube, wegen solcher Sachen und ein paar anderen noch haben sie dann gesagt, daß ich gehen soll.
Der Schock mit dem Heim war für mich, daß ich immer dachte, im Heim sind nur Kinder, die einen an der Waffel haben. Ein Heim, das war für mich eine Irrenanstalt, wo die Kinder landen, von denen die Eltern gesoffen haben, oder wo arme Kinder hinkommen, die irgendwo ausgesetzt wurden. Auf deutsch gesagt: Wo eben nur arme Schweine hinkommen. Der Schock war, daß ich selbst plötzlich da war.
Am Anfang habe ich einen Haß auf alle Jugendämter gekriegt. Das war so ein Gefühl, so nach dem Motto: Kind raus und ab ins Kinderheim und da vergammeln lassen. Manche Jugendämter sind aber auch anders. Die gucken wenigstens nach einem und schicken manchmal eine Geburtstagskarte. Aber von meinem Jugendamt, von dem hör' ich gar nichts. Man sitzt hier rum und fertig. Mein Freund, der Ulrich, der bekommt von der Frau, die für ihn zuständig ist, auch mal eine Karte. Aber die für mich zuständig ist, von der kommt jetzt gar nichts. Manchmal weine ich noch, aber nur selten. Wie ich vom Internat ins Heim gekommen bin, da hab' ich geheult, aber ich hab' mit niemandem darüber geredet.«

Die Eltern

»Ich weiß nicht, ob meine Eltern wollten, daß ich ins Heim komme. Jetzt ist es passiert, und ich bin hier. Ich hab' schon mehrmals Versuche gemacht, hier rauszukommen, auch mit meinen Eltern geredet. Aber sie haben gesagt, vielleicht wäre es besser für mich, erst mal. Ich hätte eigentlich auch wegkommen können, aber meine Mutter hat mich gebremst. Meine Eltern denken, wenn ich zu ihnen zurückkomme, daß es dann mit mir vielleicht ein paar Tage gutgeht, daß es aber dann wieder von vorne losgeht, so wie früher. Die beiden

haben sich wegen mir oft in der Wolle gehabt. Die haben halt wegen mir richtig Zoff gekriegt. Und das wollen sie jetzt nicht mehr. Ich versteh' das auch. Die haben wegen mir viel gestritten. Jetzt streiten sie nicht mehr.
Ich hab' so meine Probleme gehabt, zu Hause und in der Schule. Also zum Beispiel bei den Hausaufgaben, da habe ich meine Eltern richtig verarscht. Ich hab' gesagt, ich hätte nichts auf und hatte in Wirklichkeit einen Berg von Hausaufgaben. Ich hab' sie halt immer beömmelt. Na ja, und dann haben sie wegen mir gestritten, und mein Stiefvater war wegen mir schlecht drauf, hatte schlechte Laune, und die hat er dann an meiner Mutter abgelassen.
An meinem Stiefvater hänge ich ziemlich. Er ist schon recht alt, der ist 63 und meine Mutter ist 39. Mein Stiefvater hat auch immer was mit mir gemacht. Früher hab' ich mit dem Schach gespielt, und manchmal unternehm' ich mit dem auch was am Wochenende. Der läßt mich auch schon mal das Auto lenken. Zu Hause war es eigentlich super, aber ich hatte manchmal weniger Freiheiten als hier. Ich mußte früh raus, und dann hieß es immer von meinem Stiefvater: Tu jenes nicht, tu dieses nicht, mach das, mach dieses. Also immer diese kleinen Sachen. Und mit dem Fernsehen haben sie immer einen Aufstand gemacht. Aber das ist jetzt schon lascher geworden, wenn ich alle vierzehn Tage am Wochenende nach Hause komme.«

Die Mutter

»Manchmal wünsche ich mir, ich könnte meiner Mutter so richtig die Sachen an den Kopf schmeißen, es ihr ins Gesicht sagen. Zum Beispiel, daß sie mal beim Streiten aufhören sollte und daß sie sich nicht so reinsteigern sollte. Daß sie einfach die Dinge sieht, auf die es wirklich ankommt.
Nur einmal hab' ich ihr meine Meinung gesagt. Da war sie richtig still. Dabei war es eine Kleinigkeit. Ich hatte einen

Farbtopf umgeschmissen, und sie hat sich reingesteigert und völlig übertrieben. Ich hab' ihr dann ganz ruhig gesagt, daß das einmal passieren könnte, daß sie nicht so übertreiben soll und daß man auch in Ruhe darüber reden könnte. Da war sie zum ersten Mal still. Früher habe ich alles über mich ergehen lassen, da hatte ich echt Schiß, meinen Mund aufzumachen. Schiß hatte ich vor ihr, weil es halt Ohrfeigen gab oder eben eine hinten drauf. Oder es gab Fernsehverbot, Fahrradverbot oder Skateboardverbot. Meine Mutter könnte mit mir eigentlich mehr Geduld haben.

Manchmal bin ich echt niedergeschlagen, daß sie mich hier nicht rausholt. Einmal habe ich sie direkt gefragt, warum sie mich nicht holt. Sie hat dann gesagt, daß sie sich das mit mir nicht zutraut, daß sie sich da nicht rantraut, daß das zuviel für sie ist. Wenn es zum Beispiel wieder Probleme mit der Schule gibt. Oder daß sie mir dann nicht richtig helfen kann.

Jetzt bin ich 13, und ich bleibe auf jeden Fall bis zum Schulabschluß hier. Danach darf ich wieder nach Hause. Zu Hause darf ich meine Lehre machen. Darüber habe ich schon mit meiner Mutter geredet.«

Der Vater

»Meinen richtigen Vater habe ich vor einem Jahr das letzte Mal gesehen. Vom dritten bis zum sechsten Lebensjahr hab' ich bei ihm gelebt. Der hatte damals auch noch das Erziehungsrecht. Da ging es mir ziemlich mies.

Er hat behauptet, er hätte sich liebevoll um mich gekümmert. Also, wenn das, was der gemacht hat, liebevoll war, dann weiß ich nicht, was das ist. Ich bin zum Beispiel einmal von einer hohen Mauer heruntergefallen und hatte eine Gehirnerschütterung. Dann haben mich Leute gefunden und nach Hause gebracht. Und er hat gesagt, daß er immer auf mich aufpaßt. Dabei hat er mich vormittags vor die Tür gesetzt und nachmittags oder abends wieder reingeholt. Das war's.

Ich war fast immer alleine und bin alleine auf der Straße rumgelaufen. Es war ein Spielplatz in der Nähe und eine alte leerstehende Fabrik. Da bin ich immer mit einem Freund rumgestromt, und wir haben gespielt. Hin und wieder hatte mein Vater auch eine Freundin, so für zwei Nächte, von der Straße oder vom Bahnhof. Die blieben so einen Tag und eine Nacht, und dann waren sie wieder futsch.
Mein Vater hat noch nie etwas für mich gemacht. Es tut mir leid, daß ich ihn kenne. Der hat auch noch nie in seinem Leben gearbeitet. Der ist immer Sozialhilfeempfänger. Ich weiß gar nicht, welchen Beruf der hat.
Ich würde ihm gerne eine ganze Kanone von Beschimpfungen an die Rübe schmeißen. Daß ich ihn absolut doof finde. Daß er seine Wohnung mal auf Vordermann bringen sollte. Und vor allem, daß er endlich mal richtig arbeiten sollte und endlich mal auch was für mich tun sollte. Er sagt immer, er würde was für mich tun. Dabei hab' ich noch nie was von ihm gehört. Er sagt zum Beispiel, er würde mir bald Geld schicken. Und dann? Nichts. Laberpack! Er ist einfach ein großkotziger Angeber. Von dem möchte ich nichts mehr wissen und nicht mehr drüber reden. Da hab' ich keinen Bock mehr drauf.
Zu meiner Mutter bin ich durch die Scheidung zurückgekommen. Beim Prozeß haben sie mich gefragt, wohin ich wollte. Ich habe mich dann eben für das Bessere entschieden. Für meine Mutter. Die ist o.k. Total o.k!«

Das Übergangsheim

»Als ich von zu Hause wegmußte, da haben sie gesagt, daß es im Übergangsheim nur ein paar Tage dauern wird, daß sie einen richtigen Platz für mich finden müssen. Und dann waren es über fünf Monate, das war in der Nähe von Neuss. Dort war es echt super, dort wäre ich gerne geblieben. Das war eine tolle Gruppe, die hielt zusammen. Wir hatten ein

großes Haus und waren zu zweit in den Zimmern. Nach ein paar Wochen wurde es für mich ein zweites Zuhause. Da war einfach die Stimmung immer besser als hier. Da hatte ich meinen Fechtverein, die Schule war auch ganz in der Nähe, und ich hatte total viele Freunde. Auch meine Freundin.
Wo ich noch einmal so richtig geheult habe, das war, wie ich diese Freundin verloren habe. Wir kannten uns schon von früher. Nach ein paar Monaten mußte sie weg und kam woanders hin. Da war ich echt am Ende, einfach Pause. Da hab' ich echt geheult.
Wir hatten so tierischen Spaß miteinander. Sie war 14, und wir waren jeden Tag zusammen. Da war ein Spielplatz in der Nähe, und wir haben dort immer zusammen rumgehockt. Wir haben in der Gruppe Mist gemacht und rumgealbert, wie die bekloppten kleinen Kinder. Wir sind wie die Affen in den Fluren herumgelaufen und haben uns gegenseitig ausgekitzelt. Wenn wir Probleme hatten, dann kamen wir immer gegenseitig an. Wir haben über alles geredet. Das war schon gut. Meine Mutter hat gesagt, ich soll die vergessen. Aber die kann ich nicht vergessen. Weil so was vergißt man nicht. Jetzt versuche ich wieder Kontakt mit ihr aufzunehmen. Ich hab' eine Telefonnummmer von ihrem neuen Jugendamt gekriegt, und da möchte ich anrufen.«

Das Jugendhilfezentrum

»Hier ist es eigentlich gar nicht so schlecht. Nur tote Hose. Im Übergangsheim war mehr los. Und hier war es am Anfang schwer, weil sie mich direkt von Anfang an ausgestoßen haben. Die hatten ihre Grüppchen schon gebildet, und es war schwer. Aber jetzt habe ich ziemlich viele Freunde in der Klasse.
Hier im Haus hab' ich auch zwei Freunde. Die helfen mir. Die stehen hinter mir. Die sind schon älter, fünfzehn und siebzehn. Bei uns im Haus wohnt immer noch ein Erzieher,

mit eigenen Kindern. Die Erzieher sind manchmal richtig mies drauf. Weil ich hier auch schon ein paar Sachen am Laufen hatte, so Obst und Kuchen aus der Speisekammer filzen, gucken sie jetzt nur noch auf mich. Bei der letzten Gruppenbesprechung haben sie mich richtig zur Sau gemacht. Die haben auf mich eingeredet und eingeredet, vor der kompletten Gruppe, und mich tierisch fertiggemacht. Ich glaub' eigentlich nicht, daß ich schwierig bin. Vielleicht ist alles nur so schwierig, weil ich total mies drauf kommen kann. Ich kann einfach sehr fies werden und mich von hier auf jetzt total verändern. Ich kann freundlich sein und total fies werden, da reicht ein Wort, und ich bin sauer.

Sonst gibt es hier viel Freiheit, keine richtigen Kontrollen. Wir werden zwar ins Bett geschickt, und die Erzieher kommen schon manchmal gucken, aber nicht kontrollieren. Nach der Schule kriegen wir unser Essen. Das macht eine Haushälterin, die wäscht auch die Wäsche. Dann haben wir bis vier unsere Hausaufgabenzeit. Aber das wird auch nicht so streng gesehen. Man soll halt was lernen. Und dann genieße ich meine Freizeit. Meistens fahre ich Fahrrad, damit sause ich rum.

Wir bekommen das Taschengeld von unseren Jugendämtern. Ich bekomme 9,05 Mark in der Woche. Die Spielsachen und Sportsachen müssen wir uns davon selber zahlen. Kleidungsgeld gibt es extra. Das Taschengeld reicht mir, das genügt eigentlich, und ich kriege von meinen Eltern nichts nebenbei. Aber ich bin zufrieden mit dem, was ich hab'. Im Moment bin ich halt auf der Suche nach einer neuen Freundin.

Wenn ich die Realschule schaffe, dann möchte ich wieder auf das Gymnasium und das Abitur machen. Und dann möchte ich Physik machen, das fände ich schön. So Sachen knobeln. Mein Lehrer sagt immer, daß ich die Sachen sehr schnell raffe. Bei den Tests hab' ich immer eine Eins. Oder aber ich

gehe in die Lehre und mache irgendwas Elektronisches, was Technisches.
Ich komme jetzt alle vierzehn Tage nach Hause. Ich werde nicht abgeholt, sondern fahre allein mit der Bahn, fast fünf Stunden. Zu Hause hab' ich noch mein eigenes Zimmer und meinen Fernseher. Und meinen Hund. Wenn ich mir was wünschen könnte, dann käme nur eins in Frage: Direkt und sofort nach Hause.«

> *Artikel 34*
> *Die Vertragsstaaten verpflichten sich, das Kind vor allen Formen der sexuellen Ausbeutung und des sexuellen Mißbrauchs zu schützen.*

Das Familiengeheimnis

Der gefährlichste Ort
für die Kinder ist ihre Familie.[1]

Die Familie ist nicht nur Schutzraum für ein Kind, sondern auch der Ort, an dem es am häufigsten sexuell mißbraucht wird. Über 10.000 Fälle werden jedes Jahr bei der Polizei angezeigt. Die Dunkelziffer liegt bei schätzungsweise 300.000 Mädchen und Jungen, die jedes Jahr zu sexuellen Handlungen genötigt oder gezwungen werden. Anders ausgedrückt: Alle zwei Minuten wird in Deutschland ein Kind zum Sexualobjekt eines Erwachsenen. Und die Tendenz ist steigend. Das heißt aber nicht, daß der sexuelle Mißbrauch an Kindern zunimmt, sondern vielmehr, daß immer mehr Fälle an die Öffentlichkeit kommen.

Sexueller Mißbrauch von Kindern [2]

1987	10.085 Fälle	
1988	11.404 Fälle	plus 13,1 %
1989	11.851 Fälle	plus 3,9 %
1990	12.741 Fälle	plus 7,5 %
Steigerungsrate 1987–1990:		26,34 %

Die Täter sind fast ausschließlich Männer (99,6 %)[3]. Die Opfer sind überwiegend Mädchen. »Selbst wenn eine nicht unerhebliche Zahl von Jungen ebenfalls sexuell mißbraucht wird«, meint der Therapeut Jörg Fegert, »so ist die Rolle des

Opfers weiblich – das heißt, auch betroffene Jungen sind in ihrem ›sozialen‹ Geschlecht eher weiblich.«[4] Verschiedene Untersuchungen zum sexuellen Mißbrauch von Mädchen und Jungen zeigen keine signifikanten Unterschiede zwischen weiblichen und männlichen Opfern. Sie kommen zu dem Schluß, daß der bestimmende Faktor für den Täter die Machtausübung ist und nicht der Sex.

Die UN-Kinderrechtskonvention widmet dem Schutz der Kinder vor Gewalt, insbesondere vor sexuellem Mißbrauch, drei Artikel. Doch der rechtliche Schutz, der hier gewährt wird, hilft den Kindern vorerst wenig, denn die Täter sind in der Regel der Vater, Stiefvater, Pflegevater, Bruder oder Onkel. Das Verbrechen bleibt oft ein Familiengeheimnis.

Nach einer Studie des Bundeskriminalamtes zu Sexualstraftaten aus dem Jahr 1983 sind lediglich neun Prozent der Gewalttäter dem Opfer völlig fremd. Die Untersuchung kommt daher zu dem Schluß: »Die Warnung vor dem ›fremden Onkel‹ ist wenig sinnvoll; angebracht wäre eher die Warnung vor dem echten Onkel, dem Vater oder dem Bekannten.«[5]

> Kinder sind in keiner Altersstufe vor männlichen Übergriffen sicher. Nach einer Studie des Bundeskriminalamtes sind:[4]
> ca. 8 % der Opfer unter 6 Jahre
> ca. 17 % der Opfer 6– 8 Jahre
> ca. 22 % der Opfer 8–10 Jahre
> ca. 53 % der Opfer 10–14 Jahre

Selbst vor Kleinkindern und Babys machen die Täter nicht halt. Die Rechtsmedizinerin Elisabeth Trube-Becker kennt aus ihrer Praxis grausamste Fälle sexuellen Mißbrauchs: etwa den eines neun Monate alten Mädchens mit zerfetzter Scheide, das vom Freund der Mutter mißbraucht worden war[7], oder den einer Dreijährigen, deren After durch das Glied des Pflegevaters zerstört wurde.[8]. Ursula Enders stellt daher in ihrer Expertise zum Kindesmißbrauch fest: »Sexueller Mißbrauch ist nicht Ausdruck einer aggressiven Form von Sexualität, sondern die sexuelle Form von Aggression.«[9]

Kinderpornographie

> *Artikel 34*
> *Die Vertragsstaaten treffen geeignete Maßnahmen, um zu verhindern, daß Kinder für pornographische Darbietungen und Darstellungen ausgebeutet werden.*

Vor allem im Pornographiegewerbe nimmt der sexuelle Mißbrauch von Kindern stetig zu. Der spektakulärste Fall wurde vor vier Jahren bekannt, als der vermutlich größte Kindersex-Ring Europas in Brüssel aufgedeckt wurde. Ausgerechnet im Keller des UN-Kinderhilfswerks UNICEF fand die Polizei seinerzeit 4000 pornographische Fotos. Ein Angestellter hatte sich dort ein eigenes Fotolabor eingerichtet. Dem Direktor von UNICEF konnte in der Gerichtsverhandlung nicht nachgewiesen werden, daß er davon gewußt und den Täter aus Sorge um den guten Ruf des Kinderhilfswerks gedeckt hatte. Seinen Posten bei UNICEF war er allerdings los.
Längst werden Pornovideos nicht mehr nur in den skandinavischen Ländern und in den Niederlanden hergestellt, die als Hauptlieferanten von Kinderpornos gelten, sondern auch in Deutschland. Die gesetzliche Strafe dafür ist gering: maximal ein Jahr für die Herstellung und den Handel mit Kinderpornographie. Das steht in krassem Gegensatz zu der Grausamkeit und Menschenverachtung, mit der Pornographen die Kinder quälen und ihre Videos anpreisen. Schon seit dem Oktober 1990 existiert ein Gesetzesvorschlag zur Verschärfung der bestehenden Gesetze. Hervorgeholt wurde er erst wieder im Juni 1991. Der Vorschlag des Justizministeriums

sieht nun vor, das Strafmaß für den Handel und die Herstellung von Filmen, die den sexuellen Mißbrauch von Kindern zum Inhalt haben, auf drei Jahre Haft heraufzusetzen.

> *Beispiel einer Inhaltsangabe:*[10]
> »In diesem Film können Sie miterleben, wie Claudia von dem erfahrenen und überaus gut gebauten Gerd verführt und entjungfert wird und wie sich ihre anfängliche Abneigung und der Schmerz erst ganz allmählich in zartes unbeholfenes Verlangen wandelt. Das Besondere an diesem Film: Die echte Defloration Claudias. Ein absolute Rarität! (46 min./ DM 180,–).«

Es sind nicht nur finstere Geschäftemacher, die hier einen neuen, lukrativen Markt wittern, die Kinder nackt vor ihre Kameras zerren und zu Sex-»spielen« zwingen. Auch der Handel von privat hergestellten Foto- und Videoaufnahmen floriert. In den einschlägigen Magazinen und selbst in Tageszeitungen sind Anzeigen zu finden, in denen »kinderliebe Eltern« per Chiffreanzeige »Gleichgesinnte zwecks Austausch« suchen. Strafrechtlich ist den Tätern bei dieser Form des Mißbrauchs nur schwer beizukommen, denn die nach Paragraph 184 StGB verfolgte »Verbreitung von Filmen und Schriften, in denen Kinder sexuell mißbraucht werden«, verjährt schon nach sechs Monaten. Kommt es dennoch zur Gerichtsverhandlung, müssen die Täter in der Regel nur eine Geldstrafe zahlen. Der Besitz solcher Pornovideos ist nicht strafbar. Dies soll sich nun ebenfalls ändern. Künftig sollen der Besitz und die Konsumierung solcher Videos mit bis zu einem Jahr Haft bestraft werden können. Auch die Deutsche Bundespost (Telekom) ist mit im Geschäft. Über Bildschirmtext bieten Eltern ihre Kinder an, und der Staat verdient mit. Es sei »technisch unmöglich«, so der Postminister, die Inhalte von Btx zu überprüfen.[11]

Anders als die anderen

Ich
Keines Vaters Kind
keiner Mutter Tochter
keines Geschwister Schwester
keines Mannes Frau
Ich bin ich.[12]

Die Formen der sexuellen Gewalt gegen Mädchen und Jungen sind vielfältig. Sie reichen von intimen Berührungen bis zum oralen, analen und vaginalen Geschlechtsverkehr. Oft findet schon sehr früh – unter sechs Jahren – der Übergang von Zärtlichkeiten zu sexuellen Übergriffen statt. Mit zunehmendem Alter werden die Mädchen schließlich zur Penetration gezwungen. Die Vergewaltigungen richten fast immer schwere seelische Schäden an. Die Kinder werden depressiv, ängstlich, fett- oder magersüchtig. Eine US-Studie über Frauen, die als Kinder sexuell mißbraucht wurden, kommt zu dem Ergebnis: 83 Prozent der ehemaligen Opfer litten ständig unter Angst, 58 Prozent an verminderter Selbstachtung.[13] Sexuell mißbrauchte Mädchen lehnen meist sich selbst und ihren Körper ab, haben kein Vertrauen mehr zu sich und dem, was sie tun. Sie machen sich Vorwürfe, daß sie sich nicht genug gewehrt haben. Genährt werden diese Vorwürfe auch durch den Vergewaltiger, der ihnen vorhält, daß sie doch mitgemacht und es so gewollt hätten. So wird der Druck, der auf den Kindern lastet, immer größer. Durch die Tabuisierung und den Zwang zur Geheimhaltung werden sie total isoliert. Wie tief sich diese Angst in den Kindern festsetzen kann, zeigt die Aussage eines Mädchens aus einer Beratungsstelle im Rheinland, das nach dem Mißbrauch in einem Heim lebte und dann die Möglichkeit bekam, adoptiert zu werden: Sie wolle nicht adoptiert werden, wolle nie wieder in eine Familie. Dieses Gefühl, wenn die Wohnungstür zu ist, so völlig abgeschirmt in der Familie, das sei ihr zu gefährlich.

Angst und Verdrängung

Im Gegensatz zu anderen Straftaten ist mit dem sexuellen Mißbrauch immer auch das »kleine Geheimnis« zwischen Täter und Opfer verbunden, das »Nicht-darüber-reden-Dürfen«. Die Kinder schweigen aus Angst, die Drohungen des Täters (»Wenn du das der Mami erzählst, hat sie dich nicht mehr lieb«) könnten wahr werden. Und tatsächlich ist dies manchmal auch die bittere Wahrheit, wenn es zum Prozeß kommt. Die Düsseldorfer Rechtsanwältin Gisela Dapprich, die seit Jahren sexuell mißbrauchte Kinder vor Gericht vertritt, weiß aus ihrer Praxis: »In der Mehrzahl der Fälle glauben die Mütter dem Mädchen nicht und halten zum Vater.« Die Gründe dafür sind vielfältig.

Einige Mütter sind als Kind selbst mißbraucht worden und haben dieses Erlebnis so stark verdrängt, daß sie es heute auch bei ihren Kindern nicht sehen wollen und können. Für andere ist der Schock, daß sie mitunter jahrelang an der Seite eines Vergewaltigers gelebt, ihm vertraut und den Mißbrauch nicht bemerkt haben, so groß, daß die Selbstvorwürfe schließlich in der Verleugnung des Geschehenen münden. Dies bestätigt auch Christa Schmitz von der Mädchenberatung in Köln: »Es gibt Mütter, die kommen mit dem vagen Verdacht, daß ihre Tochter vom Partner sexuell mißbraucht wird. Im Grunde wollen sie, daß wir diesen Verdacht entkräften, sie beruhigen und sagen, es trifft nicht zu. Wenn wir dann im Verlauf der Gespräche den Verdacht bestätigen, wird es sehr schwierig, denn dann beginnt die Angst. Jetzt müßten sie ja handeln. Den Verdacht können sie noch ertragen, aber die mögliche Gewißheit ist so unerträglich, daß sie sich selber sagen, das kann nicht sein, ich habe mich geirrt. Manchmal bleiben sie dann weg, kommen erst nach Monaten wieder und sind dann erst in der Lage, den Mißbrauch zu akzeptieren und zu handeln.« Für das mißbrauchte Kind ist es schwer zu verstehen, daß die Mutter ihre verschlüsselten Hilferufe nicht hört, nicht sieht und sie alleine läßt, anstatt sie zu unterstützen und sich auf ihre Seite zu stellen. Aber auch ohne daß der Täter die Opfer zum Schweigen verpflichtet, reden Kinder oft lange Zeit nicht über den Mißbrauch. Aus Scham und weil sie fürchten, die Familie könnte dann auseinanderbrechen. Die Mädchen fühlen sich in einer ausweglosen Situation. Je enger die verwandschaftliche Beziehung zwischen dem Täter und dem Kind ist, um so intensiver ist auch der sexuelle Mißbrauch, oft über Monate und Jahre hinweg.

Der sexuelle Mißbrauch von Kindern hat Geschichte – eine Geschichte der Verdrängung. Schon im Jahre 1860 legte Ambroise Tardieu, Professor für Gerichtsmedizin an der Pariser Universität, eine Veröffentlichung vor, in der er das gesamte Spektrum des sexuellen Mißbrauchs mit all jenen Einzelheiten umriß, die in der gegenwärtigen Diskussion eine Rolle spielen.[14]

Bis heute werden Mädchen, die sexuell mißbraucht worden sind, als »Lolitas« betitelt, als »geheime Verführerinnen«. Damit wird der Eindruck erweckt, sie seien die »Schuldigen«, und der Mann sei zu schwach gewesen, um ihrer Anziehungskraft zu widerstehen. Um so schwieriger ist es für Kinder, über den Mißbrauch zu sprechen, werden sie doch von Opfern zu TäterInnen gemacht. Mädchen, Jungen und Frauen tragen also nicht nur die Verantwortung, sich selbst vor Gewalttätern zu schützen, »sondern sie sollen auch sicherstellen«, wie die Sozialwissenschaftlerin Ursula Enders feststellt, »daß sie nicht versehentlich einen Mann erregen«.[15]

»Ich war wie ferngesteuert«

Michaela[16] (21) wohnt heute am Rande einer Großstadt, an einer großen Ausfallstraße. Was wir von ihr wissen, haben wir den Zeitungen entnommen. Dort war zu lesen: »Schülerin verführte Lehrer bei Nachhilfestunde« und – daß er ihr »schließlich völlig verfallen« sei. Sie ist angespannt und nervös, als sie uns die Tür öffnet, sagt, daß sie nur wenig Zeit habe, denn sie steckt mitten in den Prüfungsvorbereitungen für das Abitur. Doch nicht nur deshalb wirkt sie so nervös, sie hat auch Angst vor unserem Gespräch. Angst davor, wie sie uns hinterher gesteht, daß uns auch nur das interessiert, was alle von ihr wissen wollen: wo, wann und vor allem wie habt ihr es gemacht.

»Als ich da reingeschlittert bin, war ich zwölf, und er war knapp über vierzig. Ich habe das alles verdrängt, nicht nur den Altersunterschied, auch, daß der Alkoholiker ist. Auch die Signale, die der Körper gibt, habe ich nicht begriffen. Zum Beispiel den Waschzwang, dieser krankhafte Dusch- und Badetrieb, den ich hatte. Ich hab' jeden Tag mindestens zweimal geduscht und in der Regel auch noch einmal gebadet. Das ist auch Bekannten aufgefallen, aber die haben das nicht realisiert. Jetzt weiß ich, daß das diese ganze Scheiße war, also das Sexuelle meine ich, das ich mir abwaschen wollte. Ich wollte mich irgendwie reinwaschen, anders kann ich mir das nicht erklären. Damals hab' ich nur gedacht, ich bin eben besonders sauber. Ein Signal war auch, daß ich den immer gesiezt habe. Ich hab' mich manchmal gefragt, woran das liegen könnte. Heute denke ich, Leute, die ich sieze, zu denen habe ich eigentlich Distanz. Heute sehe ich das wie ein Signal, daß ich mich gegen die Nähe wehren wollte, aber trotzdem, ich hab' mich eben nicht richtig gewehrt. Das ist ein mieses Gefühl. Es ist total paradox.«

Die Mutter

»Als ich anfing, irgendwie zu begreifen, was da läuft, fand meine Mutter, meine einzige Bezugsperson, das völlig in Ordnung. Also ich habe ihr das eigentlich nicht erzählt, der Grassmann[17] hat ihr das erzählt. Ich war so ein Anhängsel, hab' mich wenig geäußert. Er war immer der Agierende. Grassmann ist mit mir zu meiner Mutter gefahren. Er hat natürlich auch durchschaut, daß sie ziemlich kaputt ist. Der wendet sich erst gar nicht an gesunde Familien, in Anführungsstrichen. Also der spürt schon, welche Mütter empfänglich dafür sind. Dann hat er gesagt: ›Frau Asten[18], ich kann es mir auch nicht so genau erklären, da hat sich irgendwie so was entwickelt, und ich liebe ihre Tochter.‹ Und ich saß daneben und hab' kein Wort gesagt. Meine Mutter hat erst mal auch nichts dazu gesagt. Dann fand sie, nun sei es passiert und nach dem Motto Akademiker und bringt ja auch Bildung, die fand das ganz toll hinterher. Und ich sitz' dabei völlig passiv, und da verhandeln zwei über mich, als wär' ich überhaupt nicht dabei, aber so war es ja im Prinzip auch. Irgendwann hab' ich gedacht, na ja, vielleicht ist das ja richtig so, der geht bei uns zu Hause ein und aus, ist akzeptiert und bringt mir was bei. Ich hab' das einfach so übernommen und hab' es mir so lange eingeredet, bis ich selber dran geglaubt hab', bis kurz vor dem Prozeß. Das muß man sich mal vorstellen.«

Die Vernehmung

»1989 hab' ich eine Ladung bekommen, das erste Mal zur Polizei, Vernehmung. Ich selbst hätte keine Anzeige gemacht, weil alle an der Schule, das ganze Kollegium, wußten, daß da was lief. Auch der Lehrer, der es später angezeigt hat. Das war ein offenes Geheimnis, und niemand hat was gesagt, und da hab' ich gedacht, dann ist das wohl in Ordnung so.

Bei der Vernehmung war ziemlich übel, daß der Beamte das irgendwie ausgeschlachtet hat. Der hat mich zum Beispiel nach den Stellungen beim Geschlechtsverkehr gefragt. Im Protokoll stand hinterher nichts davon drin, weil das ja auch überhaupt nichts zur Sache tut. Das fand ich ziemlich mies. Also ich glaube, der Beamte wollte da für sich was rausholen.
Als ich gefragt habe, was denn wäre, wenn ich nicht antworten würde, sagte der Polizist, dann fahren wir zusammen zum Staatsanwalt. Spätestens da müßte ich dann auspacken, was natürlich völliger Schwachsinn war. Aber das wußte ich erst hinterher. Das war auch unfair. Damit hat der mich eingeschüchtert, und dann hab' ich auch ausgepackt.
Als ich bei der Polizei rauskam, war ich ziemlich abwesend, wie ferngesteuert. Erst so nach drei, vier Tagen hatte sich das ein bißchen gesetzt. Ich hatte wahnsinnige Schuldgefühle gegenüber Grassmann, weil ich der Polizei alles erzählt hatte. Dann hab' ich ihn angerufen und hab' es ihm erzählt.«

Das Heiratsangebot

»Er hat sich ziemlich aufgeregt und hat gesagt: ›Weißt Du was, wir heiraten, und danach lassen wir uns scheiden, und dann ist mein Kopf gerettet.‹ Ich hab' mir die Schuld gegeben und mir gesagt, du hast das auch gewollt, und du hättest damals schon zur Polizei gehen sollen, und du kannst ihn jetzt nicht da reinreißen. Und er hat immer gesagt: ›Mein Kopf ist in deiner Hand.‹ Wortwörtlich. Und er hat mir gesagt, daß ich mich dadurch auch aus dem Prozeß rausziehen kann. Das sei ja eine unheimlich unangenehme Angelegenheit, immer von irgendwelchen Männern detailliert ausgefragt zu werden.
Meine Mutter fand das auch akzeptabel und hat gesagt, heirate den. Ich war hinterher soweit, daß ich den wirklich geheiratet hätte, nur um die Schuld von mir abzuladen. Er

hat mir auch gesagt, daß ich das ja wollte. Und da hab' ich gedacht, jetzt muß ich ihm auch helfen. Irgendwann hab' ich Angst bekommen, den zu heiraten. Ich fühlte mich auch zu sehr bedrängt. Da kam noch ein Freund von Grassmann bei mir vorbei und hat gesagt, ›Komm' heirate den, und dann ist das Spektakel vorbei.‹ Ich weiß nicht, wieso, aber auf einmal hatte ich Angst.«

Die Selbstvorwürfe

»Dieses schlechte Gewissen, das ist das Brutale dabei, daß ich nicht in der Lage war, mich vor dem zu schützen. Kurz vor dem Prozeß, geh' ich über die Straße, und da kommt mir der Grassmann entgegen. Da hat er mich gefragt, ob ich das ihm gegenüber nicht ein bißchen unfair finde, daß ich die ganze Wahrheit ausgepackt habe. Ich hätte ihm ja wenigstens beim Alter entgegenkommen können, hätte ja wenigstens statt dreizehn vierzehn sagen können. Ich war nicht in der Lage, einfach weiterzugehen. Das ist so ein Beweis dafür, wie lang das dauert, bis man sich aus solchen alten Strukturen lösen kann. Ich bin voll auf eine Diskussion eingestiegen. Was? Natürlich war ich dreizehn beim ersten Geschlechtsverkehr. Ich hatte nicht die Kraft, mich aus der Situation rauszuziehen. Ich bin dann nach Hause gefahren und war total am Ende. Das ist das, was einen so fertigmacht, man macht sich so Vorwürfe.

Dann hab' ich zwei Tage später meine Anwältin angerufen, und sie hat das dem Gericht mitgeteilt. Der Richter hat es dahingehend bewertet, daß der Grassmann noch nichts begriffen hat und obendrein ziemlich dreist ist. Der Grassmann macht auch überhaupt kein Hehl daraus. Er trifft sich immer noch mit seinen ehemaligen Schülern, geht mit ihnen abends einen trinken und sagt, wortwörtlich: Am Anfang hätte er sich darüber aufgeregt, daß wir wirklich so naiv sein könnten und meinen, er würde auch nur für eine Minute in den Knast gehen. Mittlerweile finde er das ja fast nur noch süß. Das sind so Sachen, ich weiß dann nicht, ob ich sauer bin oder was ich empfinde: Wut oder Trauer oder Hilflosigkeit.«

Vor Gericht

»Die Verhandlung fand ich vom formalen her einigermaßen akzeptabel. Die sind relativ behutsam mit uns umgegangen. Was ich nicht gut fand, war, daß es nur um den Sachverhalt geht, es geht um die Frage, wie er bestraft wird, aber so die Mechanismen interessieren nicht. Also die Frage, wie so was überhaupt zustande kommen kann. Nicht nur die Tatsache, da hat jemand Geschlechtsverkehr gehabt, mit einer unter vierzehn, sondern wieso das passiert. Das wurde überhaupt nicht zur Sprache gebracht. Das hat mich schon ziemlich frustriert.
Und wie du dabei wegkommst, das interessiert auch nicht. Irgendwie wirst Du da auch wieder benutzt. Das sieht man an Kleinigkeiten. Du darfst ja während der Verhandlung nicht mal eine Gegenfrage stellen. Du wirst gefragt, und du hast dann zu antworten. Und dann kannst du wieder nach Hause gehen.«

Die Geschenke

»Der Grassmann ist mit mir regelmäßig auf die Kö in Düsseldorf und hat mich dort eingekleidet, mit Klamotten, die überhaupt nicht meinem Alter entsprachen. Dann hat er mir reihenweise Estée-Lauder-Zeugs geschenkt, also Kosmetika. Ich hab' mich dagegen gesträubt, innerlich, weil ich mich einfach unwohl unter diesem Zeugs gefühlt habe. Dann hat er zu mir gesagt: ›Also Michaela, ich versteh' das nicht, so viel Frau muß doch in dir stecken, daß du mal vorm Spiegel stehst und das ausprobierst.‹ Da hab' ich gedacht, o Gott, ich bin überhaupt nicht normal, eigentlich müßte ich das ja machen, und die anderen liefen auch schon mit Lippenstift rum. So hat der mich dahin gebracht, daß ich mich geschminkt hab', obwohl ich mich eigentlich immer unwohl gefühlt hab' in diesen ganzen Klamotten und diesem Accessoires-Scheiß. Der hat halt versucht, eine Frau aus mir zu machen. Der hat auch gesagt: ›Du mußt dich ein bißchen chicer anziehen, damit wir überhaupt rausgehen können am Wochenende. Dann siehst du nicht ganz so kindlich aus.‹ Das ist so ein Doppelleben. Einerseits lutschst du noch am Daumen, und dann wirst du in solche Dessous gesteckt. Aber dann hab' ich sofort wieder gedacht, ich bin ja die, die nicht normal ist. Das hätte ich ihn zum Beispiel auf dem Gericht mal gern gefragt, wie das ist, mit einer Geschlechtsverkehr zu haben, die noch am Daumen lutscht. Aber ich durfte ja nicht fragen.«

Die gestohlenen Kinderjahre

»Die Zeit, die der mir geklaut hat, von zwölf an, die Zeit, die ist weg. Mit zwölf, da kam Grassmann, und da ging's direkt zur Sache. So diese Zwischenschritte, dieses Alberne und Verliebte, zum Beispiel Poster an die Wand hängen, *Bravo* lesen oder so was, das war alles nicht. Irgendwie denk' ich, wie soll ich erwachsen werden, wenn ich gar nicht richtig Kind gewesen bin? Manchmal denk' ich auch, ich muß da was nachholen. Aber das geht einfach nicht. Ich bin ja keine zwölf mehr, ich kann jetzt nicht anfangen, Poster an die Wand zu hängen. Manchmal denk' ich auch, du bist jetzt einundzwanzig und immer noch auf der Schule. Du mußt jetzt mal erwachsen werden, obwohl das Blödsinn ist. Manchmal denk' ich, daß das nie so richtig klappen wird. Eine Zeitlang war es so, daß es mich unheimlich verletzt hat, wenn mir Leute gesagt haben, ach, du hast noch so glänzende Kinderaugen. Da war ich in einer richtigen Krise, da dachte ich, o Gott, ich muß doch weiterkommen, Schluß

damit, vergangen und abgeschlossen. Das ist aber nicht so. Ich hab' wirklich so was wie Torschlußpanik. Ich denk' mir, meine Güte, wenn du jetzt nicht endlich erwachsen wirst, wann dann?
Das ist schon übel. Du mußt selber zusehen, daß es dir wieder gutgeht, weil danach fragt dich keiner. Du bist das Opfer, er ist der Täter. Er wird bestraft, und du hast dafür dankbar zu sein, wenn er überhaupt bestraft wird.«

Wieso gerade ich?
»Man spricht ja immer von Täter und Opfer. Ich sag' dann immer: Opfer in Anführungsstrichen. Ich will das irgendwie nicht wahrhaben, daß ich ein Opfer bin. Bis mir das das erste Mal so über die Lippen gekommen ist, und dann hab' ich das immer beschönigt und gesagt, na ja, das ist die juristische Terminologie. Ich hab' das immer runtergespielt. Das liegt daran, daß man kein Opfer sein will. Da taucht sofort die Frage auf, wieso konnte mir das passieren? Und unterschwellig denkst du wieder, du hast dich eben nicht richtig gewehrt, anderen Leuten ist das ja auch nicht passiert. Irgendwo ist das ungerecht, daß es so lange dauert, bis man das verarbeitet hat. Du wirst das Gefühl nicht los, daß du irgendwie Schuld hast. Ich hab' auch Angst, daß ich dieses Gefühl nie richtig abbauen kann. Das überträgt sich auf dein ganzes Leben, daß du überall versuchst, dich zu rechtfertigen, für alles.
Auch, daß durch die Berufung der Prozeß noch nicht abgeschlossen ist, das ist nicht so angenehm. Wenn man sich überlegt, wie lange ich jetzt schon damit zu tun hab', und der kriegt drei Jahre oder in der Berufung vielleicht noch eine geringere Strafe – das ist ein Witz. Das steht in keinem Verhältnis. Und er macht weiter. Letztens haben mir Freunde erzählt, sie haben ihn wieder mit zwei Mädchen, aus seiner ehemaligen Schule, in der Disco gesehen. Die eine

ist dreizehn und die andere fünfzehn. Der Bekannte, der mir das erzählt hat, hat ihn dann gefragt, ob die Fünfzehnjährige nicht schon ein bißchen zu alt für ihn wäre. Es ist schon makaber. Der Grassmann macht immer weiter, und alle gucken zu und sagen nichts.«

Das Schweigen brechen

Sexuell mißbrauchte Kinder machen sehr früh die Erfahrung, daß sie genau vor den Menschen, die sie beschützen sollten, am wenigsten sicher sind. Der sexuelle Mißbrauch geht meist über Jahre hinweg, ohne daß die anderen Familienmitglieder etwas davon bemerken. Oft wollen sie es auch nicht sehen.

Dauer des sexuellen Mißbrauchs[19]
* in 43 % der Fälle 2–4 Jahre
* in 20 % der Fälle 5–14 Jahre

Immer mehr JuristInnen fordern, auf eine Bestrafung des Täters zu verzichten, um das Kind, dessen Zeugenaussage ja wichtigster Bestandteil eines Strafprozesses ist, vor den Folgen des Verfahrens zu schützen. Und tatsächlich wird in den meisten Fällen, wenn der Täter ins Gefängnis muß, die Verantwortung für das Auseinanderbrechen der Familie dem Kind zugeschoben. Was in der Argumentation nur wenig beachtet wird, ist: Wenn auf eine Strafverfolgung verzichtet wird, kann beim Kind der Eindruck verstärkt werden, daß die Tat des Vaters (Stief-, Pflegevaters, Bruders, Onkels oder Freund der Mutter) eben doch kein Unrecht war, sondern daß es selbst Mitschuld an dem Geschehenen trägt. Eines ist sicher: Wenn mißbrauchte Mädchen durch den Strafprozeß erneut Schaden erleiden, so geschieht dies

nicht durch das Strafverfahren an sich, sondern durch das Mißtrauen, die Zweifel und Vorurteile der RichterInnen und anderer mit dem Prozeß befaßten Personen.
Oft ist die Anzeige bei der Polizei der einzige Weg, das Kind vor weiterem Mißbrauch zu schützen und den Vergewaltiger aus der Familie zu entfernen. Sonst muß das Kind meist weiter mit dem Täter in einer Wohnung leben, oder es wird zusätzlich bestraft, indem es in ein Heim muß, während der Täter in der Familie bleiben »darf«. Daß es auch anders geht, zeigen die Gesetze in mehreren Bundesstaaten der USA. Dort wird der Schutz des Opfers gewährleistet, indem schon bei Bekanntwerden eines Mißbrauchs der Täter sofort die gemeinsame Wohnung verlassen muß.[20]

Schutz für die Familie oder Schutz für das Kind?

Daß der Schutz für sexuell mißbrauchte Mädchen und Jungen verbessert werden muß, darüber herrscht Einigkeit unter den ExpertInnen. Streit gibt es jedoch hinsichtlich der Methoden. Da ist zum einen der feministische Ansatz, wie ihn die Frauen- und Mädchenhausinitiativen vertreten. Sie wollen vor allem Kind und Mutter schützen. Der familienzentrierte Ansatz bezieht hingegen den Täter mit ein. Zum Teil wird auch Straffreiheit gefordert, damit die Familie als Ganzes zusammengehalten wird.
Mit den Ansätzen der Familientherapie hat man hinsichtlich Gewalttätigkeiten in der Familie gute Erfolge erzielt. Nun wird versucht, diesen Ansatz auf sexuellen Mißbrauch zu übertragen. Es gibt jedoch wesentliche Unterschiede nicht nur bei den Opfern, sondern auch bei den Tätern. Während Eltern, die ihre Kinder schlagen, oft selbst in die Beratungsstellen kommen und dort Hilfe erbitten, bestreiten sexuelle Gewalttäter in der Regel ihre Tat. Dieses fehlende Unrechtsbewußtsein kann in der Familientherapie noch gestützt werden, da sich in der Regel an der häuslichen Situation nichts

ändert. Täter und Opfer leben weiter unter einem Dach, und oft geht auch der Mißbrauch weiter. Das heißt, die Mädchen und Jungen werden erneut zu Opfern, »zu Opfern einer Therapie, die ihnen Verständnis für den Täter abverlangt, ihnen nicht den nötigen Schutzraum gibt – während zu Hause der Mißbrauch weiterläuft«.[21]

Hinzu kommt, daß so der sexuelle Mißbrauch lediglich als Konflikt innerhalb der Familie gesehen wird. Vertreterinnen der Frauenbewegung weisen zu Recht darauf hin, daß dies zu kurz gegriffen ist. Sexueller Mißbrauch ist nach ihrer Ansicht kein Familienproblem, sondern Ausdruck gesellschaftlicher Machtstrukturen. Mädchen erleben dies in doppelter Weise: einmal als Machtverhältnis zwischen Erwachsenem und Kind und zum zweiten als Machtverhältnis zwischen Mann und Frau. Daraus folgt die Notwendigkeit einer parteilichen Hilfe für die mißbrauchten Mädchen. An erster Stelle muß der Schutz der Kinder stehen, dies bedeutet vor allem die räumliche Trennung von Opfer und Täter. Wie wenig der Staat hier zu tun bereit ist, zeigt die geringe Anzahl von Mädchen- und Kinderschutzhäusern.

Ein Mädchenhaus
Aus dem Entwurf der Mädchenhausinitiative Köln

Betreutes Wohnen: Für Mädchen, die eine langfristige Lebens- und Wohnmöglichkeit brauchen.

Notruf und Zufluchtstelle: Schutz für Mädchen, die
- körperliche oder psychische Gewalt erfahren haben
- sexuell mißbraucht wurden
- in Krisensituationen sind

Beratung und Information: Anonyme Krisenberatung
- Beratung bei sexueller Gewalt und Angebot von Selbsthilfe- und therapeutischen Gruppen
- Beratung und Hilfe bei sozialen Problemen, Schule, Beruf

Mädchencafé: Treffpunkt und Angebote: Selbstverteidigung, Übungsräume für Musik-Bands, Selbstbehauptungstraining, Veranstaltungen, Kurse etc.

»Wie ein Fels in der Brandung«

Fast ein Jahr ist es jetzt her, daß Daniela[22] (21) zum ersten Mal in die Mädchenberatung kam. Dort treffen wir uns nun auch zum Gespräch. Es geht ihr ganz gut, sagt sie, sie hat gerade erfahren, daß endlich ein Therapieplatz bei einer Psychologin für sie frei geworden ist. Darauf hat sie schon lange gewartet. In einem Monat ist es nun soweit.
Anfangs beobachtet sie uns mißtrauisch, aber auch neugierig. Später fahren wir zu ihr nach Hause. Sie will uns Zeitungsausschnitte zeigen. Artikel über den Prozeß gegen ihren Lehrer, der sie und Michaela mißbraucht haben soll. Als sie die Berichte gelesen hat, war sie am Boden zerstört, sagt sie, niemand habe mit ihnen gesprochen, und kein Satz davon sei wahr.

»Ein ehemaliger Kollege hat ihn angezeigt. Der hat mich mal gefragt, wie ist denn das mit dem, weil das schulbekannt war, daß da immer was läuft mit Mädchen. Dieser Lehrer hat dann gesagt, man muß was dagegen unternehmen. Ich hätte aber nicht gedacht, daß der Ernst macht. Ich dachte, der wollte nur seine Neugierde befriedigen, aber nicht, daß er damit zur Polizei oder zum Staatsanwalt geht.
Einige Wochen später kriegte ich dann eine Vorladung von der Polizei, und das fand ich ziemlich shocking. Ich hab' gedacht, wer weiß, was daraus wird, wahrscheinlich nicht viel Gutes. Und dann hab' ich mich mit dem Lehrer, der die Anzeige gemacht hat, auch gestritten und hab' gesagt, meine Güte, das hätte doch jetzt nicht so schnell sein müssen.
Ich weiß nicht, ob ich das mit der Anzeige gut fand. Ich hab' einerseits gedacht, ich fänd' es gut, wenn das mal aufhören würde. Andererseits, in der Schule im Pädagogik- und Deutschunterricht haben wir da gerade über feministische Sachen gesprochen, über Vergewaltigungsprozesse. Da lief auch so ein Film. Und ich hab' gedacht, das könnte so ähnlich werden. In Vergewaltigungsprozessen ist es, soweit ich das mitgekriegt habe, so, daß die Frauen hinterher die Gearschten sind. Die haben das Unrecht und die psychischen Schwierigkeiten. Dann heißt es, sie sind selber schuld, wo treiben sie sich auch rum. Nachher ist das so eine verkehrte Welt. Nachher sind wir die Täter, und er ist das Opfer.«

Vor Gericht

»Michaela und ich sind vorher zusammen zum Gericht gefahren und haben uns den Raum angeguckt. Der war ganz schön gewaltig, und da haben wir sie im Geiste alle schon da oben sitzen sehen. Also ich hab' gedacht, daß die mich in die Zange nehmen. Das sind ja alles Vollprofis. Bei der ersten Verhandlung bin ich total zusammengebrochen. Der Punkt ist der psychische Streß. Noch nicht mal, daß die Leute einem was Böses wollen, da sitzen und die Falle zuschnappen lassen wollen, daß man da irgendwie sitzt wie die Maus vor der Katze. Man hat immer wieder Krisen, Durchhänger, man kriegt teilweise seinen Alltag so schwer geregelt, hängt mit den Gedanken immer daran und hat irgendwelche Assoziationen. Man muß immer an die Vergangenheit denken oder an die Zukunft, an die Verhandlung.

Und ich wohnte da, an der Schule, und dann fährt der Grassmann an mir im Auto vorbei und sagt, ›Hallo, Daniela‹. Dann ist der Tag gelaufen. Wenn so was ist, weiß man nicht mehr, wie man den Rest seines Lebens organisieren soll, man kann es doch nicht nur mit der Grassmann-Scheiße zubringen. Und das zieht sich jetzt schon über Jahre. Und die Berufungsverhandlung war immer noch nicht. Da gehen so wahnsinnig viel Nerven, Streß, Gedanken bei drauf. Dann hört man Monate nichts, und wen sieht man immer über die Straße hüpfen? Grassmann. Der geht überall rum und findet es auch noch lustig, daß ihn die Leute fragen: Bist du noch nicht im Knast?

Die Hauptverhandlung war wider Erwarten ziemlich gut. Ich bin dahin gegangen nach dem Motto, hoffe das Beste und sei gefaßt auf das Schlimmste. Das war auch so ein Kontrast zu dem ersten Termin, da bin ich von einem Heulkrampf in den anderen gefallen, und meine Rechtsanwältin hat gesagt, ich hab' noch nie einen Menschen so zusammenbrechen sehen wie dich. Wenn die mich gefragt hätten, wie ich heiße, hätte ich das nicht sagen können.«

Die Staatsanwältin

»Das Plädoyer von der Staatsanwältin fand ich seltsam. Die hat erst den Eindruck gemacht, als wollte sie einen harten Strafantrag stellen, und dann ist sie umgefallen. Eigentlich sind die Staatsanwälte ja die scharfen Hunde, die immer das Härteste fordern, und dann hat die gefordert, ihm zwei Jahre mit Bewährung und Geldstrafe zu geben. Da hab' ich echt meinen Ohren nicht getraut. Sie hatte vorher gesagt, daß sie überlegt hat, ob sie das ans Landgericht weitergeben soll, weil die ein höheres Strafmaß austeilen können. Da haben wir alle gedacht, der Strafantrag wird Höchststrafe. Dann sagte sie, in ihr wär' eine Wandlung vorgegegangen. Das ist doch 'ne Juristin, hab' ich gedacht, wieso ist die auf einmal so sprunghaft, die soll doch nicht ihre inneren Wandlungen vortragen, die soll doch ein Plädoyer machen, was ist denn mit der auf einmal, hat die heute keinen guten Tag oder was. Ich dachte, jetzt ist alles aus.«

Der Richter

»Und dann hat der Richter viel härter geurteilt, und der hat auch eine gute Urteilsbegründung abgegeben. Ich glaube, einen viel besseren Richter hätten wir uns echt nicht wünschen können. Er hat sich die allergrößte Mühe gegeben, was zu kapieren, wenn man bedenkt, daß das 'ne Behörde ist. Das einzige, was auch wieder Scheiße war, das hat sich Stunden hingezogen. Hinterher ist man geschlaucht, weil man die ganze Zeit von einem Adrenalinschub in den anderen gefallen ist. Da ist man wie betäubt.«

Die Mutter

»Wenn ich das vorher gewußt hätte, ich weiß ich nicht, ob ich den Prozeß mitgemacht hätte. Die meisten wollen das nicht, denn die Mütter sind meistens auf seiten von Grassmann, nicht nur Michaelas Mutter, auch andere. Der macht ja immer auf Hausfreund, macht guten Kontakt mit den Müttern, und nebenbei nimmt er die Tochter mit. Also meiner Mutter war das ziemlich gleichgültig, die hat sich um nichts geschert. Aber meine Mutter ist auch so ziemlich die letzte, mit der ich darüber reden wollte. Ich werfe ihr das aber nicht vor. Die hätte sich auch schwer kümmern können, weil ich auch ein schlechtes Verhältnis zu ihr hatte.

Wenn die angekommen wäre und hätte gesagt, erzähl doch mal was, hätte ich gesagt, nee, will ich nicht. Ich such' mir aus, wem ich was erzähle und wem ich mein Vertrauen schenke, und zu dir hab' ich keins. Deswegen kann ich ihr das nicht vorwerfen, weil ich ihr auch nichts erzählen wollte. Andererseits denke ich, sie hätte sich auch mal um ein besseres Verhältnis bemühen können.
Als Eltern hat man ja auch Pflichten, hört sich jetzt blöd an, aber man kann sich schon ein bißchen bemühen. Und nicht sagen, solange in der Schule nicht gerade die Noten Sechs und Fünf sind, bin ich zufrieden. Ich war meistens unterwegs mit Grassmann, und sie hat sich nicht drum geschert. Und der Grassmann war so 'ne Orientierung für mich.«

Die LehrerInnen

»Die Leute bemühen sich schon, das zu verstehen. Verstandesmäßig nehmen sie das in sich auf, aber sie fragen immer nach, und man hat den Eindruck, sie schütteln den Kopf über den Täter, aber auch über die Opfer. ›Wieso waren die nicht in der Lage, sich zu wehren, wo man die Jugendlichen doch zur Opposition erzieht? Und die waren auf 'ner Gesamtschule, warum haben die nichts gesagt? Trotz unserer Erziehung passiert denen so was.‹ Teilweise sind die Leute auch einfach fassungslos, was sie selber für ein behütetes, normales Leben führen. Ich weiß gar nicht, wieso im nachhinein die Leute immer ankommen und sagen, warum habt ihr nichts gesagt? Warum haben **die** nichts gesagt, die haben das doch auch gewußt. Und dann sagen sie immer, ich hab' gar nichts gewußt, das kennt man ja auch aus anderen Zusammenhängen, so Leute, die dann immer hinterher ankommen und sagen, ich hab' nichts gewußt. Da muß man sich auch überlegen, ob das denn sein kann, daß keiner was gemerkt hat. Gerade beim Grassmann kann das nicht sein. Der hat sich nie bemüht, das besonders zu verstecken.«

Die MitschülerInnen

»Es ist nervig, wenn man sich, überall, wo man hinkommt, rechtfertigen muß. So nach dem Motto, alles ist schiefgelaufen bei mir, meine Mutter war Alkoholikerin, mein Vater war im Knast, und meine Großmutter war auch schon drogenabhängig. Ja, sagen die Leute, dann kann ich das vielleicht ein bißchen verstehen. Aber so ganz verstehe ich's trotzdem nicht, und dann muß man noch mal von vorne anfangen. Daß die nicht einfach sagen können: ja, klar. Manchmal denk' ich, die können das auch gar nicht verstehen, die sind anders aufgewachsen: mit Mutter, Vater, Kind und Haus, Auto und Garten und nicht so wie ich.

Ich kann deren Probleme nicht verstehen, und meinen Mitschülern ging das mit mir genauso. Die streiten sich um Schokolade und wegen so Lappalien, und ich hab' im Hinterkopf, demnächst ist die Hauptverhandlung. Ich kann nicht verstehen, warum die sich über so Kleinigkeiten streiten, warum da Tränen fließen. Die haben immer zu mir gesagt, dich kann ja nichts aufregen, wie ein Fels in der Brandung. Das ist auch so, über so was kann ich mich nicht aufregen. Die sind echt unreif. Was die für Wissenslücken haben, die ich durch die Grassmann-Sache mitgekriegt habe. Die haben zum Beispiel das Wort Hauptverhandlung noch nie gehört. Der Grassmann hätte mich die Zeitung essen lassen, wenn ich das alles nicht gewußt hätte.«

Die FreundInnen

»Freunde und Freundinnen, die einem wichtig sind, hatte ich keine. Außer Michaela vielleicht, aber die hing ja noch schlimmer drin, weil er sich an der total ausgetobt hat. Die Mädchen in meiner Klasse, die haben noch mit Barbiepuppen gespielt. Wir haben uns manchmal unterhalten, aber interessiert haben mich die anderen nie sonderlich.

Mit Michaela hatte ich mehr gemeinsam, wir haben auch immer zusammengesessen. Die war auch relativ isoliert in der Klasse. Manchmal haben wir auch zu dritt was gemacht, mit Grassmann. Dann haben wir am Tisch gesessen, und dann hat der eben unterm Tisch bei einem gefummelt. Und die andere sieht das dann nicht. Oder eine geht aufs Klo, und dann sagt er, na Schätzchen, weil die andere gerade nicht da ist. Konkurrenz gab es nicht. Jede hat gedacht, ich bin sowieso die einzige für ihn. So wie er für mich der einzige ist.«

Der vermeintliche Freund

»Der Grassmann war für mich echt mein ein und alles. Mit dem konnte man sich unterhalten, der war nett, und mit dem ging man Eis essen. Der hat so eine unkonventionelle Art. Beim Grassman konnte man ein- und ausgehen, morgens zur Schule, mittags wieder zurück.

Dann bespricht man, heute hat die Frau Soundso mich genervt. Ich hatte keine Hausaufgaben, und da hat die mich direkt ins Klassenbuch eingeschrieben. ›So 'ne Sauerei‹, sagt er, ›ja, meine Kollegin, die ist sowieso ein bißchen bescheuert, die Erfahrung hab' ich auch schon gemacht.‹ Und da ist man sich einig und denkt, ey super, der findet das auch, und der ist doch einer von den Großen, der muß es ja wissen.

Ich hab' mir gedacht, die anderen denken, das ist nicht in Ordnung, weil sie konservativ und konventionell sind. Die denken halt, Lehrer und Schüler dürfen nichts miteinander zu tun haben, außer Notenverteilen und Unterricht. Die haben eine Scheiß-Einstellung, altmodisch, und ich bin froh, daß ich den Grassmann getroffen habe. Der hat keine blöde Einstellung, der schleift einen überall mit rum, der ist witzig, nicht so auf Abstand wie die anderen.

Dann faßt der einen mal an, und dann denkt man, aha, jetzt sind wir zusammen, um so besser. Jetzt sind wir noch näher als vorher, als man nur Eis gegessen hat. Und dann passiert wieder gar nichts, und man weiß nicht, was Sache ist. Irgendwann konnte ich nicht mehr, das war so ein Streß. Und man muß so aufpassen, wegen der anderen. Ich hab' immer so toll vom Lehrer Grassmann geredet, und man darf nicht zuviel reden, sonst sagen die Leute, warum erzählt die eigentlich soviel von dem? Man will gar nicht von dem reden, und schon hat man wieder dreimal Grassmann gesagt. Damals hab ich gedacht: Das ist Liebe, so muß das sein. Da ist so einer, und der ist dein ein und alles. Jetzt denk' ich eher, das war Abhängigkeit. Das ist wie beim Alkoholiker, der liebt den Alkohol ja auch nicht unbedingt, aber er braucht den, und wenn er den nicht hat, ist Panik. Und so ein Gefühl hatte ich auch. Ich brauchte den.«

Praxis und Paragraphen

Die eingangs erwähnte Dreijährige aus der Praxis der Rechtsmedizinerin Elisabeth Trube-Becker starb an den Folgen der Verletzungen. Obwohl Sachverständige aus der Klinik und Rechtsmedizin in der Hauptverhandlung die Verletzungen eindeutig als Spuren sexuellen Mißbrauchs bewerteten, glaubten die Richter den Behauptungen des Täters, das Kind habe sich die Verletzungen selbst zugefügt. Das Urteil: Einjährige Haftstrafe auf Bewährung.

Beweise uns, daß es wahr ist

Diese milde Strafe ist kein Einzelfall. Die Gerichte folgen oft dem Motto, daß nicht sein kann, was nicht sein darf. Fast alle Täter bestreiten den Mißbrauch. Hinzu kommt: Hinter der, im Vergleich zur geschätzten Dunkelziffer, geringen Zahl der angezeigten Straftaten steht eine noch geringere Zahl der Fälle, die überhaupt bis zur Verurteilung geführt werden.

Straftaten und Urteile (§ 176 StGB)[23]			
Jahr	Straf-taten	Abge-urteilte	davon verurteilt
1987	10.085	1.733	1.341
1988	11.404	1.834	1.444
1989	11.851	1.927	1.520

Noch immer wird bezweifelt, daß Kinder die glaubwürdigsten aller Zeugen sind. Fachleute der Gerichtspsychiatrie bestätigen, daß die verbalen und non-verbalen Aussagen von Kindern in 98 bis 99 Prozent aller Mißbrauchsfälle der Wahrheit entsprechen.[24] Vor Gericht müssen dennoch Glaubwürdigkeitsgutachten von den Kindern vorgelegt werden, und für die mißbrauchten Mädchen und Jungen ist es nur schwer zu verstehen, daß die Glaubwürdigkeit der Täter nicht in Frage gestellt wird. Die Rechtsmedizinerin Elisabeth Trube-Becker findet es »eigentümlich«, mit welcher Diskretion gegenüber dem Täter Ermittlungsbehörden und sogar die Gerichte gerade den Inzest behandeln.[25]

Mit welcher Unkenntnis und mit wie wenig Einfühlungsvermögen selbst Fachkräfte, die eigentlich mit der Problematik des sexuellen Mißbrauchs vertraut sein sollten, bei der Erstellung solcher Gutachten vorgehen, schildert Christa Schmitz von der Mädchenberatung in Köln: »Das Mädchen mußte fünfmal zu einem etwa dreistündigen Gespräch in die Uniklinik, zu einer Ärztin der Jugendpsychiatrie. Sie erzählte uns, daß sie dort, im Abstand von mehreren Wochen, immer wieder gefragt wurde, wie es denn nun passiert sei. Sie stand unter enormem Streß nichts ›Falsches‹ zu sagen, weil das ja bedeuten würde, daß sie lüge. Doch damit nicht genug. Sie wurde mehrfach gefragt, warum der Vater sie sexuell mißbraucht hat. Das heißt, nicht nur, daß sie immer und immer wieder mit dem Erlebnis selbst konfrontiert wurde, sondern darüber hinaus wurde auch noch verlangt, daß sie sich in den Täter hineinversetzen sollte: was er wohl für Vorstellungen gehabt hat.«

Wenn die örtliche Trennung gesichert und der Mißbrauch unterbunden ist, raten Beratungsstellen deshalb nicht selten zunächst einmal davon ab, den Täter anzuzeigen, um die Kinder vor den Belastungen eines Ermittlungsverfahrens zu schützen. Erst, wenn das Kind sich selbst in der Lage fühlt, einen solchen Prozeß durchzustehen, unterstützen sie es darin. Solange die Ermittlungsbehörden ihre Arbeitsweise bei Fällen von sexuellem Mißbrauch nicht grundlegend ändern, wird die Entscheidung darüber, den Täter anzuzeigen oder nicht, immer eine Gratwanderung bleiben.

Auch bei der Rechtsmedizinerin Elisabeth Trube-Becker stoßen die Vorgehensweise der Behörden und die Urteile der Gerichte auf Unverständnis. Beispielhaft dafür steht der Fall eines dreijährigen Mädchens, dessen Großmutter das Kind betreute und bemerkte, daß sich das Kind in seinem Wesen veränderte und mehrfach nach Wochenenden beim Vater genitale Verletzungen hatte: »Anzeige, Untersuchung des Kindes, Defloration bei der Dreijährigen festgestellt. Angabe des Kindes, der Vater wühle immer in ihrer Scheide herum mit Finger, Nase, Mund und Zunge und andere ziemlich eindeutige Hinweise auf sexuelle Manipulationen. Verhaftung des Vaters, Bestreiten der Tat, Entlassung, Einstellung des Verfahrens mit Haftentschädigung. Das Kind ist wieder beim Vater. Mutter in stationärer psychiatrischer Behandlung.«[26]

Nicht immer führt der sexuelle Mißbrauch zu so schweren körperlichen Verletzungen wie in den genannten Fällen. Sie zeigen aber, daß selbst bei eindeutiger Gewaltanwendung die Gerichte häufig zugunsten des Täters entscheiden. Es ist schwierig, »objektive« Beweise zu finden. Oft gibt es keine äußerlichen Anzeichen, wie Verletzungen oder Blutergüsse. Nur in fünfzehn Prozent der Fälle können von Mediziner

Innen physische Hinweise auf sexuellen Mißbrauch festgestellt werden.[27] Auch die Absicht des Täters, die ebenfalls strafbar ist, ist schwer zu beweisen. Es steht Aussage gegen Aussage, und genau das kann für ein Kind zum Verhängnis werden. Allein die Situation vor Gericht, oft in Anwesenheit des Täters, ist für die Kinder eine große psychische Belastung. Viele Kinder bringen kein Wort heraus, sind nicht einmal in der Lage, ihren Namen zu nennen, so tief sitzen Angst und Scham. Der Prozeß gerät zur zweiten Vergewaltigung.

»Er ist dieser Lolita verfallen«

Bei der Behandlung von Sexualstraftaten ist entscheidend, ob es sich bei dem Täter um einen Fremden oder um einen Bekannten beziehungsweise ein Familienmitglied handelt. Während der Fremdtäter in den Medien meist zur Bestie wird, ist bei innerfamiliärem Mißbrauch und dem Mißbrauch von Schutzbefohlenen meist das Mädchen die »Verführerin«. Selbst gutgemeinte Berichterstattung verkehrt sich ins Gegenteil. So heißt es in einer Tageszeitung zu dem Fall eines Lehrers, der eine Schülerin mißbrauchte, über das Mädchen: »Wohlgemerkt: Das war nicht das kesse Nymphchen, die frühreife Lolita, die hier die Gefühle eines Mannes im zweiten Frühling ausnutzte.« Was im Klartext heißt, normalerweise sind die Mädchen die Verführerinnen, nur hier war es ausnahmsweise einmal nicht so. Diese Bewertung findet sich nicht nur in der Presse, auch die zuständigen Gerichte folgen, wie die Urteile zeigen, zum Teil dieser Stigmatisierung der Mädchen. So wird der sexuelle Mißbrauch durch Fremde oft sehr hart bestraft, wie Elisabeth Fey und Jörg Fegert feststellen, während die Tat in der Familie ohne juristische oder soziale Konsequenzen für die Täter bleibt.[28] Immer gilt es, auch von den Beteiligten selbst, das Ideal einer glücklichen und harmonischen Familie aufrechtzuerhalten. Den Preis dafür zahlen die mißbrauchten Kinder.

Die Lücke im Gesetz

Im Strafgesetzbuch (StGB) ist der sexuelle Mißbrauch von Kindern unter dem Kapitel »Straftaten gegen die sexuelle Selbstbestimmung« aufgenommen. Fälschlicherweise wird damit der Eindruck erweckt, daß Kinder in der Lage seien, sexuell frei zu entscheiden. Und davon scheinen einige Richter tatsächlich überzeugt zu sein. So begründete ein Richter aus Kempten im Juli 1984 sein mildes Urteil mit den Worten: »Die Initiative ist bis zu einer gewissen Grenze von seinem frühreifen Opfer ausgegangen.« Und das bei einem siebenjährigen Mädchen.[29]

Straftaten
gegen die sexuelle Selbstbestimmung

§ 174 StGB –	Sexueller Mißbrauch von Schutzbefohlenen
§ 176 StGB –	Sexueller Mißbrauch von Kindern
§ 177 StGB –	Vergewaltigung
§ 178 StGB –	Sexuelle Nötigung
§ 179 StGB –	Sexueller Mißbrauch Widerstandsunfähiger
§ 182 StGB –	Verführung
§ 184 StGB –	Herstellung und Verbreitung von Filmen und Schriften, in denen Kinder mißbraucht werden

* Der Paragraph 174 verfolgt den sexuellen Mißbrauch von Schutzbefohlenen, also Kindern und Jugendlichen, die dem Täter zur Erziehung, Betreuung oder Ausbildung anvertraut waren. Er gilt bis zum 16. Lebensjahr. Nutzt der Täter ein solches Abhängigkeitsverhältnis aus – beispielsweise als Lehrer, Betreuer oder Verwandter, wird die Altersgrenze auf 18 Jahre angehoben. »Minderschwere Fälle« können mit einer Geldstrafe geahndet werden, die Höchststrafe beträgt 10 Jahre. Auch der Versuch, ein Kind sexuell zu mißbrauchen, ist strafbar.

* Der Paragraph 176 StGB erfaßt alle Sexualdelikte an Kindern bis zum 14. Lebensjahr.

  Bei Kindern über 14 bzw. 16 Jahren gelten diese Paragraphen nicht, hier werden die Täter nach anderen Paragraphen bestraft, beispielsweise wegen:
* Sexueller Nötigung (§ 178 StGB) oder
* Vergewaltigung (§ 177 StGB)

  Im Gegensatz zum sexuellen Mißbrauch ist der Versuch in diesen Fällen *nicht* strafbar.

  Die Anzahl der Paragraphen mag den Anschein erwekken, daß die Gesetze lückenlos seien. Frauengruppen weisen jedoch schon seit langem darauf hin, daß diese beiden letztgenannten Paragraphen den entscheidenden Nachteil haben, daß die Mädchen (und Frauen) nachweisen müssen, daß sie sich gegen die Gewaltanwendung gewehrt haben. Das heißt im Klartext: Ein 17jähriges Mädchen, daß sich gegen einen Vergewaltiger nicht zur Wehr setzt, warum auch immer, wird, wenn sie nicht in einem Abhängigkeitsverhältnis zu dem Täter steht, rechtlich nicht geschützt. Bei einer Anzeige hätte sie keine oder nur geringe Aussicht auf Bestrafung des Täters.
* Der »Inzest«-Paragraph 173 StGB – »Beischlaf zwischen Verwandten« – wird dem Abschnitt »Straftaten gegen den Personenstand, die Ehe und die Familie« zugeordnet. Dieser Paragraph wird jedoch hinsichtlich sexuellen Mißbrauchs von Kindern durch Verwandte selten angewandt. Auch hier ist der Versuch nicht strafbar.

Sag »NEIN«

Prävention bedeutet, daß Kinder lernen, »nein« zu sagen. Das allein reicht aber nicht aus. Nicht selten erzwingen die Täter auch mit physischer Gewalt die Gefügigkeit des

Kindes. Um so wichtiger ist also, daß das Kind keine Scheu hat, über Sexuelles zu reden, sich einem Erwachsenen anzuvertrauen. Kinder müssen in ihrem Selbstvertrauen unterstützt werden, damit sie zwischen »guten« und »schlechten Geheimnissen« zu unterscheiden lernen. Dann kann das Kind sich Hilfe holen, wenn es sie braucht. Auf keinen Fall aber darf den Mädchen und Jungen angst gemacht werden. Es nutzt nichts, Kinder vor dem »bösen Fremden« zu warnen. Nur von den Kindern mehr Stärke zu fordern hieße, ihnen wieder die Verantwortung aufzuladen. Gerade die Erwachsenen müssen im Umgang mit Kindern sensibler zu werden. Sensibler für die Signale, die mißbrauchte Kinder aussenden.

Indexzeichen bei sexuellem Mißbrauch[30]
Körperliche Beschwerden: Krankheitsgefühl, Mattigkeit, allgemeine Verlangsamung, Schlafstörungen, Tagträume, Übelkeit, Brechreiz, Herzschmerzen, Angstgefühle, Panik, Alpträume, Kopfschmerzen, Fremdkörpergefühl im Hals, Schluckbeschwerden, Kribbeln, Taubheitsgefühle (Hände, Körper, Bauch, Becken).

Körperliche Symptome: Räuspern, Hüsteln, Asthma bronchiale, Angioneurosen (Hals, Gesicht), übermäßiges Schwitzen, Schreiphasen, Ohnmachtsanfälle (besonders auf dem Schulhof), Eßstörungen, Gewichtszunahme oder -abnahme, Erbrechen, Durchfall, Einkoten, Schmieren, Einnässen, Sprachstörungen, Schlucktick, sprachliche Regressionen.

Soziale Auffälligkeiten: Weglaufen, regressives Verhalten, Schulschwänzen, -versagen, sozialer Rückzug, aggressives Verhalten, sexuell auffällig, exhibitionistische Sprache, Verführen, keine sexuelle Abwehr.

Artikel 26
Die Vertragsstaaten erkennen das Recht jedes Kindes auf Leistungen der sozialen Sicherheit einschließlich der Sozialversicherung an.

Kohle und Klamotten

Die Ergebnisse des Armutsberichts zur Lage der Kinder in den Vereinigten Staaten machten im Juli 1990 Schlagzeilen: Von den insgesamt 63 Millionen minderjährigen US-Söhnen und -Töchtern lebten 12 Millionen – ein rundes Fünftel – in Armut. Vor allem die Kinder aus den schwarzen, hispanischen Slums wurden unzureichend ernährt, waren in schlechtem gesundheitlichem Zustand, sie mußten sich in tristen Wohnverhältnissen und ohne Berufsausbildung zurechtfinden. Unter den alleinerziehenden Müttern lag die Armutsquote, egal ob mit weißer, schwarzer oder brauner Hautfarbe, jeweils fünfmal so hoch wie unter Familien mit beiden Eltern. Knapp 50 Prozent der alleinstehenden Mütter waren im aussichtslosen Wettlauf gegen Reagans Sozialpolitik – zusammen mit ihren Kindern - unter die offizielle Armutsgrenze gerutscht.[1]
Hierzulande hat man sich inzwischen an die Armutsmeldungen aus den USA ebenso gewöhnt wie an die Reichen à la *Dynasty* oder *Dallas*. Dabei gibt es wenig Anlaß zur Selbstzufriedenheit. Armut ist in der Bundesrepublik ein ebenso tabuisiertes Thema wie in allen anderen hochindustrialisierten Ländern. Die Schwächsten im eigenen Land geraten schnell aus dem öffentlichen Blickfeld.

Leben am Rande des Wohlstands

Noch nie wurden Reichtum, Luxus und ausgefallene Konsumwünsche so offensichtlich – von allen Altersgruppen und vor den Augen aller – zur Schau getragen. Mit teuren Markenartikeln fällt es der dünnen Schicht betuchter Erwachsener und Kinder leicht, sich von der Masse der Käufer in Warenhäusern abzugrenzen. Der Name des Herstellers verrät dabei oft mehr über das Portemonnaie der jeweiligen Käufer als über die Qualität der Ware. Während die Kinder in Jeans und Jackets von Diesel, Oilily oder Naf-Naf gekleidet werden und Sportschuhe von Reebok oder L.A.-Gear (Stückpreise jeweils zwischen 150 und 250 DM) an den Füßen tragen, glänzen die Eltern mit einem Kaschmirmantel für 5.000 Mark.
Dabei wird der Abstand zwischen jenen, die sich solchen Luxus leisten können, und jenen, die ihre Kleidung ausschließlich aus den Schlußverkäufen der großen Handelsketten beziehen müssen, immer größer. Mitte der siebziger Jahre flossen 70,8 Prozent des Volkseinkommens auf die Konten der ArbeitnehmerInnen. Im letzten Jahr sank diese Lohnquote auf 62,7 Prozent. Sie erreichte damit den tiefsten Stand, der je in der Bundesrepublik ermittelt wurde.
Diese gewaltige Umverteilung, hin zu Unternehmern und Freiberuflern, begann in der zweiten Hälfte der achtziger Jahre. Am kräftig steigenden Volkseinkommen der immer reicher werdenden Bundesrepublik naschten vor allem die Familien der Selbständigen und Akademiker, während die unteren Einkommensgruppen daran kaum beteiligt wurden. Daß es den oberen zwei Dritteln immer besser, dem unteren Drittel aber schlechter geht, zeigt die Verteilung des angesparten Geldes. 13,4 Prozent des gesamten Geldvermögens konzentrierten sich 1989 auf etwa ein Prozent der Haushalte. Diese kleine Gruppe konnte jeweils 200.000 und mehr

Mark ansparen. Ihnen gegenüber standen 15 Prozent der Haushalte, die nicht einmal 2.500 Mark auf die Seite legen konnten.[2]
Für die Kinder aus der großen Gruppe der »ärmeren« Familien wirkt sich die steuerpolitische Umverteilung der Bundesregierung vor allem in den Chancen aus, Bildungs-, Spiel-, Freizeit-, Sport- und Kulturangebote wahrzunehmen.

Das Recht auf Sozialleistungen
In der bundesdeutschen Sozialhilfe bekommt ein Erwachsener – von Land zu Land unterschiedlich – nach Abzug der Miete rund 450 Mark. Für ein Kind werden bis zum siebenten Lebensjahr zwischen 230 und 250 Mark, ab dem 8. Lebensjahr zwischen 280 und 290 Mark gezahlt. Die üblichen 50 DM Kindergeld werden von diesem Betrag allerdings meist abgezogen. Denn, so heißt es in den Broschüren des zuständigen Bundesministers, wenn der Abzug des Kindergeldes nicht wäre, könne man schließlich »zweimal vom Staat kassieren«.[3]
In den vergangenen Jahren gab es zahlreiche Proteste gegen diese Praxis vieler Sozialämter – vor allem in Bayern, Kindergeld und Kindergeldzuschläge einzubehalten. Man spare mit geringen Beträgen dort, wo das Geld am dringensten gebraucht würde, meinten die KritikerInnen. Allerdings ohne Erfolg. Der Sozialpädagoge Uwe Jentzsch analysierte die Situation, wie sie sich für die Betroffenen darstellt: »SozialhilfeempfängerInnen sind faktisch die einzige Bevölkerungsgruppe, die unterm Strich kein Kindergeld bekommt.«[4] So müssen die Kinder, aus der Sicht deutscher Gesetzgeber, eben mit rund sieben Mark pro Tag auskommen. Davon sollen die Eltern das tägliche Frühstück, Mittag- und Abendessen der Kleinen, Obst und Gemüse, Windeln, Seife und Zahnpaste, Wäsche und Reinigung, die Fahrt zum Sportplatz oder ins Kindertheater, Malfarben oder Bücher bezahlen. Ein finan-

zielles Kunststück, das die Eltern von vornherein zum Scheitern verurteilt. Ein Bogen Buntpapier, ein Kaugummi, ein Stück Schokolade oder ein frisches Stück Kuchen werden zu Großanschaffungen. Vom Recht auf den angemessenen Lebensstandard kann keine Rede sein.

Auf dem Gebiet der alten Bundesrepublik leben etwa vier Millionen Menschen ganz oder teilweise von der Sozialhilfe.[5] Wie viele Kinder davon mitbetroffen sind, zeigen regionale Erhebungen. So weist beispielsweise eine 1990 durchgeführte Studie der Grünen in Nordrhein-Westfalen darauf hin, daß jedes 10. nordrhein-westfälische Kind in einer Familie lebt, die Sozialhilfe bekommt.[6]

Deutlich zeigte auch eine Kölner Untersuchung, wie weit Kinder von zunehmenden Verarmungstendenzen betroffen sind.[7] Von den Null- bis 14jährigen Kölner Kindern lebten 1989 zirka zehn Prozent von Sozialhilfe. Die Dunkelziffer sollte zu diesen Zahlen allerdings hinzugerechnet werden, meinen die AutorInnen der Studie: Berücksichtigt man nun jene Familien, die sich aus Scham und aufgrund mangelnder Aufklärung nicht an die entsprechenden Ämter wenden, dann muß in Köln jedes fünfte Kind bis 14 Jahren zu den Armen der Stadt gerechnet werden.[8] Daß diese Zahl nicht zu hoch gegriffen ist, zeigt der sogenannte »Köln-Paß«. Er ermöglicht SozialhilfeempfängerInnen und BewohnerInnen mit extrem niedrigem Einkommen städtische Einrichtungen, wie Bibliotheken oder Schwimmbäder, billiger oder auch kostenfrei zu nutzen. Der Studie zufolge verfügten im Jahre 1990 rund 42.200 Kinder bis zum zwölften Lebensjahr, also über 40 Prozent ihres Jahrganges, über diesen Paß. Beide Datensammlungen, die Statistiken der Sozialämter und die zahlreichen Kinder, die den Köln-Paß in Anspruch nahmen, veranlaßten die AutorInnen der Untersuchung darauf hinzuweisen, »daß es berechtigt scheint, von einer Tendenz zur Kinderarmut zu sprechen«.[9]

Zehn Pfennig da, zwanzig Pfennig dort

Immer wieder wird – nicht ohne Zynismus – darauf hingewiesen, daß es ein Kind, das in Deutschland auf Sozialhilfe angewiesen ist, noch allemal besser hat, als ein Kind, das zu den 40.000 zählt, die täglich auf dieser Erde verhungern. Doch Armsein bedeutet nicht nur materielle Unterversorgung. Armut ist Ausdruck sozialer Ungleichheit, vor allem aber ein Stück sozialer Ausschluß.

Wenn es einem Kind nicht mehr möglich ist, Freunde und Freundinnen zum Geburtstag einzuladen, mit dem Fahrrad auf gemeinsame Touren zu gehen oder mit einem Fußball zu spielen, dann werden die individuellen und sozialen Entwicklungsmöglichkeiten eingeschränkt. Die betroffenen Eltern leiden mit, wie beispielsweise eine Mutter aus Köln: »Alles wird zum Problem, wenn du kein Geld hast. Nachtisch? Ist nicht drin. Kino? Geht nicht. Alle Jungs haben ein Mountain-Bike oder ein Skateboard, nur meiner läuft immer hinterher. Da könnte ich manchmal richtig heulen. Seit Jahren wünscht sich der Große ein Fahrrad. Und immer mußt du ihm erklären, daß dafür das Geld nicht reicht.«[10]

In den Familien, die von Sozialhilfe leben, wird mit Groschenbeträgen jongliert, um mit den Nahrungsmitteln durchzukommen. Konsumwünsche müssen zurückgestellt werden. Auch die Sommersehnsüchte der Kinder: »Das fängt doch schon beim täglichen Eis für den Kleinen an, und sei es nur ein Wassereis für 50 Pfennig. Das sind im Monat 15 Mark. Es ist lächerlich, aber das ist zuviel«, meint eine Mutter aus der erwähnten Kölner Untersuchung.[11] Der finanzielle Rahmen ist immer so eng gespannt, daß sich durchgelaufene Schuhe, durchgewetzte Hosen oder ein verlorenes Spielzeug zu familiären Tragödien ausweiten können.

Tatsächlich kostete ein Kind nach Berechnungen des Deutschen Familienverbands bereits 1989 mindestens 18 Mark pro Tag und nicht, wie in der Sozialhilfe vorgesehen, 7 Mark täglich.[12] Auch wenn die Sozialämter größere Anschaffungen wie Kleidung oder Schuhe meist in Form einmaliger Beihilfen finanzieren, bleibt ein – sich von Monat zu Monat vergrößerndes – Finanzierungsloch für die betroffenen Kinder (und ihre Eltern). Beispielsweise haben die vorgesehenen »Kleidungs-Tragezeiten«, die von vielen Sozialämtern in Form von Listen ausgelegt werden, kaum etwas mit der Wirklichkeit kindlicher Entwicklung zu tun. Eine Sozialhilfeempfängerin, die nach dem Kleidergeld für ihren zweijährigen Sohn befragt wurde, meinte dazu nur knapp: »Wenn ich das schon höre, eine Hose soll zwei Jahre halten, daß ich nicht lache. Wenn ich Glück habe, paßt sie ihm ein halbes Jahr.«[13] Die Bundesregierung geht davon aus, »daß mit den Leistungen der Sozialhilfe der sozio-kulturelle Mindestbedarf, auch für Kinder, sichergestellt« wird.[14] Dabei gibt es jedoch, von Kommune zu Kommune, von Land zu Land, unterschiedliche Auslegungen, was unter dem sozio-kulturellen Mindestbedarf eines Kindes zu verstehen ist. Besonders deutlich zeigt sich das bei den »Beihilfen für besondere Anlässe«. So hat man beispielsweise in Saarbrücken ausgetüftelt, daß Jungen zur Konfirmation 355 Mark für Bekleidung zustehen, Mädchen nur 315 Mark. In Kiel gibt es für beide Anlässe eine Pauschale von je 200 Mark. Spielzeug wird im Einzelfall bewilligt, in Saarbrücken jedoch abgelehnt, obwohl Spielsachen nach der ständigen Rechtsprechung in Hannover und Lüneburg zum »notwendigen Lebensunterhalt« eines Kindes gehören. Ebenso die Frage der Beihilfe zu Kindergeburtstagen. Sie wurde in Berlin gerichtlich erstritten, wird aber nach wie vor in Lüneburg und im Saarland nicht finanziert.[15] Die Liste der unterschiedlichen Regelungen könnte endlos fortgesetzt werden. Entscheidend ist, daß sich die Betroffenen im Dickicht der gesetzlichen Auslegungen und Launen der SachbearbeiterInnen verlieren und die Kommunen damit Geld sparen – zum Schaden der Kinder. Dabei ist es nicht die materielle Notlage allein, die Sozialhilfefamilien belastet. Im Vordergrund steht die gesellschaftliche Isolation, die Kinder wie auch Eltern zu spüren bekommen.

Der Rückzug aus dem üblichen geselligen Leben zählt zu den auffälligsten psychosozialen Folgen der Armut. Einladungen von befreundeten Familien, zu Festen, Ausflügen oder Feiern werden nicht mehr angenommen, weil sie mit Kosten verbunden sind. Denn den Familien ist es kaum möglich, gleichwertige Gegeneinladungen zu finanzieren. Diese Tendenz zur Selbstisolierung läßt sich bei fast allen Sozialhilfefamilien feststellen. Das Selbstwertgefühl und Selbstbewußtsein der Kinder leiden entsprechend. So zeigte der Psychologe Thomas Kieselbach von der Universität Bremen in einer eigenen Untersuchung, daß Kinder aus Familien, die starke ökonomische Einbußen hinnehmen mußten, in ihrer seelischen Entwicklung beeinträchtigt werden können: »Ärmere« Kinder sind häufig depressiver, einsamer, empfindlicher, weniger gesellig, mißtrauischer und weniger in der Lage, Streß zu bewältigen, als Kinder aus gesicherten materiellen Verhältnissen.[16]

»Manchmal bringe ich der Mama eine Rose«

Melanie (13) lebt mit ihrer Schwester Jessica (9) und ihrer Mutter in einer dunklen Drei-Zimmer-Wohnung. Doppelte Gardinen nehmen das Tageslicht. Die Wohnung liegt in einer nur wenig renovierten Siedlung aus den fünfziger Jahren. Viele Familien leben hier von der Sozialhilfe, auch Melanies Familie. Sie kommen mit 1200 Mark über die Runden. Eine Summe, die vor allem durch das Pflegegeld für die an Epilepsie leidende Jessica gerade den Grundbedarf

deckt. Melanies Mutter kann nicht mehr arbeiten. Sie war Dialysepatientin. Seit zwei Jahren lebt sie mit einer neuen Niere. Vor sieben Jahren ließen sich Melanies Eltern scheiden. Die Gewaltausbrüche des Vaters unter Alkoholeinfluß hatten die gesamte Familie in Angst und Schrecken versetzt.
Melanie ist kräftig und robust, mit langen dunklen Haaren. Darauf ist sie stolz. Vor fünf Jahren wuchs nichts auf ihrem Kopf. Wochen- und monatelang durchlitt sie alle Qualen einer Chemotherapie. Jetzt fühlt sie sich wieder gesund. Ihre Krankheit erwähnt sie kaum während des Gesprächs. Als sie sechs Jahre alt war, erfuhr Melanie, daß sie nicht das leibliche Kind ihres Vaters ist.

»Als mein Vater ging, hat ihn die Polizei in der Unterhose rausgeholt. Die Wohnung war ein Schlachtfeld, und er kam uns mit dem Messer hinterher. Die Jessica war damals gerade eineinhalb Jahre. Meiner Mutter hat er fast die Knochen und die Finger gebrochen. Irgendwann habe ich meine Mutter gefragt, ob er mein Vater ist. Und da hat sie dann gesagt, nein, er ist nicht dein Vater.
Als sie das sagte, habe ich auch eingesehen, warum der mich immer so anders behandelt hat. Eigentlich bin ich ja irgendwie selbst drauf gekommen. Ich war oft traurig, weil er zu Jessica immer so lieb war. Und mich hat er immer so geärgert, geschlagen, und weh getan hat er mir. Da hab' ich mir gedacht, der ist ja gar nicht mein Vater. Er hat mir die Flasche von Jessica hinterhergeschmissen und die Pantoffel. Und dann sollte ich ihm immer Bier holen. Meine Mutter hat ›nein‹ dazu gesagt, und dann haben sie auch noch wegen mir Ärger gekriegt. Als Jessica älter wurde, war er noch lieber zu ihr, aber ich sollte ihm immer alles holen. Er hat mich dann manchmal geschlagen.
Er wollte im letzten Jahr wieder Kontakt zu uns bekommen. Da haben wir ihn wieder einmal besucht. Er lebt jetzt mit

einer neuen Freundin, die hat selbst vier Kinder. Aber ich gehe nicht gerne hin. Dort ist es ganz chaotisch. Die haben zwei riesige Vogelkäfige und Jungtiere und Katzen. Die Duschen sind draußen, und die waschen sich nie. Wir mußten einmal in einem Bett schlafen, in dem es stank, nach Pipi, weil die kleine Tochter in der Nacht noch in die Hose macht. Ich bin dann von dem Bett runtergegangen und hab' am Boden geschlafen. Das Klo sollt' ich dort auch putzen.
Ich hasse den Vater, pfui Teufel. Er kam auch noch vor ein paar Wochen vorbei und brach dann hier bei uns durch die Tür. Und ich muß mich mit ihm immer so blamieren, wenn der mit uns in der Straßenbahn nach Hause fährt. Dann hat der immer Bier und Korn bei sich gehabt. Ich habe mich mit der Jessica immer weit von ihm weggesetzt. Und ich hab' mich immer so geschämt, wenn dann andere aus meiner Klasse kamen und mich gefragt haben, ob das mein Vater ist. Oje, ihr Ärmsten, haben sie zu uns gesagt, wenn sie ihn gesehen haben. Einen richtigen Schreck haben die gekriegt.
Er macht uns auch immer so Versprechungen. So zu Weihnachten, daß wir schöne Geschenke kriegen. Und dann kommt gar nichts, nicht mal eine Karte dieses Jahr. Meinen anderen, den richtigen Vater, kenne ich nicht, den habe ich noch nie in meinem Leben gesehen.«

Chips und Computer

»Manchmal sage ich zur Mama, kannst du mir was leihen? Dann gibt sie mir zehn Mark, damit kann ich mir Sachen holen. Meistens kaufe ich mir Chips und bringe der Jessica nach der Schule Schokolade mit. Oder ich kaufe Kaugummis oder auch Brötchen. Und wenn dann noch was übrigbleibt, dann gehe ich auch manchmal der Mama eine Rose holen.
Die anderen Kinder in der Schule, die sagen, sie gehen jeden Tag in die Stadt und kaufen sich was. Die kriegen alles, was sie brauchen, auch Marken. So American-Jacken, die heißen

High-School-Jacken, für zweihundert und dreihundert Mark. Von Boss oder so. Oder die Sachen, die Michael Jackson anhat. Oder auch Marken-Hosen. Das ist alles sehr fein. Sie tragen auch die ganz neuen Schuhe von Adidas, so für hundertneunundneunzig Mark. Irgendwie gehen diese Sachen aber auch in drei Monaten kaputt. Dann könnten sie sich eigentlich auch was Billigeres kaufen.
Früher mußte Jessica meine Sachen anziehen, jetzt aber ist sie so dünn geworden. Das geht nicht mehr. Wir gehen jetzt eher auf dem Markt einkaufen. Da muß man halt gucken. Da bekommen wir auch Markenartikel, Adidas. Auch für dreißig Mark, wo sie anderswo achtzig Mark für zahlen. Im Moment ziehe ich die Sachen meiner Mutter an, als die noch dünn war. Aber ihre Sachen sind mir schon fast zu eng.
In der Klasse ist es so, daß sich jeder hinstellt und sagt, was er hat. Aber ich habe auch einen Computer, einen Commodore 64er. Den habe ich von Mama zu Weihnachten gekriegt, für Spiele und auch Programme. Manchmal wünsche ich mir schon so eine ganze Ausrüstung. So einen Amiga, mit großem Bildschirm und Drucker und alles. Das habe ich nicht, aber ich habe ein eigenes Zimmer. Mama schläft auf der Couch im Wohnzimmer. Jessica und ich haben ein eigenes Zimmer.«

Die Angst vor dem Sommer

»Am Nachmittag kommen die anderen aus der Klasse hierhin, alles Jungen. Auch zum Computerspielen. Der Peter, der Stefan und der Robert. Die kommen mich abholen, oder ich geh' zu denen. Oft machen wir auch Blödsinn. Scheiben einwerfen. Es gibt eine Tankstelle in der Nähe, die ist verlassen, und da gibt es alte Garagen. Da gehen wir gerne hin und spielen. Oft spielen wir, was wir werden wollen.
Der Peter, mein Freund, der wollte anfangs gar nicht sagen, was er werden will. Er hat gesagt, daß er sich schämt, weil

das ganz versaut ist. Er hat's dann trotzdem gesagt: ›Ich will Puffbesitzer werden, weil da verdient man ganz viel Geld.‹ Das hat der gesagt. So ist der, und so sieht der auch aus. Wenn die Jungen sagen, Melanie, mein Liebchen, wann treffen wir uns, dann schlage ich mich mit denen auch.
Trotzdem bin ich lieber mit den Jungen zusammen, weil die Mädchen sind eingebildet. Mit den Jungen ist es besser. Die Mädchen machen immer so auf Paare, und irgendwann ist man Außenseiter. Das lasse ich lieber, da spiele ich lieber mit den Jungen, auch Fußball. Im Sommer gehe ich mit denen auch immer schwimmen. Deswegen mag ich gar nicht so gerne wegfahren, mit der AWO[17] nach Norderney. Nur fremde Kinder, und ich kenne niemanden. Ich stelle mir vor, ich würde die Kinder anreden. Und dann schäme ich mich immer, weil ich ja nicht weiß, was die von mir denken. Vielleicht kennen sich die anderen Kinder, dann bin ich Außenseiter. Die Mama sagt immer zu mir, daß ich doch nicht auf den Mund gefallen bin und die anderen anquatschen soll.
Da muß ich mir dann drei Freundinnen aussuchen, mit denen ich in ein Zimmer gehe. Aber ich kenne ja keine. Und wenn ich mich fürchte, so wie jetzt? Ich habe vor zwei Tagen einen Gruselfilm gesehen. Da war ein Junge, der hat als Zombie anderen Leuten immer den Fuß abgeschnitten. Und jetzt, wenn ich ins Bett gehe, da hüpfe ich immer rein, weil ich so Angst habe, daß der unter meinem Bett liegt. Was mach' ich da in Norderney?«

Die kleine Schwester und der Haushalt

»Oft nehme ich Jessica auch mit zum Spielen. Ich hab' sie die ersten Jahre großgezogen und ihr immer die Flasche gemacht. Die Mama lag oft auf der Couch. Die hatte ja die Dialyse, war viel krank. Und der Papa, der konnte keine Babyflaschen machen. Ich war damals fünf, sechs Jahre alt. Anfangs habe ich der Mama immer genau zugeguckt, so

über den Herd. Und dann habe ich die Flasche selbst gemacht, nur zuviel Zucker hab' ich reingetan. Der Jessica hat es geschmeckt, die hat gleich zwei davon getrunken.
Ich hab' auch für uns gekocht, Püree gemacht und Soßen dazu. Mama hat von der Couch aus gesagt, was ich verbessern soll. Auch beim Salat. Sie lag auf der Couch und sagte: ›Jetzt Sahne und Essig und Öl.‹ So hab' ich kochen gelernt. Jetzt kann ich Suppen und Gulasch, nur Rouladen noch nicht. Da weiß ich nicht, wie man sie anbratet. Und die Kartoffeln, die schäle ich zu dick. Eigentlich hab' ich den Haushalt die ganze Zeit gemacht. Bis ich selbst ins Krankenhaus mußte. Und später auch noch, weil die Mama oft liegen mußte, so wie ich sechs und zehn Jahre alt war. Auch den ganzen Wochenendeinkauf. Lesen konnte ich mit sechs Jahren nicht wirklich, aber die Zahlen, die kannte ich. Ich habe mir einfach zu Hause alles angeguckt, wie die Sachen aussehen. Und dann bin ich im Interspar herumgelaufen und hab' gesucht. Wenn die Sachen dort so ausgesehen haben wie zu Hause, dann habe ich sie gekauft.
Vorher hat mir die Mama immer gesagt, was die Sachen kosten. Rechnen konnte ich ja. Und wenn ich meinte, daß ich beim Rausgeben betrogen wurde, dann stand ich da und sagte ganz laut: Da fehlt ein Pfennig. Allen war es unangenehm. Ich wußte nicht, was ein Pfennig wert war. Manchmal, wenn ich mit dem Geld beim Einkaufen nicht auskam, sind fremde Leute zur Kasse hingegangen und haben mir das Geld gegeben. Die sagten dann: ›Ach, das arme Kind!‹
Im Haushalt konnte ich nur die Vorhänge nicht abnehmen. Aber ich hab' halt geputzt. Und alles gespült. Nur die Gabeln konnte ich nicht richtig spülen, das war zu schwierig, das Essen dazwischen wegzukriegen. Und abends hab' ich Jessica ins Bett gebracht. Mama hat mir erklärt, kleine Kinder müssen immer am Bauch schlafen. Ich habe sie also in den Schlafsack getan, richtig rumgedreht und ihr den

Nuckel in den Mund gesteckt. Den hat sie aber meistens ausgespuckt. Dann habe ich noch die Mama ins Bett gebracht, wo sie krank war. Ich hab' sie zugedeckt und gefragt: Willst du noch was? Manchmal hat sie gesagt: Ein Butterbrot. Das hab' ich ihr noch gebracht und bin dann als letzte ins Bett gegangen.
Vielleicht möchte ich deswegen später mit kleinen Kindern zu tun haben. In der Hauptschule bin ich gut. Ich bin in der sechsten. Mit dem Krankenhaus und der Krankheit habe ich ein Schuljahr versäumt. In der fünften, da war ich die Beste, da hatte ich fast nur Einsen und Zweien. Jetzt in der sechsten bin ich nicht mehr ganz so gut. Kunst und Mathe sind am besten. Anfangs wollte ich gerne Friseuse werden, aber das kann ich nicht, weil es dabei zu viele Chemikalien gibt. Aber so richtig, mit ganz kleinen Kindern etwas machen, das finde ich schön. Eine Krabbelstube. Vielleicht mache ich das, wenn ich groß bin, zusammen mit einer Freundin.
Auch als ich im Krankenhaus lag, hab' ich mich um die kleinen Kinder gekümmert. Da war ein kleines Negerbaby. Das ist nie eingeschlafen und hat immer geschrien wegen der Chemotherapie. Da hab' ich ihm vorgelesen, und nachher ist es bei mir eingeschlafen.«

Artikel 27
Die Vertragsstaaten erkennen das Recht jedes Kindes auf einen seiner körperlichen, geistigen, seelischen und sozialen Entwicklung angemessenen Lebensstandard an.

Die soziale Abseitsfalle

Seit zehn Jahren bewegen sich die Erwerbslosenzahlen im »alten« Bundesgebiet an der Zwei-Millionen-Grenze, manchmal darüber, phasenweise darunter, je nach Jahreszeit und Auftragslage. Im Mai 1991 lag die Quote bei 5,4 Prozent, während sie in den fünf neuen Ländern auf 9,5 Prozent hochgeschnellt war.[1] Im östlichen Deutschland zählte man Mitte 1991 über 840.000 Erwerbslose und weit über doppelt so viele KurzarbeiterInnen. Dabei könne man, so der Gesamtmetall-Präsident Stumpfe, davon ausgehen, daß in den kommenden zwei Jahren im östlichen Teil des Bundesgebiets bis zu drei Millionen Menschen ihren Arbeitsplatz verlieren werden.[2]

Wie viele Kinder, Jugendliche (Ehe-) PartnerInnen und andere Angehörige in diese Talfahrt mit hineingerissen werden, weiß noch niemand. In den Datenblättern der Arbeitsämter werden die familiären Zusammenhänge der Arbeitssuchenden nur unvollständig erfaßt. Die letzte Analyse der Bundesanstalt für Arbeit stammt aus dem Jahre 1988. Sie schildert ausschließlich die Situation der Kinder im alten Bundesgebiet und bezieht sich nur auf den Monat April.[3]

Damals lebten über 810.000 Kinder mit einem arbeitslos gemeldeten Vater und/oder einer arbeitslosen Mutter zusammen. Über 690.000 dieser Kinder waren jünger als fünfzehn Jahre. Karen Schober vom Institut für Arbeitsmarkt- und Berufsforschung sieht allerdings die Zahl derer, die unter einem Stück »gestohlener Kindheit«[4] zu leiden haben, weitaus höher. Betrachtet man nämlich nicht nur einen Stichtag, sondern alle 3,6 Millionen Personen, die sich im Laufe eines Jahres arbeitslos melden, so liegt die Zahl der mitbetroffenen Kinder unter 18 Jahren bei rund 1,3 Millionen. Sie sind eine vergessene Gruppe der Arbeitsmarktkrise und gehören zu den Opfern mangelnder Arbeitsmarktpolitik.

Opfer durch Nähe

Kinder ertragen vor allem die Langzeitarbeitslosigkeit ihrer Eltern eher schlecht. Sie werden, wie der Bremer Wissenschaftler Thomas Kieselbach feststellt, häufig »Opfer durch Nähe«.[5] Obwohl die meisten Eltern sehr lange versuchen, die Folgen der Arbeitslosigkeit von ihren Kindern fernzuhalten, werden sie in das familiäre Spannungsfeld hineingezogen. Sie reagieren sensibel auf das verringerte Sozialprestige der Familie, auf den veränderten Alltag, wenn beispielsweise der »Hauptemährer« nur noch vor dem Fernseher sitzt, und sie leiden unter der Zunahme von Streit, Gewalt und Konflikten in der Familie.

Bei langandauernder Arbeitslosigkeit verlieren auch die Kinder – ähnlich wie die Eltern – Zukunftspläne und -wünsche. Schule und Ausbildung werden für die Mit-Betroffenen zunehmend unwichtig, die Leistungen sacken ab, und eigene berufliche Vorstellungen werden kaum entwickelt. Damit reduzieren sich aber auch die zukünftigen Chancen der Kinder und Jugendlichen auf dem Arbeitsmarkt. Thomas Kieselbach spricht in diesem Zusammenhang von der Möglichkeit, Arbeitslosigkeit innerhalb einer Familie »sozial zu vererben«. Die Kinder von Arbeitslosen tragen ein erhöhtes Risiko, in ihrem späteren Leben selbst arbeitslos zu werden.

Kinder reagieren auf die Arbeitslosigkeit der Eltern in ganz ähnlicher Weise wie Erwachsene. So wiesen beispielsweise die Pädagogen Karl Zenke und Günther Ludwig von der Pädagogischen Hochschule Reutlingen in einer Studie unter 4.000 Kindern nach, daß sich bei den Neun- bis Fünfzehnjährigen Symptome der Entmutigung und Resignation einstellen. Je länger die Arbeitslosigkeit der Eltern dauert, um so häufiger ist dies der Fall. Die Kinder beginnen zu gammeln und werden blaß, mut- und antriebslos. Sie versuchen der Familiensituation zu entfliehen und fühlen sich gleichzeitig sozial isoliert. Viele empfinden sich selbst als nicht mehr dazugehörig, »irgendwie anormal«.[6] Gleichzeitig vermehren sich bei diesen Kindern die psychosomatischen Beschwerden. Kleinere Kinder beginnen mit Bettnässen und leiden unter Schlafstörungen. Insgesamt werden die Kinder nervöser und klagen über Konzentrationsmängel. Sprachstörungen, Stottern und aggressives Verhalten – gegen sich selbst und andere – steigen an. Tendenzen zu »schwierigem« Verhalten zeigen sich in kleineren Diebstählen, im häufigen Schuldenmachen bei MitschülerInnen und im häufigen Schuleschwänzen.

Vater: arbeitslos

Besondere Schwierigkeiten haben die Kinder mit der (Langzeit-)Arbeitslosigkeit des Vaters. Er verliert mit dem Arbeitsplatz nicht nur seine Position als Haupternährer der Familie, sondern auch Autorität. Nur wenige Väter kommen mit dieser Veränderung zurecht. Die Idee, »endlich mehr Zeit für die Familie zu haben«, wird für die meisten zur leeren Floskel. Manche arbeitslose Väter empfinden es als entlastend, sich mit den Kindern zu beschäftigen, um damit den endlosen Tag zu strukturieren.[7] Doch die wenigsten

arbeiten tatsächlich im Haushalt oder in der Küche. Im Gegenteil, das traditionelle Mann-Frau-Verhältnis wird durch die väterliche Arbeitslosigkeit meist noch verfestigt. Die Mütter müssen häufig – egal ob sie berufstätig sind oder nicht – neben der Arbeit im Haushalt zusätzliche »Pufferfunktionen« übernehmen, weil die gesamte Familie unter psychischem Dauer-Hochdruck steht. Oft nimmt auch die Aggressivität des Vaters gegenüber der Frau und den Kindern zu. Die latent vorhandene Gewaltbereitschaft, bei geringfügigen Anlässen aus der Fassung zu geraten, zu brüllen, loszuschlagen und zu prügeln, wird für viele Kinder in arbeitslosen Familien zur alltäglichen Erfahrung.[8]
Davon sind auch die Kinder in den fünf neuen Bundesländern immer häufiger betroffen, meint der Kinderbeauftragte im Bundestag, Wilhelm Schmidt. Die triste wirtschaftliche Lage und die steigende Arbeitslosigkeit führen gleichzeitig zu einem Ansteigen der Gewalt gegen Kinder. Die Zahl der Gewaltakte gegen Kinder lag bereits zum Jahreswechsel 1990/91 um ein Drittel höher als im alten Bundesgebiet. Zu befürchten sei, daß Kinder »die großen Verlierer der deutschen Einheit werden«, stellt der Abgeordnete fest.[9]

Das Kind lebt nicht vom Brot allein

Die Arbeitslosigkeit des Vaters kann sich nicht nur in Gewalt, sondern auch in den mangelnden Rückzugsmöglichkeiten zum Nachteil der Kinder auswirken. Es entsteht mehr Streß, wenn plötzlich beide Eltern die Ordnung der Spielsachen, das Kinderzimmer, die Freunde und Freundinnen, die Hausaufgaben und schulischen Leistungen überwachen. Die Kontrolle über die Kinder nimmt mit der Dauer-Anwesenheit der Eltern zu, wogegen sich die Kinder kaum wehren können. Eine befragte Hauptschülerin aus der Untersuchung von Karl Zenke und Günter Ludwig meinte zu ihrer Situation: »Blöd ist das einfach! Die sitzen den ganzen Tag zu Hause, streiten sich oft, wissen nicht, was sie machen sollen. Und wenn sie sich streiten, dann immer wegen dem Geld. Ich kann's zu Hause nicht aushalten, wenn die sich die ganze Zeit nur streiten. Was soll ich da machen? Ich kann mich nicht frei bewegen, die sind überall da. Ich bin fast nie zu Hause, jeden Tag gehe ich weg.«

Bei einer 1989 durchgeführten nordrhein-westfälischen Befragung von über 1.500 erwerbslosen Vätern, die mit Kindern unter 16 Jahren im Haushalt lebten, zeigte sich, daß das Haushaltsbudget bei den meisten empfindlich geschrumpft war. Die Mehrheit mußte von Arbeitslosen- und Sozialhilfe leben.[10] Dementsprechend wurde gespart, vor allem bei der Kleidung, bei den Lebensmitteln, Hobbys und beim Geld für Gäste. Urlaube fanden nicht mehr statt. In über zwanzig Prozent der Familien gab es für die Kinder kein Taschengeld mehr. Jeder fünfte Haushalt hatte kein Geld mehr für Bücher, in dreizehn Prozent der Fälle gab es kein Geld für Klassenfahrten, und vier Prozent hatten kein Geld mehr für den Kindergarten. Das soziale Leben hatte sich nicht nur für die Eltern, sondern auch für die Kinder eingeengt.

Bei den Kindern verstärken alle Tendenzen, die Erwerbslosigkeit der Eltern zu einem Einzelschicksal erklären zu wollen, die eigenen Gefühle der Wert- und Mutlosigkeit. Vor allem dann, wenn der Ruf laut wird, Arbeitslose seien an ihrem Schicksal selbst schuld, sie seien eben Versager. Wer sich mit besonderer Kinderfreundlichkeit brüstet und gleichzeitig mehrere Millionen Arbeitslose zum marktwirtschaftlichen Naturereignis erklärt, muß sich den Vorwurf der Doppelzüngigkeit gefallen lassen. Nur wenn es eine Grundsicherung und Arbeit für alle gibt, wird es gelingen, den Familien und ihren Kindern nicht nur das materielle, sondern vor allem das soziale Überleben zu sichern.

»Meine Mama find' ich gut«

Alexandra (11) und Simon (10) sind die ältesten von fünf Kindern. Es folgen Fabian (9), Iris (7) und Sabine (2). Schon vor Jahren, als die ersten Kinder kamen, begannen auch die Geldsorgen der Familie. Mit dem Verdienst des Vaters, 1.800 Mark netto, war es kaum möglich, schuldenfrei zu wirtschaften. Das Ehepaar begann Kredite aufzunehmen, doch die monatlichen Raten konnten nicht bezahlt werden. Schließlich blieben Rechnungen liegen, und die Miete wurde nicht mehr beglichen. Ganz langsam, über mehr als acht Jahre, häuften sich Schulden und Zinsen von über 25.000 Mark an. Eine Summe, die der Familie völlig über den Kopf gewachsen war. Hinzu kam, daß der Vater zwischenzeitlich immer wieder arbeitslos wurde.
Vier Kinder mußten bereits versorgt werden, als der Gerichtsvollzieher fast täglich vor der Türe stand. Doch es gab nichts mehr zu pfänden. Aus dieser Zeit, meint die Mutter, hätte vor allem Alexandra etwas mitbekommen. Daher komme wahrscheinlich das Bettnässen. Sogar die Erzieherinnen im Kindergarten meinten früher, daß sich Alexandra auffällig nervös verhielte. Inzwischen hat sich die Familie erholt. Nach einer Umschuldung fühlen sie sich wieder auf sicherem Boden. Der Vater hat einen neuen Arbeitsplatz mit 3.200 Mark netto monatlich gefunden. Fast die Hälfte der Schulden wurden der Familie von den unterschiedlichsten Gläubigern erlassen. Vier Jahre lang lernten sie, unterstützt von einer Familienhelferin, äußerst sparsam zu leben und die Außenstände zurückzuzahlen. Alexandra und Simon können sich daran nicht erinnern. Sparsamkeit ist ihr Alltag.

Alexandra
»An die Zeit mit den Schulden kann ich mich nicht erinnern. Aber ich wünsche mir einen Keller voller Geld. Das würde

ich meinen Eltern geben. Die können sich das ganze Geld nehmen, die können sich dann einen neuen Teppich fürs Wohnzimmer kaufen. Der ist schon so dreckig, den sollte man in die Reinigung bringen. Und mit dem Geld könnten wir auch eine neue Antenne fürs Fernsehen kaufen. Weil die ist kaputt, und ich kann nicht mehr RTL gucken. Meine Schwester braucht auch einen neuen Teppichboden. Und ich auch. Oder das ganze muß in die Reinigung. Und im Zimmer von meinen Brüdern, da soll ein neues Etagenbett hin. Für mich würde ich neue Klamotten kaufen. Ich hab' wenig Kleider und kurze Hosen für den Sommer.
Alle Häuser hier in der Umgebung, in der Siedlung müßten ganz weiß gemacht werden. Ganz weiß streichen. So weiß, wie unser Haus einmal war. Und vorne am Haus und hinten, wo unser Garten ist, da hätten wir alle schöne Blumen und ein Gartenhäuschen. Da drüben im Haus 18, da wohnen Ausländer. Die haben nur ganz kleine Zimmer und viele Kinder. Denen würde ich eine große Wohnung geben. In dem Haus sind zwei deutsche Familien und sonst nur Polen. Die Deutschen lassen ihre Kinder ganz selten raus. Das ist eine Familie mit neun Kindern. Die bleiben immer drinnen und bekommen viel Haue.
Manchmal spiele ich mit den Kindern von den Polen. Aber nur manchmal. Die meisten deutschen Kinder aus der Siedlung, die zanken sich immer mit den Kindern von den Polen und prügeln sich mit denen. Meine Freundin haben die auch schon an den Haaren gerissen. Sie wollte weglaufen, aber die haben sie an den Haaren erwischt und zurückgerissen. Trotzdem würde ich ihnen eine große Wohnung geben.«

Simon
»So richtig wünschen würd' ich mir ein Mountain-Bike. Das find' ich gut. Hat viele Gänge, kann Berge hochfahren, hat einen geraden Lenker. Ich hab' Freunde, die haben Moun-

tain-Bikes, die lassen mich auch fahren. Ich habe auch ein eigenes Rad, aber eben kein Mountain-Bike. Meines hat fünf Gänge, aber die hab' ich abgeschnitten. Immer wenn ich im leichten Gang war, dann ging der wieder zurück. Das war kaputt und hat mich genervt. Dann hab' ich den Draht eben durchgeschnitten. Jetzt fahr' ich mit dem schwersten Gang, aber am schnellsten.
Ein ferngesteuertes Rennauto wär' auch schön. So eins wie der Mike hat. Das ist mein Freund, der ist schon vierzehn. Der hat auch einen Jeep, der ferngesteuert ist. Mit Mark gehe ich schwimmen. Mit dem macht es mehr Spaß. Wenn ich groß bin, dann möchte ich gerne Wettschwimmer werden. So im Sport. Das find' ich gut, dann kann man immer im Wasser plantschen.«

Alexandra
»Wenn ich groß bin, dann möchte ich Krankenschwester auf der Säuglingsstation werden. Ich könnte auch Hebamme werden und die Kinder baden. Ich find' Babys gut. Ich muß oft auf die Sabine, meine kleine Schwester, aufpassen, wenn meine Eltern abends wegfahren. Da muß ich immer auf die anderen Geschwister aufpassen, weil ich die Älteste bin. Eigentlich spiele ich nicht viel mit meinen Geschwistern. Ich bin mehr mit meinen Freundinnen zusammen, und wir tun Rollschuhfahren. Aber meistens haben wir Langeweile. Wir wissen ja nie, was wir tun sollen. Nur im Hort wissen wir, was wir tun. Da malen wir und spielen so Hexenspiele und Mensch-Ärgere-Dich-Nicht. Aber sonst: Immer Langeweile und Zanken.«

Simon
»Wenn ich Familie hab', dann will ich nur ein Kind. Es ist leichter, dann braucht man nicht soviel Geld ausgeben. Für uns müssen unsere Eltern viel ausgeben. Für Essen und

Spielsachen, wenn wir Geburtstag haben, zu Weihnachten, für Ostern. Mit einem Kind ist das einfacher. Ich muß nicht sparen.
Jetzt find' ich es gut, daß ich so viele Geschwister hab'. Mit meinem Bruder, dem Fabian, verstehe ich mich am besten. Mit der Alexandra nicht so gut. Also schlecht. Wenn ich zu der ins Zimmer geh' und was holen möchte, dann flippt sie gleich aus. Dann schreit sie immer.
Die Sabine finde ich auch gut. Wenn die mit dem Schaukelpferd reinkommt, dann nehm' ich der das immer ab. Das war schön, wie die Sabine gekommen ist. Die lag immer im Kinderwagen und war am Pennen. Ihr Bauch ging dabei immer hoch und runter. Die war so schön ruhig. Bei der Geburt, da war es Nacht, und wir waren allein zu Hause. Ich bin ans Telefon, und da hat meine Mama angerufen. Sie hat gesagt, daß ich noch eine Schwester hab'. Meine Mama find' ich gut: Sie bringt uns immer was vom Einkaufen mit, Spielsachen, räumt für uns die Zimmer auf und borgt für uns Videos. Das finde ich gut.«

Alexandra
»Wir bekommen dreißig Mark im Monat. Taschengeld, immer morgens eine Mark, für die Schule. Letztens hab' ich wegen der guten Noten, der Einsen und Zweien, mehr Geld gekriegt. Da bin ich für die Eltern was kaufen gegangen. So ein Porzellanpferd, das verfärbt sich beim Wetter. Und meinem Vater habe ich einen neuen Autoschlüsselanhänger gekauft. Das Pferd war für beide Eltern, weil soviel Geld hatte ich nicht, einzeln zu kaufen. Für mich nehm' ich immer Lakritze.
Für die Schule brauch' ich nicht viel. Da rede ich auch nicht viel. Die beschmeißen mich immer so mit Ausdrücken. Da sag' ich nichts, nur »gleichfalls«, wenn die mich zanken, auf die Füße treten und Ausdrücke rufen. Die Ausdrücke kann

ich nicht sagen, böse Ausdrücke. Aber die Jungs sind in dem Alter so, die zanken immer.»

Simon
»In der Schule gefällt es mir, die anderen zu ärgern. Da nehmen wir den Mädchen die Haarreifen ab, dann klauen wir denen auch die Jacken. Die Mädchen gehen dann zur Lehrerin, und wir kriegen eine Strafarbeit auf. Die muß ich dann schreiben. Die Lehrerin sollte so sein wie meine Mutter. Die macht für uns alles.«

Alexandra
»Wenn es in der Nacht passiert, daß ich ins Bett gemacht hab', dann geh' ich schnell ins Schlafzimmer. In der Nacht passiert das eben manchmal, da ist alles locker, und dann passiert es eben. Meine Eltern schlafen, und ich hol' schnell ein Bettuch, ohne daß die Eltern es merken. Schnell die Matratze umgedreht und schnell das Bettuch drauf. Und ich hab' mich wieder hingelegt. Dann hat es niemand gemerkt, außer manchmal die Mama. Wenn sie es merkt, dann macht sie das Bett. Aber die schimpft nicht. Ganz selten, eigentlich fast nie. Ich hab' schon lange keinen Schlag mehr gekriegt, das ist bestimmt drei Jahre her. Über das Ins-Bett-Machen rede ich nur mit der Mama.«

Mutter: alleinerziehend

Auf dem Gebiet der alten Bundesrepublik gibt es über 1,2 Millionen minderjährige Kinder, die mit alleinerziehenden Vätern oder Müttern zusammenleben. Jedes siebte Kind wächst inzwischen mit nur einem Elternteil auf. Diese Eltern müssen sich nicht nur mit den Fallen der bundesdeutschen Familienpolitik auseinandersetzen, in der die »eheliche«

Vater-Mutter-Kind-Verbindung besser geschützt und gefördert wird als alle anderen Lebensformen; Alleinerziehende müssen sich meist zusätzlich mit dem weit verbreiteten Vorurteil herumschlagen, daß es für Kinder nachteilig sei, in einer »unvollständigen« Familie aufzuwachsen.
Nachteile gibt es tatsächlich. Sie entstehen in alleinerziehenden Familien aber vor allem durch den Mangel an Ganztagskindergärten und Horten. Hinzu kommen das Fehlen kinderfreundlicher Wohn- und Arbeitsalternativen sowie der unglaublich hohe Organisationsaufwand, den Väter, Mütter und Kinder auf sich nehmen, um all diese Mängel wieder auszugleichen. »Alleinerziehende leisten dasselbe wie andere Familien, oft sogar mehr und unter schwierigeren Bedingungen«, kommentiert der Verband alleinstehender Mütter und Väter die Situation.[11]
Insgesamt leben auf dem Gebiet der »alten« Bundesrepublik über 810.000 alleinerziehende Frauen mit 1,1 Millionen minderjährigen Kindern zusammen. Ihnen stehen 135.000 Väter mit 171.000 Kindern unter 18 Jahren gegenüber.[12] Schwierig sind die Bedingungen vor allem in Mutter-Familien. Sie stellen in der überwiegenden Mehrheit der Ein-Eltern-Familien den Haushaltsvorstand.

Armutsfallen

Eine alleinerziehende Mutter kann im Durchschnitt für ihre Kinder weitaus weniger Geld aufbringen als ein alleinerziehender Vater. Die Gründe für diesen Unterschied sind bekannt. Die meisten Männer können – auch wenn sie Väter sind – auf eine kontinuierliche Berufsbiographie, eine abgeschlossene Ausbildung, einen »vollen« Arbeitsplatz und ein mittleres Einkommen zurückgreifen. Während über 80 Prozent der alleinerziehenden Väter berufstätig sind, haben nur etwas über die Hälfte der alleinerziehenden Mütter einen Arbeitsplatz außer Haus, zwei Drittel von ihnen arbeiten in Teilzeitjobs.[13]

Mit den besseren Männerverdiensten ist es einfacher, den verheerenden Mangel an Betreuungseinrichtungen zu umschiffen. Was der Staat den Kindern aus Mutter-Familien an Unterstützung verweigert, kann von alleinerziehenden Vätern leichter aus dem privaten Portemonnaie bezahlt werden. Bis zu 1.000 Mark monatlich setzen sie ein, um ihre Kinder in privaten Tagesstätten oder Horten unterzubringen oder um Haushälterinnen, Babysitter oder Kinderfrauen zu finanzieren. Solche Aufwendungen sind mit Niedriglöhnen nicht möglich. Um so schneller wird den alleinerziehenden Frauen ihre Mutterschaft zum sozialen Fallstrick.

Monatliches Nettoeinkommen mit Kindern unter 18 Jahren [14]

	alleinerziehende Mütter	alleinerziehende Väter
Ohne Einkommen	1,6 %	0,0 %
001– 600 DM	10,6 %	3,8 %
600–1.200 DM	30,4 %	11,4 %
1.200–1.800 DM	26,0 %	15,9 %
1.800–2.500 DM	19,0 %	34,8 %
2.500–3.000 DM	3,7 %	9,8 %
3.000–3.500 DM	2,0 %	6,6 %
3.500–4.000 DM	1,0 %	3,8 %
4.000–5.000 DM	1,1 %	4,5 %
5.000 und mehr	0,0 %	4,6 %
Ohne Angaben	4,2 %	0,0 %

Vor allem in den unteren Einkommensgruppen werden die Unterschiede zwischen Vater- und Mutterfamilien deutlich. Während über 40 Prozent der alleinerziehenden Mütter mit bis zu 1.200 Mark monatlich nach Hause gehen, ist es bei den Vätern nur jeder sechste, der mit so wenig auskommen muß. Bei den Niedrigeinkommen sind auf der Mutterseite weit über 400.000 minderjährige Kinder betroffen, auf Vaterseite rund 25.000.

Der achte Jugendbericht hält fest, daß es vor allem die Kinder aus den Mutter-Familien sind, die für den Mangel an Betreuungseinrichtungen büßen müssen. Die extrem eingeschränkten Erwerbsmöglichkeiten von alleinerziehenden Frauen, der Geldmangel und die Isolation führen zu außergewöhnlichen familiären Spannungen. Zusätzlich geraten die Mütter und ihre Kinder unweigerlich an die Armutsgrenze. Im alten Bundesgebiet bekommen bereits 7,8 Prozent aller unter 15jährigen Sozialhilfe; besonders kraß ist es in Ballungsgebieten wie Hamburg oder Bremen, wo sechzehn beziehungsweise dreizehn Prozent aller Kinder SozialhilfeempfängerInnen sind.[15] Unter diesen »neuen« Armen stellen die Kinder aus Ein-Eltern-Familien einen überdurchschnittlich hohen Anteil.

Ledige Kinder

Besonders schwierig ist es noch immer für ledige Mütter. Sie sind meist sehr jung, können mit dem Kind häufig keine Ausbildung abschließen und haben dementsprechend wenig berufliche Aussichten.[16] Jedes zehnte Kind wird heute in Westdeutschland nichtehelich geboren. In der ehemaligen DDR kam jedes dritte Kind außerehelich zur Welt.[17] Während der gesellschaftliche Fluch, als ein Kind »ohne« Vater und ohne gesellschaftliche Anerkennung aufzuwachsen, weitgehend weggefallen ist, liegt der wirtschaftliche Druck ungemindert auf den Schultern der jungen Mütter.
Die Regelungen des Familienlastenausgleichs sind dabei seit Jahren ein Stein des Anstoßes, weil sie vor allem die Niedrigeinkommen zu wenig entlasten. Das Bundesverfassungsgericht mußte deshalb sogar den Familienlastenausgleich der Jahre 1983 bis 1985 für verfassungswidrig erklären, weil das Kindergeld und die steuerlichen Kinderfreibeträge nicht ausreichten, um den Kindern ein »steuerfreies Existenzminimum« zu garantieren.[18] Die Kindergeldsätze

entsprechen dem berühmten Tropfen auf den heißen Stein. Mit fünfzig Mark für ein Kind beziehungsweise 180 Mark für zwei Kinder, lassen sich die Monatsverdienste lediger Mütter nur geringfügig aufstocken.[19] Ebenfalls kaum unterstützend sind die geringen Unterhaltssätze für nichteheliche Kinder. Außerdem zeigen sich die Väter zum Teil höchst zahlungsunwillig. Jeder fünfte ist nur in unregelmäßigen Abständen bereit, Geld abzugeben. Selten erfolgt das in der festgesetzen Höhe. Und fast jeder sechste Vater greift für sein Kind überhaupt nie in die Tasche. Die wirtschaftlichen Bedingungen für die ledigen Mütter und ihre Kinder bleiben seit Jahren gleich schlecht.

Die Familieneinkommen mit Kindern[20]

* Ganz oben, mit dem höchsten Pro-Kopf-Einkommen, liegen die Einkommen alleinerziehender Väter mit nur einem Kind.
* Dann folgen die Ehepaar-Familien. Auf etwa gleicher Ebene mit den Ehepaar-Familien liegen die alleinerziehenden Väter mit zwei und mehr Kindern.
* Dann kommen die Familien mit einer verwitweten Mutter als Haushaltsvorstand.
* Ihnen folgen die geschiedenen Mutter-Familien.
* Und ganz unten, mit dem niedrigsten Pro-Kopf-Einkommen, befinden sich die Haushalte lediger Mütter.

Nach dem letzten Armutsbericht des Paritätischen Wohlfahrtsverbandes (DPWV)[21] leben rund fünfzehn Prozent der alleinerziehenden Mutter-Familien vorwiegend von der Unterstützung der (Groß)-Eltern, zwölf Prozent bekommen Arbeitslosengeld oder -hilfe, und fast zwanzig Prozent sind auf Sozialhilfe angewiesen.

Wenn sich die Eltern trennen

Scheidungen führen fast zwangsläufig zu einer rapiden Verschlechterung der wirtschaftlichen Situation: Neue Haushalte müssen aufgebaut und meist ältere Kinder weiterversorgt werden.

Von den jährlich geschiedenen Ehen haben: [22]

50,3 Prozent	keine Kinder
31,5 Prozent	1 Kind
14,8 Prozent	2 Kinder
3,4 Prozent	3 und mehr Kinder

Die typische Situation der Scheidungskinder ist das Zusammenleben mit der Mutter. Die Durchsetzung von Unterhaltszahlungen für diese Kinder stößt dabei auf noch größere Schwierigkeiten als bei ledigen Müttern. Die meisten Betroffenen versuchen dann, das fehlende Geld gerichtlich einzutreiben. Wenn auch das ohne Erfolg bleibt, müssen sie sich direkt an das Sozialamt oder an die Unterhaltsvorschußkassen der Jugendämter wenden. Dort aber sind Vorauszahlungen nur für Kinder bis zum sechsten Lebensjahr vorgesehen. Ein Großteil der Geschiedenen geht beim Jugendamt daher leer aus.

Demütigend ist es für die Mutter und ihre Kinder fast immer, wenn schließlich der Lebensunterhalt vom Sozialamt aufgestockt werden muß. »Da steht man da, gebeugt und wie ein Häufchen Elend, und wird abgekanzelt«, schildert eine 33jährige Mutter von zwei Kindern ihre bitteren Erfahrungen nach der Scheidung. Ihr Gefühl der Demütigung steht für Tausende Frauen: »Ich habe diese Behandlung lange hingenommen, weil ich keine Kraft hatte, mich zu wehren.« Verletzend auch die Situation, wenn auf der Straße Bekannte getroffen werden: »Dann passiert es, daß die den Kindern etwas zusteckten, so nach dem Motto: Die armen Kinder haben nun keinen Papa mehr. Das tut weh.«[23]

Zu den Teilbeträgen, mit denen Geschiedene das Familienbudget zusammenstoppeln, kommt relativ selten noch eine Unterhaltszahlung an die Mutter. In der Trennungsphase beanspruchen 28 Prozent der getrenntlebenden Frauen finanzielle Unterstützung vom Ex-Ehemann. Bei den bereits geschiedenen Müttern sind es nur 15 Prozent, die regelmäßigen Unterhalt bekommen.[24]

Netz mit Löchern

Besonders problematisch werden die Regelungen des bundesdeutschen Scheidungsrechts für die Mütter in den fünf neuen Ländern. Dort wurden pro Jahr rund 50.000 Ehen geschieden; fast ebenso viele Kinder wurden von diesen Trennungen alljährlich mitbetroffen.[25] Eigene Unterhaltsansprüche an den Ex-Gatten waren für die Frauen in der ehemaligen DDR weitgehend unbekannt, und im alten Familienrecht auch nur ausnahmsweise vorgesehen. Nachdem über vier Fünftel aller Frauen berufstätig waren und über eigenes Geld verfügten, wurde der Unterhalt auch nur selten eingeklagt.[26]
Durch die Arbeitslosigkeit in den fünf neuen Ländern haben sich die finanziellen Verhältnisse für Frauen jedoch dramatisch verschlechtert. Ihre Arbeitsplätze werden, unabhängig davon, ob sie Kinder mitversorgen oder nicht, überproportional häufiger wegsaniert oder »abgewickelt« als die der Männer. Das alte Scheidungsfolgenrecht wurde im zweiten Staatsvertrag jedoch nicht angepaßt. Das heißt, Mütter, die vor dem 3. Oktober 1990 nach gültigem DDR-Recht geschieden wurden, bekommen auch heute keinen Unterhalt. Sie und ihre Kinder sind bei materiellen Engpässen auf jeden Fall darauf angewiesen, zum Sozialamt zu gehen.
Dementsprechend warnte der Paritätische Wohlfahrtsverband bereits im September 1990 vor dem Druck auf alleinerziehende Mütter, »sich aus dem Arbeitsmarkt zurückzuziehen«. Es gelte ein »Armenhaus« zu verhindern.[27]

»Auch in der DDR waren die Alleinerziehenden nicht gerade ›auf Rosen gebettet‹«, stellt die Ostberliner Selbsthilfegruppe SHIA fest: »Aber durch einen sicheren Arbeitsplatz, es galt das Kündigungsverbot, und zahlreiche staatliche Subventionen wurden sie abgesichert. Diese Sicherheit ist vorbei.«[28] Nach einer standardisierten Umfrage unter ihren Mitgliedern gaben 19,1 Prozent der Alleinerziehenden an, ihren Arbeitsplatz bis zum 30.6.1991 zu verlieren, 26,5 Prozent hatten ihn bereits verloren.[29]

»Wir sind im Herzen gut«

Verena[30] (11) und Martin (11) besuchen zusammen die fünfte Klasse einer Oberschule am Prenzlauer Berg. Aus dem Kinderzimmer von Martin kann man direkt auf den früheren Todesstreifen von Berlin blicken. Mauerreste sind noch sichtbar, das Gelände ist eigentlich tabu für Kinder. »Wir gehen aber gern dahin«, meint Verena. »Dort kann man gut spielen.« Ihr Vater hat vor einem Jahr seine Arbeit verloren. Die Mutter arbeitet als Buchhandelsvertreterin für einen westdeutschen Großverlag und sorgt für die Familie.
Martin ist im Gegensatz zu Verena eher schüchtern. Er lebt allein mit seiner Mutter und erzählt nur stockend. Manchmal wirkt er ängstlich. Seine Mutter ist seit ein paar Monaten in einem Umschulungskurs zur Kauffrau und arbeitet nachmittags in einem Reisebüro. Seinen Vater hat Martin während des letzten Jahres nur einmal gesehen.

Martin
»Ich hab' ihn auf der Straße getroffen, aber er hat mich nicht erkannt. Und ich bin weitergegangen. Ich war noch sehr klein, wie er von meiner Mutter weg ist. Die haben nie

geheiratet. Er kam noch manchmal zu uns und hat mir zum Beispiel meinen Roller repariert. Aber jetzt kennt er mich nicht mehr. Ich bin froh, daß ich den nicht mehr seh', weil ich ein bißchen Angst vor ihm hab'. Ich hab' gesehen, wie er meine Mutter geschlagen hat. Ich stand in der Tür und hab' das gesehen. Meiner Mama ist es mit meinem Vater nicht gutgegangen. Ich kann mich nur noch wenig an ihn erinnern, nur so an Ausflüge, die waren ganz schön. Meine Mutter hat nie darüber gesprochen, wahrscheinlich, weil ich zu klein war. Und ich mag auch nicht darüber reden.«

Verena
»Mit meinen Eltern red' ich nie. Ich mag meine Eltern schon, aber die nerven mich auch. Jetzt ist überhaupt alles anders. Wenn ich nach Hause komm', dann ist mein Vater da. Der ist arbeitslos und ist immer zu Hause. Das stört mich unheimlich. Früher konnt' ich immer Kumpels mitnehmen in die Wohnung. Das geht jetzt nicht mehr. Mich nervt das, weil wenn ich nach Hause komm', dann sitzt der vorm Fernseher und trinkt ein Bier. Dann frag' ich, was hast du denn den ganzen Tag gemacht? Sagt er, ich hab' heute schon den Müll runtergebracht, und ich war einkaufen. Der erzählt seine großen Heldentaten, das ist doch doof. Ich finde das ganz normal, daß er den Haushalt macht. Ich bin in der Schule, und er muß eben, wenn die Mutti nicht da ist, den Haushalt schmeißen. Aber das sieht er nicht ein und will mich abwaschen schicken.
Diese Absagen von den Firmen und die Arbeitslosigkeit, das wirkt sich total aus auf ihn. Er wird unheimlich launisch, wenn er wieder eine Absage kriegt. Er kann den ganzen Tag nett sein, und dann kommt ein Anruf, und es heißt, ›tut uns leid, aber wir nehmen einen anderen‹, dann muß er das erst verdauen. Der ist dann immer total getroffen. Aggressiv wird er nicht, nur schlecht gelaunt.«

Martin
»Das mit den Arbeitslosen, das find' ich jetzt ganz schlecht. Das kann ich irgendwie nicht ab. Meine Mutti ist auch gleich nach der Wende Kurzarbeiterin geworden, und dann hat sie die Arbeit auch verloren. Die Arbeit, die sie jetzt hat, das Reisebüro, das ist auch erst seit April. Wie die Wende war, da hab' ich nicht viel mit meiner Mutti darüber geredet. Sie hat eben nur gesagt: ›Jetzt haben wir die Wende, und was hat sich verändert? Wir haben immer noch die gleichen Probleme.‹ Und dann sind wir rübergegangen. Da sah es ja fast so aus wie bei uns. An den Häusern gab's zwar einen Unterschied und so auch mit den Straßen und den Läden natürlich. Aber die Straßen da drüben, die haben auch so Holperpflaster.«

Verena
»Also ich finde, es sind total viele Unterschiede im Westen. Wenn ich rüber geh', dann merk' ich das absolut, sofort. Wir haben zuerst alle gestaunt. Aber dann haben wir auch die ganzen negativen Sachen gesehen. Da lag so viel Schmutz rum. Das war in Kreuzberg. Da ist viel mehr Schmutz als am Prenzlauer Berg.
Ich fand, das hat mein Leben ganz schön verändert. Jetzt sind wir einfach frecher geworden und sagen mehr ›cool‹ und ›stark‹ und ›ätzig‹. Jetzt sind wir viel freier in der Sprache und lesen immer *Bravo*. Das kannten wir früher gar nicht, auch die Popgruppen, das gab es früher nicht. Jetzt sind wir alle absolute *Bravo-Fans*, das ist echt stark. Aber wir reden nur unter uns so. Unsere Eltern finden das mit der Sprache natürlich nicht so gut. Aber wenn wir unter uns sind, dann sind wir echt ›cool‹. Manche von uns können sich schon richtig über Musik und Jungs unterhalten. Ich werd' auch immer älter geschätzt. Ich hätt' gerne eine Clique. Das wär' schön, weil dann wären mehrere Kinder

zusammen. Daß wir zusammenhalten und gemeinsam was unternehmen. Daß wir nicht alleine sind.«

Martin
»Deswegen wünsch' ich mir noch einen Bruder. Weil das Alleinleben mit meiner Mutter ist manchmal nicht so schön. Wir gehen jetzt auch nicht mehr in den Hort, weil wir in der Fünften sind. Jetzt bin ich dann allein zu Hause, oder ich geh' zum Nachbarn spielen. Wenn ich einen Bruder hätt', dann wär' das schöner zum Spielen. Dann wär' einfach noch einer da. Wenn ich abends hier so sitze und meine Mutti macht das Abendbrot, dann weiß ich gar nicht, was ich tun soll. Und dann spiel' ich mit der Luft. Dann ist es einfach gut, wenn man einen Bruder hat.«

Verena
»Also ich hab' einen kleinen Bruder, der ist sieben, und der nervt. Ich hätt' lieber eine Clique. Ich hab' auch Freundinnen, aber die haben nie Zeit. Für mich hat eigentlich nie so jemand richtig Zeit. Deswegen finde ich das doof, daß sie das mit den Pionieren alles weggemacht haben. Wir wurden doch am Anfang Jungpioniere. Die Größeren haben einem das Halstuch umgebunden und gratuliert. Ich werde immer ganz schnell rot bei so was. Und in der Vierten sind wir noch Thälmann-Pioniere geworden.
Die Zugehörigkeit hat mir gefallen. Daß man eben sagen kann: Ja, ich bin ein Jungpionier, das ist einfach besser, als wenn man sagt: Nein, ich gehöre nirgends dazu. Da konnten alle reingehen. Wir waren alle dabei. Es war dieses Zusammengehören, das ist für mich ganz großgeschrieben, daß man eben kein Einzelgänger ist. Mit der Wende ist jetzt jeder mehr für sich. So einen Club müßte es geben, dann hätten wir Kinder auch andere Kinder, mit denen wir zusammen sein könnten.«

Martin

»Also ich fand das eigentlich auch gut mit den Pionieren. Jeden Mittwoch gab's einen Pioniernachmittag, und dann haben wir zum Beispiel Wandzeitungen ausgestaltet. Oder den Flur gefegt oder was anderes gemacht. Ich war für alles zu gebrauchen. Und wenn ich heute kommen würde und hätte meine Pionierkleidung an, dann würden die drüben sagen: ›Was ist denn das für einer, Ossi hau bloß ab hier.‹ Ich kann das nicht leiden, daß die immer so was zu mir sagen.«

Verena

»Wir haben nicht so gute Erfahrungen mit Westkindern. Ich war einmal auf einem Spielplatz drüben und wollte spielen, und da kam eine ganze Horde Mädchen und auch ein Junge. Die haben gesagt: ›Hey, was wollt ihr hier, geht mal wieder rüber in euern Osten.‹ Dann sind die hinter uns her und wollten uns Fußtritte verpassen. Die sind uns nachgelaufen, bis fast an unsere Haustüre.«

Martin

»Ich wußte schon vorher: Laß dich nicht mit Westkindern ein, weil die sind so richtig flegerig. Also wenn wir da spielen an der Grenze und die merken, daß wir Ostkinder sind, dann kommen die und rempeln uns an. Die merken an unseren Fahrrädern, daß wir Ostkinder sind. Das sieht man. Wie ich einmal mit meinem Freund drüben war, da sind sie richtig auf uns zu, so Große, haben uns genommen und an den Zaun geschmissen. Sie haben gesagt: ›Was willste hier?‹ Dann hab' ich angefangen zu weinen, weil mir mein Knie so weh getan hat. Und dann haben sie uns nachgerufen: ›Kommt ja nicht wieder.‹ Die waren zu fünft. Also ich hatte schon richtig Angst vor denen. Ich glaube, wir sind im Herzen gut. Und von den Westkindern sind manche so brutal.

Ich hab' überhaupt viel Angst, mit den ganzen Gangstern und Neonazis und diesen Verbrechen. Ich trau' mich gar nicht mit dem Walkman auf die Straße und hab' immer die Ohren offen, damit ich alles hören kann. Gut finde ich an der Wende die vielen Sachen, die wir gekriegt haben. Viele Cassetten und Spielsachen, das gab's früher alles nicht. Wir haben jetzt auch mehr Freiheit. Ich kann abends länger rausgehen, weil die Mutti mit anderen Sachen beschäftigt ist.«

Verena
»Ich hab' auch viele neue Sachen gekriegt. Das ist die Freiheit. So auch mit den T-Shirts. Ich würd' nie wieder in meinem Leben diese blöden Nickis von früher anziehen. Wir können uns jetzt auch immer gleich um die Ecke ein Eis kaufen und was Gutes zu trinken. Das gab es früher auch nicht, so ein gutes Eis.
Manchmal sprechen wir zu Hause darüber, wie das ist, wenn der Papa keine Arbeit mehr findet. Ich hab' Angst vor der Zukunft, weil ich lass' eigentlich gerne alles beim alten. Das mit der Erneuerung, das mag' ich nicht, weil man nicht weiß, was kommt. Ich bin ganz unsicher. Früher in der DDR, da wußte man: Ich werd' ganz sicher einen Beruf finden. Früher hat es eben jeder geschafft, und jetzt ist es so ungewiß. Also ich weiß jetzt einfach nicht mehr, was ich denken soll. Eigentlich hab' ich immer meine Meinungen gehabt, und jetzt weiß ich nicht mehr, ob ich die Schule schaffe und aufs Gymnasium komme. Wenn ich nicht vorplanen kann, dann macht mir das angst. Und dann war das in der letzten Zeit auch noch so, daß meine Eltern immer gestritten haben. Da wußte ich nie, ob die sich streiten oder trennen. Davor hätt' ich Angst. Aber jetzt glaube ich, daß das überstanden ist.«

Martin

»Ich wünsch' mir, daß die Erwachsenen einfach offener sind. Die lügen oft. Fast alle Eltern verschweigen was. Die denken mehr, als sie sagen. Auch meine Mutti sagt mir nichts. Unsere Klassenlehrerin hat uns damals bei der Wende auch erzählt, daß uns alle Leute angelogen haben. In den Büchern war noch der Erich Honecker drinnen, der Beste für uns. Und dann wie toll die DDR war, wie viele Traktoren und Getreide es gegeben hat. Wir wissen doch nicht, was stimmt, ob alles gelogen war.«

Artikel 28
Die Vertragsstaaten erkennen das Recht des Kindes auf Bildung und Chancengleichheit an.

Auf Erfolg getrimmt

Durch das gegliederte Bildungssystem, also die Unterteilung in Hauptschule, Realschule und Gymnasium, werden die beruflichen Chancen von Kindern schon sehr früh festgelegt. Dabei ist das Gymnasium in Westdeutschland zu einem Monopolisten auf dem Bildungsmarkt geworden.[1] Das bedeutet nicht nur, daß das Bildungsniveau insgesamt gestiegen ist, sondern auch, daß damit die Chancen derjenigen, die keine weiterführenden Schulabschlüsse erreichen, immer geringer werden. Durch die Entwertung des Hauptschulabschlusses wird es für viele SchülerInnen immer schwieriger, eine Ausbildungsstelle zu bekommen.

Abgänge aus allgemeinbildenden Schulen[2]

Jahr	1960	1975	1989
Ohne Abschluß	18 %	12 %	6 %
Hauptschulabschluß	55 %	37 %	25 %
Realschulabschluß	18 %	33 %	36 %
Hochschulreife	9 %	18 %	33 %

Im Gegensatz dazu führte die Polytechnische Oberschule in der ehemaligen DDR die SchülerInnen einheitlich auf den späteren Werdegang als sogenannte »FacharbeiterInnen in der sozialistischen Produktion« hin. Über 90 Prozent der SchülerInnen absolvierten die Polytechnische Oberschule. Viele meinen, daß in dieser Verwechslung von Chancengleichheit und Gleichmacherei die entscheidende Deformation der DDR-Schule lag.[3] Dennoch wird die »Einheitsschule« von einigen PädagogInnen als erhaltenswert, wenn auch von Grund auf reformbedürftig erachtet, da sie einen neuen Aspekt in die festgefahrene Diskussion zwischen den beiden Polen »integrierte Gesamtschule und gegliedertes Schulwesen« bringen kann.[4] Durch die bloße Übernahme des westlichen Bildungssystems wird es hingegen kaum zur Chancengleichheit kommen. Die Aussicht auf einen möglichst hohen Schulabschluß ist noch immer an Einkommensfragen geknüpft.

Die Mehrheit der Eltern wünschen sich, daß ihr Kind das Abitur schafft. Die Folge: Jede/r fünfte Schüler/in zwischen zwölf und siebzehn Jahren kann die geforderten Leistungen nur noch mit Hilfe von Nachhilfeunterricht erbringen. Dabei werden die Jugendlichen durch die Ansprüche ihrer Eltern an einen möglichst hochwertigen Schulabschluß völlig überfordert. »Eltern sollten ihre Kinder nicht auf das Gymnasium schicken und gleichzeitig schon an Nachhilfe denken«, meint die Leverkusener Schulpsychologin Karina Flatten-Ernst, »sie sollten erst prüfen, ob das Kind den Anforderungen auch gewachsen ist.«[5]

Nach einer Studie der Deutschen Forschungsgemeinschaft kommen an Gymnasien über die Hälfte der SchülerInnen, die gerade eine Klasse wiederholen müssen, und derjenigen, deren Versetzung akut gefährdet ist, ohne Nachhilfeunterricht nicht mehr aus. Dabei sind Kinder aus Beamten- und Selbständigenfamilien in der Mehrheit. Fast ein Viertel dieser Kinder erhalten Nachhilfeunterricht, aber nur acht Prozent der Kinder von Arbeitslosen. Deren Eltern können sich diesen Unterricht einfach nicht leisten. Mit etwa zwanzig Mark pro Nachhilfestunde zahlen deutsche Eltern pro Woche rund 28 Millionen Mark, damit ihre Sprößlinge den gewünschten Schulabschluß auch erreichen.[6] Das ist über eine Milliarde im Jahr. »Wenn die Nachhilfe zur Dauereinrichtung wird«, so Karina Flatten-Ernst, »behindert das die Persönlichkeitsentwicklung der Kinder, sie werden unselbständig und verlieren an Selbstbewußtsein.«

Schule macht krank

Daß die Kinder dem Leistungsdruck kaum mehr gewachsen sind, bestätigt auch die Untersuchung einer Sonderforschungsgruppe an der Universität Bielefeld zum Medikamentenkonsum von nordrhein-westfälischen Kindern im Alter zwischen zwölf und siebzehn Jahren. Schulstreß und Pillensucht stehen in einem engen Zusammenhang, stellen die WissenschaftlerInnen fest: Ein Drittel der Mädchen und Jungen nehmen wöchentlich Medikamente zu sich. Dabei greifen Kinder und Jugendliche, auf eigene oder elterliche Initiative, zu Arzneimitteln, um leistungsfähig zu bleiben oder zu werden.[7] Den Schulproblemen, so zeigen die Befunde der Bundeszentrale für gesundheitliche Aufklärung, wird von den Eltern in zunehmendem Maße mit Hilfe von Arzeimitteln begegnet: Während sich 1978 18 Prozent der Eltern für eine medikamentöse Behandlung von Schulproblemen aussprachen, verdoppelte sich dieser Anteil bis 1982 bereits auf 36 Prozent.[8]

Indirekt unterstützen Eltern den Arzneimittelmißbrauch ihrer Kinder auch dadurch, daß die Jugendlichen den Umgang mit Medikamenten bei den Erwachsenen beobachten und kopieren. Und die Angst, den Erwartungen der Eltern nicht mehr zu genügen, verstärkt noch den Leistungsdruck, unter dem die SchülerInnen stehen. Nach den Bielefelder Ergebnissen ergibt sich folgendes Bild:

* 35 Prozent der Jugendlichen berichteten von einer akuten Versetzungsgefährdung.
* 22 Prozent mußten schon mindestens einmal eine Klasse wiederholen.

* 7 Prozent mußten die Schule schon einmal wegen schlechter Noten wechseln.
* 24 Prozent gaben an, daß ihre schulischen Leistungen schlechter sind, als die Eltern es von ihnen erwarten.[9]

Du hast keine Chance, aber nutze sie

Dieser Slogan aus den siebziger Jahren hat auch heute noch für viele Kinder und Jugendliche seine Aktualität nicht verloren. Denn das Recht auf Bildung und Chancengleichheit, das die Kinderkonvention fordert, gewährt die Bundesrepublik noch lange nicht allen hier lebenden Kindern. Früher waren vor allem die Kinder aus sozial schwachen Familien gemeint, wenn es um die Forderung nach besseren Bildungsmöglichkeiten ging. Heute leiden vor allem die ausländischen, Flüchtlings- und Aussiedlerkinder unter der mangelnden Chancengleichheit. Während die letztere Gruppe immerhin noch in den Genuß von Förder- und Sprachkursen kommt, geraten die ausländischen Kinder immer mehr ins Abseits.

Von der Integration zur Verteilung
Immer noch verläßt jedes fünfte Ausländerkind die Schule ohne einen Schulabschluß, während dies bei deutschen SchülerInnen kaum noch vorkommt. Die Ausländerkinder tragen mit ihren fehlenden oder schlechteren Schulabschlüssen sogar indirekt dazu bei, daß deutschen Kindern der Aufstieg in die Realschule oder an das Gymasium erleichtert wird, denn die Mehrheit der ausländischen Kinder strömt an die Hauptschulen.[10] Durch die gleichzeitige Schließung vieler Hauptschulen in den letzten Jahren ist an manchen dieser Schulen der AusländerInnenanteil schon über die Fünfzig-Prozent-Marke gestiegen.

»Früher war man um Integration bemüht«, stellt Schulrektor Ulrich Trösch resigniert fest, »heute ist es nur noch eine Frage der Verteilung.« Er sieht diese Entwicklung mit zunehmender Sorge, denn ein integratives Konzept sei so kaum mehr zu verwirklichen. Es stünden sich vielmehr zwei voneinander abgespaltene Gruppen in der Klasse gegenüber: Deutsche und Ausländer.

Abgänge aus allgemeinbildenden Schulen im Jahr 1989 [11]

	Deutsche	Ausländer
Ohne Abschluß	6,4 %	20,7 %
Hauptschulabschluß	24,9 %	43,3 %
Realschulabschluß	35,7 %	26,4 %
Hochschulreife	33,0 %	9,6 %

Auch bei dem Übergang von der Schule in eine Berufsausbildung stehen die Chancen für ausländische Jugendliche schlecht. Nur jede/r vierte/r bekommt überhaupt einen Ausbildungsplatz.[12] Hinzu kommt, daß ausländische BerufsanfängerInnen überwiegend in die gewerblich-technischen Bereiche gehen, aus denen deutsche Auszubildende immer mehr »auswandern«.[13] So werden die ausländischen Jugendlichen zur Verschiebemasse arbeitsmarktpolitischer Entwicklungen.

Verweigerte Bildung

Kaum beachtet werden die rund 80.000 Flüchtlingskinder, die im westlichen Deutschland leben. Sie sind aus dem Bildungssystem faktisch ausgegrenzt. Nur vier der elf Altbundesländer – Bayern, Bremen, Hessen und Niedersachsen – erkennen eine Schulpflicht für Asylbewerber-Kinder ausdrücklich an.[14] In den anderen Ländern haben die Kinder keinen Rechtsanspruch auf Schulbesuch, solange über den Asylantrag ihrer Eltern nicht positiv entschieden ist. Erst wenn sie als asylberechtigt anerkannt sind – das kann bekannterweise jahrelang dauern – wird der Weg zur Schule »Pflicht«.

Für die Eltern bedeutet das, daß sie in der Zwischenzeit eine Schulleitung finden müssen, die aus humanitären Überlegungen bereit ist, ein Kind auch ohne abgeschlossenes Asylverfahren aufzunehmen. Einige Bundesländer bieten nach dem Gastschulrecht spezielle Förderklassen mit deutschem Sprachunterricht an. Weil aber viele Flüchtlingseltern gar nicht in der Lage sind, den Organisationsaufwand einer Schulsuche zu bewältigen, bleibt eine große Zahl der Asylantenkinder ohne Schulbildung. Viele der Roma- und Sintikinder lernen aus diesem Grunde niemals lesen und schreiben.

Im Artikel 28 der UN-Kinderkonvention verpflichtet sich die Bundesrepublik

* den »Besuch der Grundschule für alle Kinder zur Pflicht und unentgeltlich zu machen« und
* auch die »weiterführenden Schulen für alle Kinder verfügbar und zugänglich zu machen«.[15]

Auch der Beginn einer Berufsausbildung ist den Kindern von Asylbewerbern nach ihrer Ankunft in Deutschland zunächst untersagt. Ein Jahr werden sie per Gesetz zum Nichtstun verurteilt, bis Anfang 1991 waren es sogar noch zwei Jahre.[16]

Mädchen in der Jungenschule

Koedukation – die gemeinsame Erziehung von Mädchen und Jungen – hat sich im Gegensatz zu anderen Schulreformen relativ schnell und gründlich durchgesetzt. Selbst im Sportunterricht müssen sich die Geschlechter aneinander messen. Durch die koedukative Erziehung sollte der »Bildungsrückstand« der Mädchen beseitigt werden, hieß es Ende der sechziger Jahre von seiten der ReformerInnen. Außerdem, so hoffte man, würden die althergebrachten Geschlechterrollen leichter aufzubrechen sein, wenn Jungen und Mädchen in ein und dieselbe Schule gehen. Diese Hoffnung hat sich nicht erfüllt.

Zwar sind die Mädchen von ihrer schulischen Ausbildung her heute ebenso qualifiziert wie Jungen, doch die geschlechtsspezifische Aufteilung bezüglich der Fächerwahl besteht an koedukativ geführten Schulen immer noch.

Anteil der Schülerinnen an allgemeinbildenden Schulen [17]

	1960	1989
Hauptschule	50,2 %	45,3 %
Realschule	52,0 %	52,3 %
Gymnasium Kl. 5–10	41,1 %	51,1 %
Gymnasium Kl. 11–13	36,5 %	50,5 %

Verschiedene Untersuchungen kommen zu dem Schluß, daß der Anteil der Schülerinnen, die Fächer aus dem naturwissenschaftlich-technischen Bereich wählen, in reinen Mädchenschulen höher ist als an Schulen mit Koedukation.[18] Dort haben Mädchen eine noch größere Distanz zu den Naturwissenschaften und gehen immer noch häufig in frauentypische Berufe. Die koedukative Schule hat lediglich zu einer formalen Gleichberechtigung geführt.

In den Führungspositionen der Schulleitungen und Verwaltungen dominieren Männer ebenso wie im Unterricht die Jungen. Auch die Sprache und die Inhalte der Lehrbücher orientieren sich immer noch am männlichen Geschlecht. Der Schule ist es nicht gelungen, hier eine Basis für Chancengleichheit zu schaffen. Das heißt auch, daß sich trotz der Zusammenführung von Mädchen und Jungen der Unterricht nicht nach den Interessen, Fähigkeiten und Bedürfnissen der

Mädchen ausrichtet, sondern weitgehend nach denen der Jungen. Sie setzen sich im Unterricht leichter durch, bekommen mehr Aufmerksamkeit von den LehrerInnen und zentrieren dadurch das Unterrichtsgeschehen auf sich. Die Mädchen müssen sich diesen vorgegebenen Mustern anpassen. »Gegen die sexistischen Tendenzen in der Schule«, so die Pädagogin Ilse Brehmer, »hilft nur die Selbstorganisation.«

»Abi ist wichtig«

Franziska (15) ist vor einem Jahr aus Halle nach Westdeutschland gezogen. Jetzt geht sie gemeinsam mit Bianca (13) und Laura (13) in die siebte Klasse des Gymnasiums. Das Geschlechterverhältnis in ihrer Klasse ist ausgeglichen: fünfzehn Mädchen und dreizehn Jungen. Daß sie mit den Jungen gemeinsam Unterricht haben, gefällt ihnen im großen und ganzen gut. In der Jugendherberge hat es mit den Jungen allerdings mehr Spaß gemacht. In der Schule, so finden die drei, sind die Jungen manchmal ein bißchen zu verbissen.

Bianca: »Irgendwo trennen sich Jungen und Mädchen. Jungen denken immer, sie sind stärker und was Besseres und versuchen einen dann so niederzumachen. Sie denken, ein Mädchen ist so klein, da kann man drauftreten. Aber die Mädchen lassen sich das meistens nicht gefallen. Ich meine, das muß gleichberechtigt sein, wir sind ja nicht vom anderen Stern.«
Franziska: »Ich bin Klassensprecher bei uns in der Klasse. Wenn man mal was sagen will, machen die Jungen einen runter. Es ist nicht, daß man sich dann nicht traut, was zu sagen, aber man will ja auch nicht immer patzige Antworten kriegen.«

Laura: »Wir haben jetzt ein Gespräch mit unserem Klassenlehrer gehabt, und da haben die Jungen an die Tafel geschrieben ›wir Jungen haben eine gute Gemeinschaft, nur die Mädchen setzen sich von uns ab‹. Wirklich, manchmal spinnen die auch, da kann man besser mit Mädchen zusammensein. Unsere Deutschlehrerin, die bevorzugt uns. Wenn sich ganz viele melden, dann nimmt sie sofort ein Mädchen dran. Und unser Sportlehrer, der bevorzugt die Jungen. Die dürfen immer die Gruppen wählen und wir Mädchen fast nie.«
Bianca: »Unser Französischlehrer sagt auch, daß es einfach Fächer gibt, wo Jungen besser sind als Mädchen, und daß er es deshalb besser findet, wenn in manchen Fächern die Jungen und Mädchen getrennt würden. Zum Beispiel in Chemie, meint er, da sind Jungen besser.«
Franziska: »In technischen Fächern würde ich das auch besser finden. Bei uns gab es ›ESP‹: ›Einführung in die sozialistische Produktion‹. Da mußte man Werkzeug für einen Betrieb herstellen. Das hat mir nicht gefallen, weil ich persönlich keine Lust dazu hatte. Man kann doch nicht von einem Mädchen verlangen, daß sie etwas aus Eisen feilt. Aber es gibt ja Mädchen, die sich auch für was Technisches interessieren. Deshalb sollte man vielleicht wählen können. Es sollte sowieso viel mehr freiwillig gemacht werden. Zum Beispiel Chemie, wenn ich da durch die Klasse gucke, wer das gern macht. Da hat keiner Lust zu, auch die Jungen nicht.«
Laura: »Das kommt aber auch darauf an, wie man den Chemieunterricht gestaltet. Unser Lehrer, der diktiert immer nur. Er macht vorne seine Versuche, und wir dürfen nichts machen: Nur noch Protokolle schreiben.«

Schule ist langweilig

Bianca: »Ich langweile mich in der Schule total. Ich bin immer froh, wenn die Stunden vorbei sind. Da sitzen wir dann da, gucken nur an die Tafel, dann zeigt man einmal auf. Ich krieg' bestimmt eine Fünf auf dem Zeugnis, in Mathe. Mein Bruder ist überall total gut, nur Zweien und Einsen. Wenn man noch einen Bruder hat, der besser ist, da wird es noch schwerer, weil dann die Eltern immer sagen, nimm dir mal ein Beispiel an deinem Bruder.«

Laura: »Ich hab' mindestens drei Fünfen. Ich bin ganz schlecht. Das weiß ich auch selber. Ich versuch' auch immer zu lernen, dann setz' ich mich hin, und schon hab' ich keine Lust mehr. Ich will das ändern, aber ich weiß nicht, wie. Ich bin jeden Tag weg, immer unterwegs, das ist total schlimm. Meine Oma findet das auch nicht mehr so witzig. Wenn ich jetzt mein Zeugnis sehe, fünf, fünf, fünf, vier, drei, vier, schlimm, echt.«

Franziska: »Also ich hab' im Moment so eine Phase, wo ich in der Schule total gut sein muß, weil ich in die USA fahren will. Da muß man einen bestimmten Durchschnitt haben, und das will ich schaffen. Ich brauch' mir aber keine Sorgen zu machen, daß ich hängenbleibe oder so. Schwerer ist es schon geworden, im Gegensatz zu meinen Zeugnissen davor, ist das wirklich schlecht jetzt. Aber wenn ich so andere hier sehe, dann bin ich doch ganz gut. Drüben in der DDR, da war eine Eins fast normal, da gab es keinen, der eine Fünf auf dem Zeugnis hatte. Und wenn, dann war der wirklich total schlecht. Auch wenn da einer sitzenblieb, dann hatte der sein ganzes Leben das Sitzenbleiber-Image. Für meine Eltern wäre das das Schlimmste, wenn ich sitzenbleibe.«

Geld und Erfolg

Laura: »Abitur ist wichtig, ohne Abi kriegt man vieles nicht, was man erreichen möchte. Mein Vater meint immer, wenn du nicht besser in der Schule wirst, mußt du dich am Ende noch ins Kaufhaus stellen und verkaufen. Dabei verkauft der selber. Und dann sagt er immer, ich hab' es halt nicht zu was Großem gebracht, und du sollst was Besseres werden. Und dann sagt er, werd' doch Rechtsanwalt oder Zahnarzt, da verdienst du viel. Ich möchte schon viel Geld verdienen, damit ich mir auch was leisten kann. Eigentlich wollte ich ja Tierärztin werden, aber jetzt habe ich festgestellt, daß ich gar kein Blut sehen kann, und dann geht das nicht.«

Bianca: »Aber es nützt auch nicht viel, wenn man Abitur hat und kriegt keine Arbeit. Ich wollte mal Automechanikerin werden, aber da verdient man nicht so viel. Und dann wollte ich auch schon mal Rechtsanwältin werden. Jetzt weiß ich nicht mehr, was ich werden will.«

Franziska: »Für mich ist das Abi sehr wichtig, ich will ja Journalistik studieren. Deswegen will ich auch in die USA für ein Jahr. Mein Vati sagt mir andauernd, daß er sehen will, daß ich später was Ordentliches geworden bin. Er bezahlt mir ja die Reise in die USA, die kostet 8.000 Mark und dann noch Taschengeld dazu. Er hat gesagt, wenn er dann sieht, daß ich mal irgendwo hinter der Kasse stehe, dann erschlägt er mich. Aber ich sag' mir das auch selber. Wenn ich so in der Stadt rumlaufe, und dann sehe ich die Frauen im Anzug, so ganz chic angezogen, so richtige Karrierefrauen, dann denk' ich mir, so wirst du auch mal. So 'ne Frau, die unabhängig ist, vielleicht auch ein bißchen emanzipiert. Das ist mein Ziel.«

Bianca: »Manchmal krieg' ich meinen Moralischen, und dann krieg' ich Angst, daß ich nichts werde. Ich möchte so gern, daß mein Vater stolz auf mich ist, weil der hängt an mir, und manchmal sagt der, ›ich hoffe, du wirst was‹. Und dann denk' ich, mein Vater ist traurig, wenn ich nichts werde. Mein Vater hat einen Bekannten, und dessen Tochter verdient schon mehr als der Vater. Das hat mein Vater mir erzählt, und da dachte ich, wenn ich es jetzt zu nichts bringe, kann er überhaupt nichts über mich erzählen.«

Laura: »Mein Vater sagt auch immer, ›ich möchte, daß du was Besseres wirst als ich‹, und dann tut der mir richtig leid. Und dann denk' ich, der hat vielleicht auch einen großen Wunsch gehabt und hat das nicht geschafft. Ich möchte wie Bianca, daß mein Vater stolz auf mich ist.«

Die Pausen sind am besten

Laura: »Ich freu' mich immer auf die Pausen, weil man dann die anderen sieht. Es gibt viel zu wenig Pausen, das sind ja immer nur ›Fünf-Minuten-Pausen‹ zwischen den Stunden. Am besten sind die großen Pausen. Und dann ›ding-dang-dong‹, schon muß man rein, und dann fängt das gleiche wieder an. In der Grundschule hat mir das alles viel mehr Spaß gemacht, da waren die Stunden nicht so langweilig. Jetzt ziehen die Lehrer ihren Stoff so durch. Aber ich wollte unbedingt aufs Gymnasium gehen, weil Realschule ist so prollig. Und mein Vater war auch direkt dafür.«

Bianca: »Ich freu' mich nur auf Sport, da kann man rumtoben und sich mal unterhalten. In den anderen Fächern hab' ich immer das Gefühl, ich schlaf' gleich ein, da fallen mir immer die Augen zu, und die Schulstunden sind so lang, da fang' ich immer an zu zählen und schreib' auf den Tisch, wie lang es noch dauert. Wenn man etwas nicht kann, dann hat man auch kein Interesse mehr, sich am Unterricht zu beteiligen. Wenn man gar nicht weiß, wovon die da vorne reden.«

Laura: »In der Grundschule war unsere Klasse immer richtig bunt. Jetzt ist alles so kahl, wir haben keine Vorhänge und nichts. In unserem Klassenzimmer sind auch andere Kurse, die machen immer Dreck. Und wenn wir da jetzt ein großes schönes Tierposter hinhängen, würden die das vielleicht zerreißen. Da sind mir meine Poster zu schade für.«

Franziska: »Bei uns in der DDR gab es eine Wandzeitung in der Klasse, das hat mir gefallen. Gut, wir haben das damals gehaßt, weil es Pflicht war, die zu machen. Da mußten dann so Sprüche dran, zum Beispiel am Tag der Arbeiter und Werktätigen: ›Es lebe der 1. Mai‹. So voll die Parolen. Das haben wir gehaßt. Aber wenn ich mir das so überlege, so nach der Wende hatten wir an der Wandzeitung auch so Themen wie Sexualität. Da wurden dann Themen angesprochen, die einen interessieren, wie eben Aufklärung. Über Musik könnte man auch eine Wandzeitung machen. Daß man sich ›Heavy Metal‹ vornimmt und die ›Heavys‹ das dann gestalten. Und das dann jeden Monat wechselt.«

Immer nur lernen, nie reden

Laura: »Irgendwie verstehen uns die Lehrer nicht. Bis auf unsere Deutschlehrerin, mit der haben wir immer über alles geredet, die wollten wir auch gern als Vertrauenslehrerin haben. Mit der haben wir auch über Jungens geredet, also sogar mit den Jungen zusammen. Die hat alles verstanden, und die hat das auch niemandem erzählt.«

Bianca: »Manche Lehrer sind auch zu versteift auf ihren Unterricht, die labern nur ihren Stoff runter. Hauptsache, die Kinder lernen was, das ist deren einziger Gedanke, und was wir in den Köpfen haben, daß wir vielleicht Probleme haben, das interessiert die nicht.«

Laura: »Wie es zu Hause ist, das beeinflußt ja auch. Die Freundin von meinem Vater, die hat mir vorgeworfen, daß ich der Grund bin, weswegen sie mit meinem Vater oft Streit hat. Und dann saß ich in der Schule und mußte immer daran denken. Deshalb wohne ich jetzt lieber bei meiner Oma, damit mein Vater keine Probleme mit seiner Freundin hat. Wenn er sie liebt, dann will ich nicht dazwischenstehen. Ich will ja nicht, daß er unglücklich ist wegen mir.«

Bianca: »So eine Zeit hatte ich auch zu Hause, weil meine Eltern sind ja geschieden. Und das hat mir auch sehr zu schaffen gemacht. Aber als jetzt mein Freund mit mir Schluß gemacht hat, das hat mich noch mehr beschäftigt. Ich hab' immer nachgedacht, warum, wieso, weshalb, und ich konnte mich gar nicht mehr konzentrieren.«

Keine Zeugnisse mehr

Bianca: »Ich habe im Fernsehen mal eine Reportage gesehen, über eine Schule, in der es keine Noten gab. Wo nur die Beteiligung am Unterricht bewertet wird, das fand ich gut. Mit den Noten, das kommt mir immer so hart vor. Ich fänd' es besser, es würde nur geschrieben, ob man sich gut beteiligt hat oder nicht. Mit den Noten und den Zeugnissen, da sitzt einem im Nacken, wie schlecht man ist.«

Laura: »Dann würde man auch nicht hängenbleiben, wenn man drei Fünfen hat. Daß man so ein bißchen Druck kriegt, ist schon okay, daß da zum Beispiel steht: ›Ihre Tochter ist nicht gut, und da muß sich was dran ändern‹, aber nicht dieses ›wird versetzt‹ oder ›wird nicht versetzt‹. Dann muß man aus der Klasse raus und von allen Freunden weg. Und dann ist man vergessen. Das finde ich grausam. Wenn ich jetzt sitzenbleibe, dann hab' ich Angst, daß ich nicht mehr dazugehöre. Da hab' ich Angst vor.«

Bianca: »Ich denk' auch, mit den Fächern, die wir haben, werden wir es im Leben nicht weit bringen. Wofür brauch' ich zum Beispiel Chemie, außer ich will das studieren. Aber damit kommt man doch nicht durchs Leben. Mein Bruder ist zum Beispiel ziemlich gut in der Schule, aber der kommt überhaupt nicht mit Leuten klar. Was nützt ihm da, daß er gut in der Schule ist, wenn er nicht mit Leuten umgehen kann, auch wenn er noch so schlau ist. Das ist nichts für das Leben. Man kriegt nur den Stoff in den Kopf reingesetzt, aber für später lernst du nichts. Es müßte mehr Fächer geben, wie man im Beruf später mit anderen umgeht.«

Laura: »Oder auch ein Sorgenfach. Daß wir mehr Orientierungsunterricht in der Klasse machen, damit wir uns aussprechen können. Das gibt es ja jetzt nur bis zum sechsten Schuljahr, im siebten ist das vorbei. Daß man jemanden hat, mit dem man mal was besprechen kann. Zum Beispiel bei Bianca oder bei dir, Franziska, deine Eltern sind ja auch nicht viel zu Hause, und bei mir auch nicht. Man kann zu Hause gar nichts besprechen. Wir sind am Tag schon sechs Stunden in der Schule, man muß die ganze Zeit nur lernen, lernen, lernen. Ich möchte aber nicht nur lernen, sondern auch mal Sachen besprechen, die mich angehen.«

Bianca: »Wenn man eine feste Stunde hätte, wo man zum Lehrer gehen kann, um was zu besprechen, das fänd' ich auch gut. Es gibt nur den Elternsprechtag und den Vertrauenslehrer, aber zu dem geht ja keiner.«

Franziska: »Das ist ja auch Quatsch, weil das ein Lehrer ist, den wir überhaupt nicht kennen.«

Laura: »Wir hatten auch mal ›Klassenonkel‹, also Schüler aus höheren Klassen, aber die haben sich dann auch nicht mehr um uns gekümmert.«

Franziska: »Solche Patenklassen, das gab es bei uns in der DDR auch. Also die ganze Klasse war dann für uns zuständig. Von der fünften bis zur siebten Klasse hatten die uns. Wir haben auch zusammen was unternommen. Und montags war immer die erste Stunde Gruppenstunde. Da haben wir was zusammen gemacht und auch Sachen besprochen.«

Laura: »Ja, auf so was würde man sich dann freuen. Montags ist ein gutes Beispiel, da kommt man in die Schule und muß nicht direkt denken, oh, jetzt kommt Mathe, sondern man hätte erst mal eine Stunde, die richtig Spaß macht.«

Artikel 10
Die von einem Kind oder seinen Eltern gestellten Anträge auf Ein- oder Ausreise zwecks Familienzusammenführung werden wohlwollend, human und beschleunigt bearbeitet.

Artikel 22
Die Vertragsstaaten stellen sicher, daß ein Kind, das die Rechtsstellung eines Flüchtlings begehrt, angemessenen Schutz und humanitäre Hilfe erhält.

Kinder zweiter Klasse

Vollmundig preist die Bundesregierung in ihrem letzten Sozialbericht das neue Ausländerrecht als besondere Leistung: Mit dem Gesetz sei nun sichergestellt, daß Deutschland »auch weiterhin ein ausländerfreundliches Land bleibt«. Die Ausländerpolitik sei – wie immer – auf die »Integration der ausländischen Arbeitnehmer und ihrer Familien gerichtet«.[1] Weder die Wohlfahrtsverbände noch die zahlreichen Initiativgruppen, die sich im Bereich der Ausländerbetreuung engagieren, wollten sich diesem Lob anschließen. Sie kritisierten das neue Paragraphenwerk als eine »Mogelpackung« mit »Überwachungs- und Abwehrcharakter«, außerdem sei es »konzeptlos« und »verfassungswidrig«.[2] Tatsächlich wurden mit dem neuen Gesetz nicht nur den ausländischen Erwachsenen, sondern auch ihren Kindern eine ganze Reihe von Rechten aberkannt, die sie vormals hatten.

Für Kinder galt beispielsweise bis zum Dezember 1990 das sogenannte ›Kinderprivileg‹. Es gestattete ihnen, bis zum 16. Lebensjahr ohne behördlichen Segen zu den Eltern nach Deutschland zu reisen, hier zu leben und aufzuwachsen. Nur die Eltern mußten sich um eine Aufenthaltserlaubnis bemühen, ihre Kinder waren davon befreit. Seit dem 1. Januar 1991 braucht sogar ein Neugeborenes, das in einem deutschen Krankenhaus zur Welt kommt, eine Aufenthaltsgenehmigung. »Die Bundesrepublik ist kein Einwanderungsland«, lautete dazu das Credo des ehemaligen Innenministers Zimmermann, dem verantwortlichen Betreiber des Gesetzes.[3]

Die geschlossene Gesellschaft

Nur widerwillig wollten die jeweiligen Regierungen während der klassischen Anwerbezeit von 1955 bis 1973 zur Kenntnis nehmen, daß die heißbegehrten ausländischen Arbeitskräfte aus der Türkei, aus Griechenland oder Marokko auch Familien und Kinder hatten. Der »geordnete« Familiennachzug wurde schließlich zum humanitären Zugeständnis, das man den Eheleuten und ihren Kindern schlecht verweigern konnte. Inzwischen leben mit den 4,8 Millionen Ausländern in Westdeutschland rund eine Million Kinder. Über zwei Drittel von ihnen, nämlich über 700.000, wurden bereits auf bundesdeutschem Boden geboren.[4] Die meisten von ihnen kennen die Herkunftsländer ihrer Eltern bestenfalls von Urlaubsreisen. Sie sprechen die Dialekte ihrer bundesdeutschen Wohnorte, sie besuchen deutsche Schulen und werden immer noch als Ausländer behandelt.
Durch eine spezielle Verordnung wurde zwar einem Großteil der Kinder aus den Anwerbeländern die Verpflichtung erlassen, eine eigene Aufenthaltserlaubnis zu beantragen.

Diese Ausnahmeregelung gilt jedoch auch nur bis zum 16. Lebensjahr. Ob ihr Aufenthalt berechtigt ist, wird dennoch geprüft.

Ermessenshürden

»Wie ein roter Faden durchziehen Benachteiligungen gegenüber früher das Gewebe des neuen Gesetzes«, meint der ehemalige Oberverwaltungsrichter Fritz Franz in einem Sondergutachten.[5] Zahlreiche Ermessensregelungen behindern heute den Weg zu den Eltern. Die Kinder sind dem Wohlwollen der Behörden ausgeliefert und wurden weitgehend rechtlos gemacht. Vor allem jene ausländischen Kinder, die *noch* im Ausland leben, müssen eine Vielzahl von gesetzlichen Schranken überwinden. Daß damit das Recht auf Familienzusammenführung unterhöhlt wird, stört auf regierungsamtlicher Seite niemanden. Dort spricht man offiziell von der *Begrenzung* des Zuzugs und meint *Verhinderung*:

* Einen »Rechtsanspruch« auf Nachzug gibt es nur zu beiden Eltern, wenn beide eine »Aufenthaltserlaubnis« oder eine »Aufenthaltsberechtigung« haben und als Volljährige eingereist sind. Ist der Aufenthaltsstatus der Eltern niedriger, wie das beispielsweise bei fast allen Asylanten der Fall ist, dann wird der Nachzug der Kinder vom »Ermessen« abhängig. Wie weit sich ein Beamter erweichen lassen wird, den Sohn oder die Tochter tamilischer Flüchtlingseltern nach Deutschland kommen zu lassen, bleibt abzuwarten.
* Eindeutig benachteiligt werden ledige Kinder und diejenigen aus geschiedenen Ehen. Wenn beispielsweise ein jugoslawisches Kind, das nach der Trennung seiner Eltern bei der Mutter in Jugoslawien bleibt, nach einigen Jahren zu seinem Vater nach Deutschland möchte, ist die Erfüllung seines Wunsches wieder vom »Ermessen« abhängig.

* Generell gibt es den »Rechtsanspruch« auf Nachzug nur bis zum 16. Lebensjahr, obwohl die UN-Konvention das 18. Lebensjahr vorsieht.[6] Mit offensichtlichem Blick auf die deutschen Gymnasien im Ausland hat man sich für die älteren Kinder bis zum 18. Lebensjahr eine Sonderregelung einfallen lassen. Sie dürfen nach »Ermessen« kommen, wenn sie die deutsche Sprache sprechen und sich aufgrund ihrer bisherigen Ausbildung in die »Lebensverhältnisse der Bundesrepublik einfügen können«.[7] »Das ist eine eindeutige Bevorteilung der Kinder reicher Eltern«, urteilt Eberhard de Haan vom Bundesverband der Arbeiterwohlfahrt: »Welche Familie kann es sich schon leisten, ihre Kinder auf eine deutsche Schule im Ausland zu schicken?«
* Überhaupt keinen »Rechtsanspruch« gibt es für die Kinder aus der sogenannten zweiten Generation. Das sind alle, die als Minderjährige nach Deutschland eingereist sind. So unglaublich es klingt, aber wenn beispielsweise ein Junge mit zwölf Jahren aus der Türkei nach Deutschland gekommen ist, hier aufwächst und die Schule besucht, kann er später Schwierigkeiten beim Nachzug seines Kindes bekommen, wenn es im Ausland geboren wird. Heiratet der Junge beispielsweise mit achtzehn Jahren in seinem türkischen Heimatdorf und bekommt seine Frau dort ein Kind, dann ist der Nachzug von Frau und Kind wieder vom »Ermessen« der Beamten abhängig.

Ärmere Kinder – weniger Rechte

In der Bundesrepublik fehlen über 1,5 Millionen Wohnungen, ein preisgünstiges Dach über dem Kopf ist in Ballungsgebieten kaum noch zu finden. Ausländische Familien scheitern besonders häufig an den hohen Mieten und müssen sich fast immer mit beengten Wohnverhältnissen begnügen. In dieser Situation werden sie nun aufgefordert, »ausreichenden Wohnraum« zur Verfügung zu stellen, wenn sie ihre Kinder nachkommen lassen wollen. Sogar für die hier geborenen Kinder gilt dieselbe Bedingung der »Wohnraumbeschaffungspflicht«. Dabei werden, von Land zu Land unterschiedlich, rund zehn Quadratmeter pro Person angesetzt, um »ausreichenden« Wohnraum zu definieren. Ist danach die Wohnung ab dem zweiten Lebensjahr des Kindes »zu klein«, kann dies den Aufenthalt der Familie gefährden. Denn Obdachlosigkeit gilt als Ausweisungsgrund und wurde neu in das bestehende Recht eingeführt.[8]

Mit offener Ironie kritisiert Eberhard de Haan das Paragraphenwerk: »Bei den Ausländern setzt der Schutz der Familie und Kinder erst dann ein, wenn das Einkommen gesichert und eine Wohnung vorhanden ist. Die öffentlichen Kassen und der Wohnungsmarkt werden aus der Optik der Gesetzgeber höherrangig eingestuft als das Recht der Kinder auf Familie.« Als glatten Verfassungsbruch beurteilt der ehemalige Oberverwaltungsrichter Fritz Franz die Wohnraumklausel für den Nachzug von Kindern: »Das Ehe- und Familienschutzgebot hat Vorrang vor dem Standard des sozialen Wohnungsbaus.«[9]

Auch die Lebensverhältnisse der ausländischen Familien werden überprüft, wenn ihre Kinder nach Deutschland nachkommen wollen. Auf keinen Fall dürfen die Betroffenen von Sozialhilfe abhängig sein. Dann ist es für ein Kind kaum mehr möglich, zu seinen Eltern zu kommen. An dieser Stelle kritisiert Franz die Bundesregierung am heftigsten: Das Grundgesetz gelte »für reich und arm gleichermaßen«, stellt der Jurist fest. Solange sich Ausländer erlaubt im Bundesgebiet aufhalten, ist der Anspruch eines armen »auf ein normales Familienleben von nicht geringerem Gewicht, als der eines begüterten«.[10]

Die Eindeutschung

Die vielbeklagte Zahl der AusländerInnen könnte schlagartig um 700.000 gesenkt werden, wenn es hierzulande – wie beispielsweise in Frankreich oder den USA – üblich wäre, den hier Geborenen die »automatische« Einbürgerung anzubieten. Das fordern die Spitzenverbände der freien Wohlfahrtspflege seit vielen Jahren: »Dabei müßte es natürlich für die Kinder und ihre Familien auch das Recht geben, dieses Angebot auszuschlagen. Aber die prinzipielle Möglichkeit, als hier geborenes Baby die deutsche Staatsbürgerschaft zu bekommen und gleichzeitig die alte zu behalten, entspräche der Lebensrealität der Kinder. Sie wachsen hier auf und kennen gar nichts anderes«, meint Eberhard de Haan vom Bundesverband der Arbeiterwohlfahrt.

Im neuen Ausländergesetz geht man einen anderen Weg. Nicht den Neugeborenen oder den Eltern, sondern den Jugendlichen zwischen 16 und 23 Jahren soll die Einbürgerung erleichtert werden. Dafür müssen sie sich allerdings seit mindestens acht Jahren in der Bundesrepublik aufhalten, außerdem die Schule besucht haben, sie müssen ihre alte Staatsbürgerschaft aufgeben und ohne erhebliche Vorstrafen sein. Wie viele ausländische Jugendliche diesen vergleichsweise kurzen Hürdenlauf zum Einbürgerungsrecht überhaupt nutzen werden, ist unklar. Konflikte sind darin angelegt, denn es besteht die Gefahr der Familienspaltung in Eltern und jüngere Geschwister auf der einen Seite und in die Jugendlichen auf der anderen Seite: Sie müssen nämlich ihre Entlassung aus der alten Staatsangehörigkeit »ernsthaft und nachhaltig« betreiben, um sich dann »freiwillig und dauernd« Deutschland zuzuwenden.[11]

Nevenka Zonsicz[12] lebt seit elf Jahren in Düsseldorf. Heute ist sie 21 Jahre alt und in der Ausbildung zur Kinderpflegerin. Sie kann sich nicht vorstellen, unter den geforderten Bedingungen ihre Staatsbürgerschaft zu wechseln: »Ich würde gerne Deutsche werden. Ich bin hier aufgewachsen und habe fast nur deutsche Freunde und Freundinnen«, erklärt die Jugoslawin. »Aber meinem Vater würde das Herz brechen, wenn ich gleichzeitig meinen jetzigen Paß zurückgeben müßte. Schließlich sind wir alle stolz, Kroaten zu sein. Ich bin doch beides, Kroatin und Deutsche.« Andere Länder stürzen ihre ausländischen Familien nicht in solche Gewissenskonflikte. So gestatten beispielsweise Frankreich, Griechenland, Großbritannien, Irland, die Niederlande, Portugal und die skandinavischen Staaten die Mehrstaatlichkeit. In der Bundesrepublik werden Menschen mit zwei Pässen nur dann akzeptiert, wenn sich das »andere« Land hartnäckig weigert, seine/n BürgerIn aus der Staatbürgerschaft zu entlassen. Nach bundesdeutscher Rechtsauffassung wiegt offenbar der Wille eines »anderen« Staates mehr als der individuelle Wunsch vieler ausländischer Jugendlicher, sich ihre multikulturelle Identität zu bewahren.

Kinder auf der Flucht

Fünfzig bis sechzig unbegleitete Kinder, meist aus klassischen Krisenländern wie Eritrea, Afghanistan, Pakistan und Kurdistan, landen allmonatlich auf dem Frankfurter Flughafen. Etwas über 700 waren es 1990. Viele haben nichts anderes mit, als ihre Kleidung, manche sind noch mit Schnuller und Teddybär ausgerüstet. Das Wort Asyl bekommen sie kaum über die Lippen. Sie werden von ihren verzweifelten Eltern in die Flugzeuge gesetzt, begleitet von der Hoffnung, daß sich irgendwo in der europäischen Welt jemand finden wird, der sich der Kinder annimmt. Häufig legt die ganze Verwandtschaft ihr verfügbares Geld zusammen, um wenigstens *ein* Leben aus der Familie – meist das des männlichen Nachkommen – retten zu können. Notfalls

wird auch das Geld für die Mitgift der Tochter verwendet.[13] Die Fluchtgründe der Kinder sind vergleichbar mit denen der erwachsenen Flüchtlinge. Sie werden verfolgt, weil sich ihre Eltern oder Verwandten zu einer verbotenen politischen Gruppierung bekennen, manche werden gefoltert, weil ihre Familie der »falschen« Religionsgemeinschaft oder einer ethnischen Minderheit angehört. Viele werden auch in Haft genommen, um die Eltern unter Druck zu setzen oder um Geständnisse zu erpressen. Kurz vor Ende des Iran-Irak-Konflikts, 1988, kamen über 2.500 unbegleitete Minderjährige in Frankfurt an. In der überwiegenden Mehrzahl waren es iranische Jungen, zwischen 13 und 15 Jahren, die vor der Zwangsrekrutierung flüchteten. Die iranische Armeeführung hatte damals begonnen, ihre Kindersoldaten über verminte Felder und Gräben zu schicken, um den Weg zur irakischen Front freizukriegen. Auch im Irak wurden Kinder als Kanonenfutter eingesetzt, in Eritrea und Äthiopien werden sie zum Dienst in der Befreiungsbewegung verpflichtet, und in Sri Lanka werden sie zur Bürgerkriegsteilnahme gezwungen.[14]
Mit der Einführung der Kindervisapflicht ist es für die minderjährigen Flüchtlinge ungleich schwieriger geworden, in Deutschland Zuflucht zu finden. »Es ist unglaublich«, kritisiert Wolfgang Brinkmann vom Frankfurter Jugendamt. Als Sozialarbeiter betreut er seit zehn Jahren Flüchtlingskinder und kennt die neue, harte Gangart der Behörden: »Da reisen die Politiker zum Weltkindergipfel nach New York und halten vor der Weltöffentlichkeit große Reden über die Rechte der Kinder. Gleichzeitig verschlechtern sie die Situation im eigenen Land.«
Die Flüchtlingskinder waren dem ehemaligen Bundesinnenminister Friedrich Zimmermann ein steter Dorn im Auge. Als Minderjährige brauchten sie keinen sogenannten Sichtvermerk und konnten ohne besondere Formalitäten nach

Deutschland einreisen. Nachdem sie selbst als noch nicht »handlungsfähig« galten, bekamen sie vom Jugendamt einen Vormund, der dann für sie Asyl beantragte. Auf Zimmermanns Wunsch wurde die Visumfreiheit »für die sogenannten Kinderasylanten aus Kriegs- und Hungergebieten«[15] schließlich aufgehoben und im neuen Ausländergesetz festgeschrieben. »Die Intention dieser Regelung ist eindeutig«, meint Eberhard de Haan vom Bundesverband der Arbeiterwohlfahrt: »Sie soll es ermöglichen, die Kinder bereits an der Grenze abzulehnen, ohne das langwierige Asylverfahren abzuwarten. Die iranische Kinderwelle ist zwar abgeebbt, aber es kann ja der nächste Krieg kommen, und da will man offensichtlich gegen die Kinder gewappnet sein.«

Kinder ohne Paß

»Häufig bekommen wir sie gar nicht mehr zu sehen. Die Kinder werden an uns vorbeibefördert oder gleich zurückgeschickt. Das ist von hier aus nicht feststellbar«, kritisiert Gudrun Petasch vom Sozialdienst des Frankfurter Flughafens die derzeit gängige Praxis der Grenzbehörden. »Der Bundesgrenzschutz beginnt mit seiner Befragung im Transit, und die Kinder sind in diesen ersten wichtigen Minuten, die über ihre Zukunft entscheiden, völlig ohne sozialpädagogische Betreuung und ohne juristische Vertretung«, stellt die Leiterin des Sozialdienstes fest.

Diejenigen, die durchkommen, erhalten nur ein 7-Tage-Visum, das zu einem gestatteten Aufenthalt verlängert werden muß. Dafür setzt sich das Frankfurter Jugendamt ein und stellt gleichzeitig den Asylantrag für das Kind. »Der Aufenthalt ist fast immer auf sechs Monate befristet, muß dann erneut beantragt werden und ist weiterhin nur befristet. Früher war alles einfacher«, stellt Wolfgang Brinkmann von der Jugendbehörde fest: »Eine wirklich dramatische Verschlechterung aber ist, daß die Kinder keine eigenen

Pässe und keine Kinderausweise mehr bekommen.« Die deutschen Familien, die einen Teil der Flüchtlingskinder während des Asylverfahrens in Pflege nehmen, werden auf diese Weise zu Gefangenen im eigenen Land. Sie kommen mit den Kindern über keine Grenze, können keine Urlaubs- oder Ferienreisen mehr planen. Auch die SozialarbeiterInnen in den Kinderheimen stöhnen unter der gesetzlichen Schikane, denn auch sie verbringen die Ferien mit ihren Schützlingen zum Teil im Ausland. »Früher fuhren wir beispielsweise nach Österreich oder nach Holland. Das ist jetzt nicht mehr möglich«, kommentiert Brinkmann. »Es ist unglaublich, was allen Beteiligten zugemutet wird. Dabei leiden die Kinder unter der Trennung von ihren Eltern und ihrer vertrauten Umgebung ohnehin genug.«

Ausweisungsgrund: Jugendhilfe

Getreu dem Prinzip der Abschottung wird den Flüchtlingskindern per Gesetz jede Möglichkeit verwehrt, eine »unbefristete« Zukunftsperspektive zu entwickeln. Schon der erste Kontakt mit dem Jugendamt schafft nämlich, ohne daß es die Betroffenen ahnen, einen sogenannten »Ausweisungsgrund«. Er entsteht in dem Moment, in dem ausländische Kinder Jugendhilfe benötigen, also zum Beispiel in einem Heim untergebracht werden, und sich ihre Eltern nicht in Deutschland aufhalten. »Die Kinder werden zwar nicht ausgewiesen«, erklärt Eberhard de Haan von der Arbeiterwohlfahrt, »aber sie haben nun keine Möglichkeit mehr, eine Aufenthaltserlaubnis zu bekommen. Eine solche Erlaubnis würde ihnen aber mehr Lebenssicherheit bieten, als die bloße Duldung. Über den Hebel der Jugendhilfe will man einfach verhindern, daß sich der Aufenthalt der Flüchtlingskinder hier verfestigen kann. Ein hervorragendes Abwehrinstrument, denn die Kinder sind ja auf die Jugendhilfe angewiesen.«

Internationales Recht

Nach internationalem Recht gibt sich die Bundesrepublik bei der Behandlung ausländischer Kinder eine unglaubliche Blöße. Nach dem Haagener Abkommen über den Schutz Minderjähriger ist sie verpflichtet, das Kindeswohl der Fremden genauso zu achten wie das der eigenen Kinder. Auch die UN-Konvention über die Rechte der Kinder verlangt beispielsweise im Artikel 22, daß einem Flüchtlingskind derselbe Schutz gewährt werden muß »wie jedem anderen Kind, das aus irgendeinem Grund aus seiner familiären Umgebung herausgelöst ist«.[16] Diese Gleichstellung von ausländischen Kindern mit deutschen geht der Bundesregierung derart gegen den Strich, daß sie plant, bei der Hinterlegung der Ratifikationsurkunde eine eigene Erklärung abzugeben. Sie will gesondert festhalten lassen, daß sie sich auch weiterhin das Recht vorbehält, »fremde« Kinder anders zu behandeln, als die eigenen.[17] Die Kinderkommission und der Ausschuß für Familie und Senioren haben daraufhin im Frühjahr 1991 die federführenden Rechtspolitiker aufgefordert zu prüfen, ob diese Erklärung »völkerrechtlich unbedenklich sei«.[18]

Aus der Erklärung der Bundesregierung, die zusätzlich zur Ratifikationsurkunde »Über die Rechte der Kinder« abgegeben werden soll:[19]

»Nichts in dem Übereinkommen kann dahin ausgelegt werden, daß die widerrechtliche Einreise eines Ausländers in das Gebiet der Bundesrepublik Deutschland oder dessen widerrechtlicher Aufenthalt dort erlaubt ist; auch kann keine Bestimmung dahin ausgelegt werden, daß sie das Recht der Bundesrepublik Deutschland beschränkt, Gesetze und Verordnungen über die Einreise von Ausländern und die Bedingungen ihres Aufenthalts zu erlassen oder Unterschiede zwischen Inländern und Ausländern zu machen.«

»Nach Abwägung des öffentlichen Interesses«

Der Fall: Gökhan (4) ist Ausländer. Sein Leben in der Bundesrepublik »beeinträchtigt im allgemeinen deutsche Belange«[20] und sein »privates Interesse«, bei seiner Familie zu bleiben, widerspricht dem »öffentlichen Interesse« in unserem Lande.

Die handelnden Personen

* Gökhan und Serkan, Zwillingsbrüder, beide vier Jahre alt.
* Gökhan lebt derzeit zusammen mit den Großeltern und seinen beiden Tanten Shirin und Renan[21] in Deutschland.
* Serkan wird von der zweiten Großmutter in der Türkei betreut.
* Narin ist die Mutter der Zwillinge. Sie ist pflegebedürftig und psychisch krank.
* Kreis Höxter, der Oberkreisdirektor.
* Diverse Verwaltungsgerichte.

Die erste Zeit in der Türkei

Bereits kurz nach der Geburt der Zwillinge treten große Probleme in der Betreuung der Kinder auf. »Die Mutter ist nervlich krank. Sie hat immer wieder Depressionen und bekommt Anfälle. Oft schlägt sie los und kann sich nicht mehr kontrollieren«, berichten die beiden Tanten. In ärztlichen Attesten wird die Krankheit der Mutter bestätigt: Da heißt es ›Psychoneurologische Reaktion‹ und ›A.Neurose‹[22]. Die Versorgung der Kinder wird vernachlässigt, die Windeln werden nicht gewechselt, die Zwillinge bekommen zu wenig zu essen.

Um das Ehepaar und die kranke Mutter zu entlasten, beschließt der Familienrat, die Betreuung des einen Kindes,

Serkan, der türkischen Großmutter zu übergeben. Gökhan soll zu seinen Großeltern und Tanten nach Deutschland. Kurz vor den Weihnachtsfeiertagen 1988, Gökhan ist inzwischen etwas über eineinhalb Jahre alt, kommt er zu seinen Verwandten nach Nordrhein-Westfalen.

Bei der Großmutter

Bereits kurz nach der Anmeldung des Kindes bekommt die Familie einen Brief von der Ausländerbehörde, in dem ihr offiziell mitgeteilt wird, daß sich das Kind nur besuchsweise, für die Dauer von drei Monaten, in Deutschland aufhalten darf: »Es hieß, das Kind muß raus«, schildert Shirin. »Weil seine leiblichen Eltern nicht hier sind, daher muß er raus, so steht es im Ausländergesetz.« Die Familie versucht daraufhin zu erklären, daß es in der Türkei niemanden gäbe, der sich entsprechend um Gökhan kümmern könne. Die Interventionen bewirken nichts, es wird ein Anwalt eingeschaltet:

* Es kommt zu verschiedenen Verfahren am Verwaltungsgericht in Minden und zu einer Verhandlung am Oberverwaltungsgericht in Münster. Der Aufenthalt von Gökhan wird immer wieder abgelehnt.
* Schließlich wird ein Kompromiß gefunden. Um den Rücktransport des Kindes während der Urlaubszeit zu ermöglichen, sichert die Ausländerbehörde zu, bis zum 30.8.1990 »von der Durchsetzung aufenthaltsbeendender Maßnahmen abzusehen«.[23]

Zwischenstation in der Türkei

Gökhan wird zurückgebracht, doch er weigert sich, bei seiner Mutter zu bleiben. »Er hat sehr viel geschrien«, berichtet Shirin. »Seine Eltern haben ihn oft um Mitternacht wieder zurückgebracht, weil er nicht einschlafen konnte. Er hängt so sehr an seiner Oma. Wir sind seine Familie.«

Wochenlang versuchen die Angehörigen das Kind bei seinen Eltern einzugewöhnen, doch die Versuche scheitern:

* Anfang Oktober 1990 wird das Sorgerecht über Gökhan vor einem türkischen Gericht von der Mutter auf die Großmutter übertragen.
* Mitte Oktober 1990 kehrt die Großmutter mit dem Kind wieder nach Deutschland zurück. Die Familie hofft nun auf einen gesicherten Aufenthalt für Gökhan.

Wieder in Deutschland

Die Familie bringt die beglaubigte Übersetzung des Sorgerechtsurteils sofort zur zuständigen Behörde. Obwohl die Großmutter nun auch offiziell für die Betreuung des Kindes zuständig ist, erhält die Familie Mitte November 1990 einen Brief, in dem ihr mitgeteilt wird:

* Daß der »Aufenthalt des Enkels erneut zeitlich befristet ist und für den Fall der nichtfreiwilligen Ausreise die Abschiebung angedroht werden soll«.[24]
* Mit Hilfe eines Anwaltbüros wird wieder eine Stellungnahme abgegeben: Eine Abschiebung sei unmenschlich, und das kleine Kind sei dem deutschen Staat noch nie zur Last gefallen.
* Anfang Dezember 1990 wird die Familie von der Endgültigkeit der Behördenentscheidung informiert. Gökhan wird verpflichtet, die Bundesrepublik bis zum 28. Februar 1991 zu verlassen: »Für den Fall, daß der Enkel dieser Ausreiseaufforderung nicht bis zum 28.2.1991 freiwillig nachkommt, wird ihm die Abschiebung aus dem Gebiet der Bundesrepublik Deutschland angedroht.«[25]
* Der zuständige Kinderarzt erstellt ein Attest, in dem er festhält, daß sich das Kind altersgemäß entwickelt, gut eingelebt hat und eine zwangsweise Rückführung »einer Kindesmißhandlung gleichkäme, da mit Sicherheit ein schwerer psychischer Schaden zu erwarten ist«.[26]

Die Verfügung vom Ordnungsamt

»Kindern, die das 16. Lebensjahr noch nicht vollendet haben, ist der Aufenthalt auf eine angemessene Besuchszeit zu beschränken, wenn sie zu anderen Verwandten als ihren Eltern nachziehen. Die Inanspruchnahme von Schul- und Ausbildungsplätzen durch jugendliche Ausländer, die keine engere familiäre Verbindung in der Bundesrepublik Deutschland haben, beeinträchtigt im allgemeinen deutsche Belange.«[27]

»Angesichts der angespannten Lage am Arbeitsmarkt, des Lehrstellenmangels und der Integrationsprobleme jugendlicher Ausländer überwiegt das öffentliche Interesse daran, den Aufenthalt von nichtnachzugsberechtigten Kindern nach einem angemessenen Besuchszeitraum unverzüglich zu beenden gegenüber dem privaten Interesse an einem längeren Aufenthalt ausländischer Jugendlicher.«[28]

Im Interesse des Kindes oder der Behörde?

Die Behörden im Kreis Höxter drängen auf die schnelle Ausreise von Gökhan und begründen die Abschubdrohung gegen den Vierjährigen mit der Gefahr einer möglichen »Integration«: »Die unverzügliche Ausreise des Kindes ist auch in dessen eigenem Interesse geboten. Das Kind hat sich bereits mit Ausnahme des mehrwöchigen Sommerurlaubs im Jahre 1990 seit nunmehr 2 Jahren in der Bundesrepublik Deutschland aufgehalten. Während eines sich jetzt möglicherweise anschließenden langwierigen Rechtsbehelfsverfahrens würde die Integration des Kindes zwangsläufig fortschreiten.

Je weiter die Integration fortgeschritten ist, um so schwieriger wird es sein, die Rückführung des Kindes in sein Heimatland vorzunehmen. Auch aus diesem Grund sollte die unverzügliche Rückführung des Kindes in die Türkei erfolgen.«[29]

Mit der Angst im Nacken

Der zuständige Kinderarzt erstellt nochmals ein Gutachten und hält darin fest, daß Gökhan durch die Konflikte um seinen Aufenthalt bereits erheblich belastet ist. Das Kind muß mit Asthmaanfällen ins Krankenhaus und ist dort kaum bereit, sich von seiner Großmutter zu trennen. In der Bescheinigung des Arztes wird festgehalten:

* Daß die auffälligen Veränderungen mit Sicherheit die Folge der langen Unsicherheit über seinen Aufenthalt sind.
* Und daß eine Abschiebung des Jungen zu seiner nachgewiesen psychisch kranken Mutter mit Sicherheit zu einer weiteren Verschlechterung des bis jetzt eingetretenen Schadens führt.[30]

Um die drohende Abschiebung von Gökhan zu verhindern, wendet sich die Familie schließlich am 21. Februar 1991 an den nordrhein-westfälischen Petitionsausschuß. Die Ausreisefrist verstreicht, ohne daß etwas passiert: »Es war unsere schlimmste Zeit«, schildert Shirin. »Es war die ewige Angst, daß plötzlich Polizisten vor der Türe stehen und das Kind einfach abholen. Wir glauben, sie wollen, daß wir alle gehen. Sie wollen weniger Ausländer im Land. Die Behörden haben alle Unterlagen von uns bekommen, aber dem Gökhan hat es bis jetzt nichts genützt. Wir müssen noch hierbleiben, weil mein Vater arbeitsunfähig ist und auf seinen Bescheid von der Rentenversicherung wartet. Er hat 19 Jahre hier in Deutschland gearbeitet und immer alles bezahlt. Ich selbst bin hier groß geworden. Unsere letzte Hoffnung ist jetzt der Petitionsausschuß. Auf diese letzte Entscheidung warten wir noch.«[31]

Kleine Menschen – K(l)eine Rechte

Übereinkommen
über die Rechte des Kindes[1]

Artikel 1
Im Sinne dieses Übereinkommens ist ein Kind jeder Mensch, der das achtzehnte Lebensjahr noch nicht vollendet hat, soweit die Volljährigkeit nach dem auf das Kind anzuwendenden Recht nicht früher eintritt.

Artikel 2
(1) Die Vertragsstaaten achten die in diesem Übereinkommen festgelegten Rechte und gewährleisten sie jedem ihrer Hoheitsgewalt unterstehenden Kind ohne jede Diskriminierung unabhängig von der Rasse, der Hautfarbe, dem Geschlecht, der Sprache, der Religion, der politischen oder sonstigen Anschauung, der nationalen, ethnischen oder sozialen Herkunft, des Vermögens, einer Behinderung, der Geburt oder des sonstigen Status des Kindes, seiner Eltern oder seines Vormunds.
(2) Die Vertragsstaaten treffen alle geeigneten Maßnahmen, um sicherzustellen, daß das Kind vor allen Formen der Diskriminierung oder Bestrafung wegen des Status, der Tätigkeiten, der Meinungsäußerungen oder der Weltanschauung seiner Eltern, seines Vormunds oder seiner Familienangehörigen geschützt wird.

Artikel 3
(1) Bei allen Maßnahmen, die Kinder betreffen, gleichviel ob sie von öffentlichen oder privaten Einrichtungen der sozialen Fürsorge, Gerichten, Verwaltungsbehörden oder Gesetzgebungsorganen getroffen werden, ist das Wohl des Kindes ein Gesichtspunkt, der vorrangig zu berücksichtigen ist.
(2) Die Vertragsstaaten verpflichten sich, dem Kind unter Berücksichtigung der Rechte und Pflichten seiner Eltern, seines Vormunds oder anderer für das Kind gesetzlich verantwortlicher Personen den Schutz und die Fürsorge zu gewährleisten, die zu seinem Wohlergehen notwendig sind; zu diesem Zweck treffen sie alle geeigneten Gesetzgebungs- und Verwaltungsmaßnahmen.
(3) Die Vertragsstaaten stellen sicher, daß die für die Fürsorge für das Kind oder dessen Schutz verantwortlichen Institutionen, Dienste und Einrichtungen den von den zuständigen Behörden festgelegten Normen entsprechen, insbesondere im Bereich der Sicherheit und der Gesundheit sowie hinsichtlich der Zahl der fachlichen Eignung des Personals und des Bestehens einer ausreichenden Aufsicht.

Artikel 4
Die Vertragsstaaten treffen alle geeigneten Gesetzgebungs-, Verwaltungs- und sonstigen Maßnahmen zur Verwirklichung der in diesem Übereinkommen anerkannten Rechte. Hinsichtlich der wirtschaftlichen, sozialen und kulturellen

Rechte treffen die Vertragsstaaten derartige Maßnahmen unter Ausschöpfung ihrer verfügbaren Mittel und erforderlichenfalls im Rahmen der internationalen Zusammenarbeit.

Artikel 5

Die Vertragsstaaten achten die Aufgaben, Rechte und Pflichten der Eltern oder gegebenenfalls, soweit nach Ortsbrauch vorgesehen, der Mitglieder der weiteren Familie oder der Gemeinschaft, des Vormunds oder anderer für das Kind gesetzlich verantwortlicher Personen, das Kind bei der Ausübung der in diesem Übereinkommen anerkannten Rechte in seiner Entwicklung entsprechenden Weise angemessen zu leiten und zu führen.

Artikel 6

(1) Die Vertragsstaaten dieses Übereinkommens erkennen an, daß jedes Kind ein angeborenes Recht auf Leben hat.

(2) Die Vertragsstaaten gewährleisten in größtmöglichem Umfang das Überleben und die Entwicklung des Kindes.

Artikel 7

(1) Das Kind ist unverzüglich nach seiner Geburt in ein Register einzutragen und hat das Recht auf einen Namen von Geburt an, das Recht, eine Staatsangehörigkeit zu erwerben, und soweit möglich das Recht, seine Eltern zu kennen und von ihnen betreut zu werden.

(2) Die Vertragsstaaten stellen die Verwirklichung dieser Rechte im Einklang mit ihrem innerstaatlichen Recht und mit ihren Verpflichtungen aufgrund der einschlägigen internationalen Übereinkünfte in diesem Bereich sicher, insbesondere für den Fall, daß das Kind sonst staatenlos wäre.

Artikel 8

(1) Die Vertragsstaaten verpflichten sich, das Recht des Kindes zu achten, seine Identität, einschließlich seiner Staatsangehörigkeit, seines Namens und seiner gesetzlich anerkannten Familienbeziehungen, ohne rechtswidrige Eingriffe zu behalten.

(2) Werden einem Kind widerrechtlich einige oder alle Bestandteile seiner Identität genommen, so gewähren die Vertragsstaaten ihm angemessenen Beistand und Schutz mit dem Ziel, die Identität so schnell wie möglich wiederherzustellen.

Artikel 9

(1) Die Vertragsstaaten stellen sicher, daß ein Kind nicht gegen den Willen seiner Eltern von diesen getrennt wird, es sei denn, daß die zuständigen Behörden in einer gerichtlich nachprüfbaren Entscheidung nach den anzuwendenden Rechtsvorschriften und Verfahren bestimmen, daß diese Trennung zum Wohl des Kindes notwendig ist. Eine solche Entscheidung kann im Einzelfall notwendig werden, wie etwa wenn das Kind durch die Eltern mißhandelt oder vernachlässigt wird oder wenn bei getrennt lebenden Eltern eine Entscheidung über den Aufenthaltsort des Kindes zu treffen ist.

(2) In Verfahren nach Absatz 1 ist allen Beteiligten Gelegenheit zu geben, am Verfahren teilzunehmen und ihre Meinung zu äußern.

(3) Die Vertragsstaaten achten das Recht des Kindes, das von einem Elternteil oder beiden Elternteilen getrennt ist, regelmäßige persönliche Beziehungen und unmittelbare Kontakte zu beiden Elternteilen zu pflegen, soweit dies nicht dem Wohl des Kindes widerspricht.

(4) Ist die Trennung Folge einer von einem Vertragsstaat eingeleiteten Maßnahme, wie etwa einer Freiheitsentziehung, Freiheitsstrafe, Landesverweisung oder Abschiebung oder des Todes eines oder beider Elternteile oder des Kindes (auch eines Todes, der aus irgendeinem Grund eintritt, während der Betreffende sich in staatlichem Gewahrsam befindet), so erteilt der Vertragsstaat auf Anfrage den Eltern, dem Kind oder gegebenenfalls einem anderen Familienangehörigen die wesentlichen Auskünfte über den Verbleib des oder der abwesenden Familienangehörigen, sofern dies nicht dem Wohl des Kindes abträglich wäre. Die Vertragsstaaten stellen ferner sicher, daß allein die Stellung eines solchen Antrags keine nachteiligen Folgen für den oder die Betroffenen hat.

Artikel 10

(1) Entsprechend der Verpflichtung der Vertragsstaaten nach Artikel 9 Absatz 1 werden von einem Kind oder seinen Eltern zwecks Familienzusammenführung gestellte Anträge auf Einreise in einen Vertragsstaat oder Ausreise aus einem Vertragsstaat von den Vertragsstaaten wohlwollend, human und beschleunigt bearbeitet. Die Vertragsstaaten stellen ferner sicher, daß die Stellung eines solchen Antrags keine nachteiligen Folgen für die Antragsteller und deren Familienangehörige hat.

(2) Ein Kind, dessen Eltern ihren Aufenthalt in verschiedenen Staaten haben, hat das Recht, regelmäßige persönliche Beziehungen und unmittelbare Kontakte zu beiden Elternteilen zu pflegen, soweit nicht außergewöhnliche Umstände vorliegen. Zu diesem Zweck achten die Vertragsstaaten entsprechend ihrer Verpflichtung nach Artikel 9 Absatz 1 das Recht des Kindes und seiner Eltern, aus jedem Land einschließlich ihres eigenen auszureisen und in ihr eigenes Land einzureisen. Das Recht auf Ausreise aus einem Land unterliegt nur den gesetzlich vorgesehenen Beschränkungen, die zum Schutz der nationalen Sicherheit, der öffentlichen Ordnung (ordre public), der Volksgesundheit, der öffentlichen Sittlichkeit oder der Rechte und Freiheiten anderer notwendig und mit den anderen in diesem Übereinkommen anerkannten Rechten vereinbar sind.

Artikel 11

(1) Die Vertragsstaaten treffen Maßnahmen, um das rechtswidrige Verbringen von Kindern ins Ausland und ihre rechtswidrige Nichtrückgabe zu bekämpfen.

(2) Zu diesem Zweck fördern die Vertragsstaaten den Abschluß zwei- oder mehrseitiger Übereinkünfte oder den Beitritt zu bestehenden Übereinkünften.

Artikel 12

(1) Die Vertragsstaaten sichern dem Kind, das fähig ist, sich eine eigene

Meinung zu bilden, das Recht zu, diese Meinung in allen das Kind berührenden Angelegenheiten frei zu äußern, und berücksichtigen die Meinung des Kindes angemessen und entsprechend seinem Alter und seiner Reife.

(2) Zu diesem Zweck wird dem Kind insbesondere Gelegenheit gegeben, in allen das Kind berührenden Gerichts- oder Verwaltungsverfahren entweder unmittelbar oder durch einen Vertreter oder eine geeignete Stelle im Einklang mit den innerstaatlichen Verfahrensvorschriften des Rechts gehört zu werden.

Artikel 13

(1) Das Kind hat das Recht auf freie Meinungsäußerung; dieses Recht schließt die Freiheit ein, ungeachtet der Staatsgrenzen, Informationen und Gedankengut jeder Art in Wort, Schrift oder Druck, durch Kunstwerke oder andere vom Kind gewählte Mittel sich zu beschaffen, zu empfangen und weiterzugeben.

(2) Die Ausübung dieses Rechts kann bestimmten, gesetzlich vorgesehenen Einschränkungen unterworfen werden, die erforderlich sind

a) für die Achtung der Rechte oder des Rufes anderer oder

b) für den Schutz der nationalen Sicherheit, der öffentlichen Ordnung (ordre public), der Volksgesundheit oder der öffentlichen Sittlichkeit.

Artikel 14

(1) Die Vertragsstaaten achten das Recht des Kindes auf Gedanken-, Gewissens- und Religionsfreiheit.

(2) Die Vertragsstaaten achten die Rechte und Pflichten der Eltern und gegebenenfalls des Vormunds, das Kind bei der Ausübung dieses Rechts in einer seiner Entwicklung entsprechenden Weise zu leiten.

(3) Die Freiheit, seine Religion oder Weltanschauung zu bekunden, darf nur den gesetzlich vorgesehenen Einschränkungen unterworfen werden, die zum Schutz der öffentlichen Sicherheit, Ordnung, Gesundheit oder Sittlichkeit oder der Grundrechte und -freiheiten anderer erforderlich sind.

Artikel 15

(1) Die Vertragsstaaten erkennen das Recht des Kindes an, sich frei mit anderen zusammenzuschließen und sich friedlich zu versammeln.

(2) Die Ausübung dieses Rechts darf keinen anderen als den gesetzlich vorgesehenen Einschränkungen unterworfen werden, die in einer demokratischen Gesellschaft im Interesse der öffentlichen Sicherheit, der öffentlichen Ordnung (ordre public), zum Schutz der Volksgesundheit oder der öffentlichen Sittlichkeit oder zum Schutz der Rechte und Freiheiten anderer notwendig sind.

Artikel 16

(1) Kein Kind darf willkürlichen oder rechtswidrigen Eingriffen in sein Privatleben, seine Familie, seine Wohnung oder seinen Schriftverkehr oder rechtswidrigen Beeinträchtigungen seiner Ehre und seines Rufes ausgesetzt werden.

(2) Das Kind hat Anspruch auf rechtlichen Schutz gegen solche Eingriffe oder Beeinträchtigungen.

Artikel 17
Die Vertragsstaaten erkennen die wichtige Rolle der Massenmedien an und stellen sicher, daß das Kind Zugang hat zu Informationen und Material aus einer Vielfalt nationaler und internationaler Quellen, insbesondere derjenigen, welche die Förderung seines sozialen, seelischen und sittlichen Wohlergehens sowie seiner körperlichen und geistigen Gesundheit zum Ziel haben. Zu diesem Zweck werden die Vertragsstaaten
a) die Massenmedien ermutigen, Informationen und Material zu verbreiten, die für das Kind von sozialem und kulturellem Nutzen sind und dem Geist des Artikels 29 entsprechen;
b) die internationale Zusammenarbeit bei der Herstellung, beim Austausch und bei der Verbreitung dieser Informationen und dieses Materials aus einer Vielfalt nationaler und internationaler kultureller Quellen fördern;
c) die Herstellung und Verbreitung von Kinderbüchern fördern;
d) die Massenmedien ermutigen, den sprachlichen Bedürfnissen eines Kindes, das einer Minderheit angehört oder Ureinwohner ist, besonders Rechnung zu tragen;
e) die Erarbeitung geeigneter Richtlinien zum Schutz des Kindes vor Informationen und Material, die sein Wohlergehen beeinträchtigen, fördern, wobei die Artikel 13 und 18 zu berücksichtigen sind.

Artikel 18
(1) Die Vertragsstaaten bemühen sich nach besten Kräften, die Anerkennung des Grundsatzes sicherzustellen, daß beide Elternteile gemeinsam für die Erziehung und Entwicklung des Kindes verantwortlich sind. Für die Erziehung und Entwicklung des Kindes sind in erster Linie die Eltern oder gegebenenfalls der Vormund verantwortlich. Dabei ist das Wohl des Kindes ihr Grundanliegen.
(2) Zur Gewährleistung und Förderung der in diesem Übereinkommen festgelegten Rechte unterstützen die Vertragsstaaten die Eltern und den Vormund in angemessener Weise bei der Erfüllung ihrer Aufgabe, das Kind zu erziehen, und sorgen für den Ausbau von Institutionen, Einrichtungen und Diensten für die Betreuung von Kindern.
(3) Die Vertragsstaaten treffen alle geeigneten Maßnahmen, um sicherzustellen, daß Kinder berufstätiger Eltern das Recht haben, die für sie in Betracht kommenden Kinderbetreuungsdienste und -einrichtungen zu nutzen.

Artikel 19
(1) Die Vertragsstaaten treffen alle geeigneten Gesetzgebungs-, Verwaltungs-, Sozial- und Bildungsmaßnahmen, um das Kind vor jeder Form körperlicher oder geistiger Gewaltanwendung, Schadenszufügung oder Mißhandlung, vor Verwahrlosung oder Vernachlässigung, vor schlechter Behandlung oder Ausbeutung einschließlich des sexuellen Mißbrauchs zu schützen, solange es sich in der Obhut der Eltern oder eines Elternteils, eines Vormunds oder anderen gesetzlichen Vertreters oder einer anderen Person befindet, die das Kind betreut.

(2) Diese Schutzmaßnahmen sollen je nach den Gegebenheiten wirksame Verfahren zur Aufstellung von Sozialprogrammen enthalten, die dem Kind und denen, die es betreuen, die erforderliche Unterstützung gewähren und andere Formen der Vorbeugung vorsehen sowie Maßnahmen zur Aufdekkung, Meldung, Weiterverweisung, Untersuchung, Behandlung und Nachbetreuung in den in Absatz 1 beschriebenen Fällen schlechter Behandlung von Kindern und gegebenenfalls für das Einschreiten der Gerichte.

Artikel 20

(1) Ein Kind, das vorübergehend oder dauernd aus seiner familiären Umgebung herausgelöst wird oder dem der Verbleib in dieser Umgebung im eigenen Interesse nicht gestattet werden kann, hat Anspruch auf den besonderen Schutz und Beistand des Staates.

(2) Die Vertragsstaaten stellen nach Maßgabe ihres innerstaatlichen Rechts andere Formen der Betreuung eines solchen Kindes sicher.

(3) Als andere Form der Betreuung kommt unter anderem die Aufnahme in eine Pflegefamilie, die Kafala nach islamischem Recht, die Adoption oder, falls erforderlich, die Unterbringung in einer geeigneten Kinderbetreuungseinrichtung in Betracht. Bei der Wahl zwischen diesen Lösungen sind die erwünschte Kontinuität in der Erziehung des Kindes sowie die ethnische, religiöse, kulturelle und sprachliche Herkunft des Kindes gebührend zu berücksichtigen.

Artikel 21

Die Vertragsstaaten, die das System der Adoption anerkennen oder zulassen, gewährleisten, daß dem Wohl des Kindes bei der Adoption die höchste Bedeutung zugemessen wird; die Vertragsstaaten

a) stellen sicher, daß die Adoption eines Kindes nur durch die zuständigen Behörden bewilligt wird, die nach den anzuwendenden Rechtsvorschriften und Verfahren und auf der Grundlage aller verläßlichen einschlägigen Informationen entscheiden, daß die Adoption angesichts des Status des Kindes in bezug auf Eltern, Verwandte und einen Vormund zulässig ist und daß, soweit dies erforderlich ist, die betroffenen Personen in Kenntnis der Sachlage und auf der Grundlage einer gegebenenfalls erforderlichen Beratung zugestimmt haben;

b) erkennen an, daß die internationale Adoption als andere Form der Betreuung angesehen werden kann, wenn das Kind nicht in seinem Heimatland in einer Pflege- oder Adoptionsfamilie untergebracht oder wenn es dort nicht in geeigneter Weise betreut werden kann;

c) stellen sicher, daß das Kind im Fall einer internationalen Adoption in den Genuß der für nationale Adoptionen geltenden Schutzvorschriften und Normen kommt;

d) treffen alle geeigneten Maßnahmen, um sicherzustellen, daß bei internationaler Adoption für die Beteiligten keine unstatthaften Vermögensvorteile entstehen;

e) fördern die Ziele dieses Artikels durch den Abschluß zwei- oder mehrseitiger Übereinkünfte und bemühen sich in diesem Rahmen sicherzustellen, daß die Unterbringung des Kindes in einem anderen Land durch die zuständigen Behörden oder Stellen durchgeführt wird.

Artikel 22

(1) Die Vertragsstaaten treffen geeignete Maßnahmen, um sicherzustellen, daß ein Kind, das die Rechtsstellung eines Flüchtlings begehrt oder nach Maßgabe der anzuwendenden Regeln und Verfahren des Völkerrechts oder des innerstaatlichen Rechts als Flüchtling angesehen wird, angemessenen Schutz und humanitäre Hilfe bei der Wahrnehmung der Rechte erhält, die in diesem Übereinkommen oder in anderen internationalen Übereinkünften über Menschenrechte oder über humanitäre Fragen, denen die genannten Staaten als Vertragsparteien angehören, festgelegt sind, und zwar unabhängig davon, ob es sich in Begleitung seiner Eltern oder einer anderen Person befindet oder nicht.

(2) Zu diesem Zweck wirken die Vertragsstaaten in der ihnen angemessen erscheinenden Weise bei allen Bemühungen mit, welche die Vereinten Nationen und andere zuständige zwischenstaatliche oder nichtstaatliche Organisationen, die mit den Vereinten Nationen zusammenarbeiten, unternehmen, um ein solches Kind zu schützen, ihm zu helfen und um die Eltern oder andere Familienangehörige eines Flüchtlingskindes ausfindig zu machen, mit dem Ziel, die für eine Familienzusammenführung notwendigen Informationen zu erlangen. Können die Eltern oder andere Familienangehörige nicht ausfindig gemacht werden, so ist dem Kind im Einklang mit den in diesem Übereinkommen enthaltenen Grundsätzen derselbe Schutz zu gewähren, wie jedem anderen Kind, das aus irgendeinem Grund dauernd oder vorübergehend aus seiner familiären Umgebung herausgelöst ist.

Artikel 23

(1) Die Vertragsstaaten erkennen an, daß ein geistig oder körperlich behindertes Kind ein erfülltes und menschenwürdiges Leben unter Bedingungen führen soll, welche die Würde des Kindes wahren, seine Selbständigkeit fördern und seine aktive Teilnahme am Leben der Gemeinschaft erleichtern.

(2) Die Vertragsstaaten erkennen das Recht des behinderten Kindes auf besondere Betreuung an und treten dafür ein und stellen sicher, daß dem behinderten Kind und den für seine Pflege Verantwortlichen im Rahmen der verfügbaren Mittel auf Antrag die Unterstützung zuteil wird, die dem Zustand des Kindes sowie den Lebensumständen der Eltern oder anderer Personen, die das Kind betreuen, angemessen ist.

(3) In Anerkennung der besonderen Bedürfnisse eines behinderten Kindes ist die nach Absatz 2 gewährte Unterstützung soweit irgend möglich und unter Berücksichtigung der finanziellen Möglichkeiten der Eltern oder anderer Personen, die das Kind betreuen, unentgeltlich zu leisten und so zu gestalten, daß sichergestellt ist, daß Erziehung, Ausbildung, Gesundheitsdienste, Rehabilitationsdienste, Vorbereitung auf das Berufsleben und Erholungs-

möglichkeiten dem behinderten Kind tatsächlich in einer Weise zugänglich sind, die der möglichst vollständigen sozialen Integration und individuellen Entfaltung des Kindes einschließlich seiner kulturellen und geistigen Entwicklung förderlich ist.

(4) Die Vertragsstaaten fördern im Geist der internationalen Zusammenarbeit den Austausch sachdienlicher Informationen im Bereich der Gesundheitsvorsorge und der medizinischen, psychologischen und funktionellen Behandlung behinderter Kinder einschließlich der Verbreitung von Informationen über Methoden der Rehabilitation, der Erziehung und der Berufsausbildung und des Zugangs zu solchen Informationen, um es den Vertragsstaaten zu ermöglichen, in diesen Bereichen ihre Fähigkeiten und ihr Fachwissen zu verbessern und weitere Erfahrungen zu sammeln. Dabei sind die Bedürfnisse der Entwicklungsländer besonders zu berücksichtigen.

Artikel 24

(1) Die Vertragsstaaten erkennen das Recht des Kindes auf das erreichbare Höchstmaß an Gesundheit an sowie auf Inanspruchnahme von Einrichtungen zur Behandlung von Krankheiten und zur Wiederherstellung der Gesundheit. Die Vertragsstaaten bemühen sich sicherzustellen, daß keinem Kind das Recht auf Zugang zu derartigen Gesundheitsdiensten vorenthalten wird.

(2) Die Vertragsstaaten bemühen sich, die volle Verwirklichung dieses Rechts sicherzustellen, und treffen insbesondere geeignete Maßnahmen, um

a) die Säuglings- und Kindersterblichkeit zu verringern,

b) sicherzustellen, daß alle Kinder die notwendige ärztliche Hilfe und Gesundheitsfürsorge erhalten, wobei besonderer Nachdruck auf den Ausbau der gesundheitlichen Grundversorgung gelegt wird;

c) Krankheiten sowie Unter- und Fehlernährung im Rahmen der gesundheitlichen Grundversorgung zu bekämpfen, unter anderem durch den Einsatz leicht zugänglicher Technik und durch die Bereitstellung ausreichender vollwertiger Nahrungsmittel und sauberen Trinkwassers, wobei die Gefahren und Risiken der Umweltverschmutzung zu berücksichtigen sind,

d) eine angemessene Gesundheitsfürsorge für Mütter vor und nach der Entbindung sicherzustellen,

e) sicherzustellen, daß allen Teilen der Gesellschaft, insbesondere Eltern und Kindern, Grundkenntnisse über die Gesundheit und Ernährung des Kindes, die Vorteile des Stillens, die Hygiene und die Sauberhaltung der Umwelt sowie die Unfallverhütung vermittelt werden, daß sie Zugang zu der entsprechenden Schulung haben und daß sie bei der Anwendung dieser Grundkenntnisse Unterstützung erhalten,

f) die Gesundheitsvorsorge, die Elternberatung sowie die Aufklärung und die Dienste auf dem Gebiet der Familienplanung auszubauen.

(3) Die Vertragsstaaten treffen alle wirksamen und geeigneten Maßnahmen, um überlieferte Bräuche, die für die Gesundheit der Kinder schädlich sind, abzuschaffen.

(4) Die Vertragsstaaten verpflichten sich, die internationale Zusammenarbeit zu unterstützen und zu fördern, um fortschreitend die volle Verwirklichung des in diesem Artikel anerkannten Rechts zu erreichen. Dabei sind die Bedürfnisse der Entwicklungsländer besonders zu berücksichtigen.

Artikel 25

Die Vertragsstaaten erkennen an, daß ein Kind, das von den zuständigen Behörden wegen einer körperlichen oder geistigen Erkrankung zur Betreuung, zum Schutz der Gesundheit oder zur Behandlung untergebracht worden ist, das Recht hat auf eine regelmäßige Überprüfung der dem Kind gewährten Behandlung sowie aller anderen Umstände, die für seine Unterbringung von Belang sind.

Artikel 26

(1) Die Vertragsstaaten erkennen das Recht jedes Kindes auf Leistungen der sozialen Sicherheit einschließlich der Sozialversicherung an und treffen die erforderlichen Maßnahmen, um die volle Verwirklichung dieses Rechts in Übereinstimmung mit dem innerstaatlichen Recht sicherzustellen.

(2) Die Leistungen sollen gegebenenfalls unter Berücksichtigung der wirtschaftlichen Verhältnisse und der sonstigen Umstände des Kindes und der Unterhaltspflichtigen sowie anderer für die Beantragung von Leistungen durch das Kind oder im Namen des Kindes maßgeblicher Gesichtspunkte gewährt werden.

Artikel 27

(1) Die Vertragsstaaten erkennen das Recht jedes Kindes auf einen seiner körperlichen, geistigen, seelischen, sittlichen und sozialen Entwicklung angemessenen Lebensstandard an.

(2) Es ist in erster Linie Aufgabe der Eltern oder anderer für das Kind verantwortlicher Personen, im Rahmen ihrer Fähigkeiten und finanziellen Möglichkeiten die für die Entwicklung des Kindes notwendigen Lebensbedingungen sicherzustellen.

(3) Die Vertragsstaaten treffen gemäß ihren innerstaatlichen Verhältnissen und im Rahmen ihrer Mittel geeignete Maßnahmen, um den Eltern und anderen für das Kind verantwortlichen Personen bei der Verwirklichung dieses Rechts zu helfen, und sehen bei Bedürftigkeit materielle Hilfs- und Unterstützungsprogramme insbesondere im Hinblick auf Ernährung, Bekleidung und Wohnung vor.

(4) Die Vertragsstaaten treffen alle geeigneten Maßnahmen, um die Geltendmachung von Unterhaltsansprüchen des Kindes gegenüber den Eltern oder anderen finanziell für das Kind verantwortlichen Personen sowohl innerhalb des Vertragsstaates als auch im Ausland sicherzustellen. Insbesondere fördern die Vertragsstaaten, wenn die für das Kind finanziell verantwortliche Person in einem anderen Staat lebt als das Kind, den Beitritt zu internationalen Übereinkünften oder den Abschluß solcher Übereinkünfte sowie andere geeignete Regelungen.

Artikel 28

(1) Die Vertragsstaaten erkennen das Recht des Kindes auf Bildung an; um die Verwirklichung dieses Rechts auf der Grundlage der Chancengleichheit fortschreitend zu erreichen, werden sie insbesondere

a) den Grundschulbesuch für alle zur Pflicht und unentgeltlich machen;

b) die Entwicklung verschiedener Formen der weiterführenden Schulen allgemeinbildender und berufsbildender Art fördern, sie allen Kindern verfügbar und zugänglich machen und geeignete Maßnahmen wie die Einführung der Unentgeltlichkeit und die Bereitstellung finanzieller Unterstützung bei Bedürftigkeit treffen;

c) allen entsprechend ihren Fähigkeiten den Zugang zu den Hochschulen mit allen geeigneten Mitteln ermöglichen;

d) Bildungs- und Berufsberatung allen Kindern verfügbar und zugänglich machen;

e) Maßnahmen treffen, die den regelmäßigen Schulbesuch fördern und den Anteil derjenigen, welche die Schule vorzeitig verlassen, verringern;

(2) Die Vertragsstaaten treffen alle geeigneten Maßnahmen, um sicherzustellen, daß die Disziplin in der Schule in einer Weise gewahrt wird, die der Menschenwürde des Kindes entspricht und im Einklang mit diesem Übereinkommen steht.

(3) Die Vertragsstaaten fördern die internationale Zusammenarbeit im Bildungswesen, insbesondere um zur Beseitigung von Unwissenheit und Analphabetentum in der Welt beizutragen und den Zugang zu wissenschaftlichen und technischen Kenntnissen und modernen Unterrichtsmethoden zu erleichtern. Dabei sind die Bedürfnisse der Entwicklungsländer besonders zu berücksichtigen.

Artikel 29

(1) Die Vertragsstaaten stimmen darin überein, daß die Bildung des Kindes darauf gerichtet sein muß,

a) die Persönlichkeit, die Begabung und die geistigen und körperlichen Fähigkeiten des Kindes voll zur Entfaltung zu bringen;

b) dem Kind Achtung vor den Menschenrechten und Grundfreiheiten und den in der Charta der Vereinigten Nationen verankerten Grundsätze zu vermitteln;

c) dem Kind Achtung vor seinen Eltern, seiner kulturellen Identität, seiner Sprache und seinen kulturellen Werten, den nationalen Werten des Landes, in dem es lebt, und gegebenenfalls des Landes, aus dem es stammt, sowie vor anderen Kulturen als der eigenen zu vermitteln;

d) das Kind auf ein verantwortungsbewußtes Leben in einer freien Gesellschaft im Geiste der Verständigung, des Friedens, der Toleranz, der Gleichberechtigung der Geschlechter und der Freundschaft zwischen allen Völkern und ethnischen, nationalen und religiösen Gruppen sowie zu Ureinwohnern vorzubereiten;

e) dem Kind Achtung vor der natürlichen Umwelt zu vermitteln;

(2) Dieser Artikel oder Artikel 28 dürfen nicht so ausgelegt werden, daß sie die Freiheit natürlicher oder juristischer Personen beeinträchti-

gen, Bildungseinrichtungen zu gründen und zu führen, sofern die in Absatz 1 festgelegten Grundsätze beachtet werden und die in diesen Einrichtungen vermittelte Bildung den von dem Staat gegebenenfalls festgelegten Mindestnormen entspricht.

Artikel 30
In Staaten, in denen es ethnische, religiöse oder sprachliche Minderheiten oder Ureinwohner gibt, darf einem Kind, das einer solchen Minderheit angehört oder Ureinwohner ist, nicht das Recht vorenthalten werden, in Gemeinschaft mit anderen Angehörigen seiner Gruppe seine eigene Kultur zu pflegen, sich zu seiner eigenen Religion zu bekennen und sie auszuüben oder seine eigene Sprache zu verwenden.

Artikel 31
(1) Die Vertragsstaaten erkennen das Recht des Kindes auf Ruhe und Freizeit an, auf Spiel und altersgemäße aktive Erholung sowie auf freie Teilnahme am kulturellen und künstlerischen Leben.
(2) Die Vertragsstaaten achten und fördern das Recht des Kindes auf volle Beteiligung am kulturellen und künstlerischen Leben und fördern die Bereitstellung geeigneter und gleicher Möglichkeiten für die kulturelle und künstlerische Betätigung sowie für aktive Erholung und Freizeitbeschäftigung.

Artikel 32
(1) Die Vertragsstaaten erkennen das Recht des Kindes an, vor wirtschaftlicher Ausbeutung geschützt und nicht zu einer Arbeit herangezogen zu werden, die Gefahren mit sich bringen, die Erziehung des Kindes behindern oder die Gesundheit des Kindes oder seine körperliche, geistige, seelische, sittliche oder soziale Entwicklung schädigen könnte.
(2) Die Vertragsstaaten treffen Gesetzgebungs-, Verwaltungs-, Sozial- und Bildungsmaßnahmen, um die Durchführung dieses Artikels sicherzustellen. Zu diesem Zweck und unter Berücksichtigung der einschlägigen Bestimmungen anderer internationaler Übereinkünfte werden die Vertragsstaaten insbesondere
a) ein oder mehrere Mindestalter für die Zulassung zur Arbeit festlegen;
b) eine angemessene Regelung der Arbeitszeit und der Arbeitsbedingungen vorsehen;
c) angemessene Strafen oder andere Sanktionen zur wirksamen Durchsetzung dieses Artikels vorsehen.

Artikel 33
Die Vertragsstaaten treffen alle geeigneten Maßnahmen einschließlich Gesetzgebungs-, Verwaltungs-, Sozial- und Bildungsmaßnahmen, um Kinder vor dem unerlaubten Gebrauch von Suchtstoffen und psychotropen Stoffen im Sinne der diesbezüglichen internationalen Übereinkünfte zu schützen und den Einsatz von Kindern bei der unerlaubten Herstellung dieser Stoffe und beim unerlaubten Verkehr mit diesen Stoffen zu verhindern.

Artikel 34
Die Vertragsstaaten verpflichten sich, das Kind vor allen Formen der

sexuellen Ausbeutung und des sexuellen Mißbrauchs zu schützen. Zu diesem Zweck treffen die Vertragsstaaten alle geeigneten innerstaatlichen, zweiseitigen und mehrseitigen Maßnahmen, um zu verhindern, daß Kinder
a) zur Beteiligung an rechtswidrigen sexuellen Handlungen verleitet oder gezwungen werden;
b) für die Prostitution oder andere rechtswidrige sexuelle Praktiken ausgebeutet werden;
c) für pornographische Darbietungen und Darstellungen ausgebeutet werden.

Artikel 35
Die Vertragsstaaten treffen alle geeigneten innerstaatlichen, zweiseitigen und mehrseitigen Maßnahmen, um die Entführung und den Verkauf von Kindern sowie den Handel mit Kindern zu irgendeinem Zweck und in irgendeiner Form zu verhindern.

Artikel 36
Die Vertragsstaaten schützen das Kind vor allen sonstigen Formen der Ausbeutung, die das Wohl des Kindes in irgendeiner Weise beeinträchtigen.

Artikel 37
Die Vertragsstaaten stellen sicher,
a) daß kein Kind der Folter oder einer anderen grausamen, unmenschlichen oder erniedrigenden Behandlung oder Strafe unterworfen wird. Für Straftaten, die von Personen vor Vollendung des achtzehnten Lebensjahrs begangen worden sind, darf weder die Todesstrafe noch lebenslange Freiheitsstrafe ohne die Möglichkeit vorzeitiger Entlassung verhängt werden;
b) daß keinem Kind die Freiheit rechtswidrig oder willkürlich entzogen wird. Festnahme, Freiheitsentziehung oder Freiheitsstrafe darf bei einem Kind in Einklang mit dem Gesetz nur als letztes Mittel und für die kürzeste geeignete Zeit angewendet werden;
c) daß jedes Kind, dem die Freiheit entzogen ist, menschlich und mit Achtung vor der dem Menschen innewohnenden Würde und unter Berücksichtigung der Bedürfnisse von Personen seines Alters behandelt wird. Insbesondere ist jedes Kind, dem die Freiheit entzogen ist, von Erwachsenen zu trennen, sofern nicht ein anderes Vorgehen als dem Wohl des Kindes dienlich erachtet wird; das Kind hat ein Recht, mit seiner Familie durch Briefwechsel und Besuche in Verbindung zu bleiben, sofern nicht außergewöhnliche Umstände vorliegen;
d) daß jedes Kind, dem die Freiheit entzogen ist, das Recht auf umgehenden Zugang zu einem rechtskundigen oder anderen geeigneten Beistand und das Recht hat, die Rechtmäßigkeit der Freiheitsentziehung bei einem Gericht oder einer anderen zuständigen, unabhängigen und unparteiischen Behörde anzufechten, sowie das Recht auf alsbaldige Entscheidung in einem solchen Verfahren.

Artikel 38
(1) Die Vertragsstaaten verpflichten sich, die für sie verbindlichen Regeln des in bewaffneten Konflikten anwendbaren humanitären Völker-

rechts, die für das Kind Bedeutung haben, zu beachten und für deren Beachtung zu sorgen.

(2) Die Vertragsstaaten treffen alle durchführbaren Maßnahmen, um sicherzustellen, daß Personen, die das fünfzehnte Lebensjahr noch nicht vollendet haben, nicht unmittelbar an Feindseligkeiten teilnehmen.

(3) Die Vertragsstaaten nehmen davon Abstand, Personen, die das fünfzehnte Lebensjahr noch nicht erreicht haben, zu ihren Streitkräften einzuziehen. Werden Personen zu den Streitkräften eingezogen, die zwar das fünfzehnte, nicht aber das achtzehnte Lebensjahr vollendet haben, so bemühen sich die Vertragsstaaten, vorrangig die jeweils ältesten einzuziehen.

(4) Im Einklang mit ihren Verpflichtungen nach dem humanitären Völkerrecht, die Zivilbevölkerung in bewaffneten Konflikten zu schützen, treffen die Vertragsstaaten alle durchführbaren Maßnahmen, um sicherzustellen, daß von einem bewaffneten Konflikt betroffene Kinder geschützt und betreut werden.

Artikel 39

Die Vertragsstaaten treffen alle geeigneten Maßnahmen, um die physische und psychische Genesung und die soziale Wiedereingliederung des Kindes zu fördern, das Opfer irgendeiner Form von Vernachlässigung, Ausbeutung oder Mißhandlung, der Folter oder einer anderen Form grausamer, unmenschlicher oder erniedrigender Behandlung oder Strafe oder aber bewaffneter Konflikte geworden ist. Die Genesung und Wiedereingliederung müssen in einer Umgebung stattfinden, die der Gesundheit, der Selbstachtung und der Würde des Kindes förderlich ist.

Artikel 40

(1) Die Vertragsstaaten erkennen das Recht jedes Kindes an, das der Verletzung der Strafgesetze verdächtigt, beschuldigt oder überführt wird, in einer Weise behandelt zu werden, die das Gefühl des Kindes für die eigene Würde und den eigenen Wert fördert, seine Achtung vor den Menschenrechten und Grundfreiheiten anderer stärkt und das Alter des Kindes sowie die Notwendigkeit berücksichtigt, seine soziale Wiedereingliederung sowie die Übernahme einer konstruktiven Rolle in der Gesellschaft durch das Kind zu fördern.

(2) Zu diesem Zweck stellen die Vertragsstaaten unter Berücksichtigung der einschlägigen Bestimmungen internationaler Übereinkünfte insbesondere sicher,

a) daß kein Kind wegen Handlungen oder Unterlassungen, die zur Zeit ihrer Begehung nach innerstaatlichem oder Völkerrecht nicht verboten waren, der Verletzung der Strafgesetze verdächtigt, beschuldigt oder überführt wird;

b) daß jedes Kind, das einer Verletzung der Strafgesetze verdächtigt oder beschuldigt wird, Anspruch auf folgende Mindestgarantien hat:

i) bis zum gesetzlichen Nachweis der Schuld als unschuldig zu gelten,

ii) unverzüglich und unmittelbar über die gegen das Kind erhobenen Beschuldigungen unterrichtet zu werden, geeignetenfalls durch seine

Eltern oder seinen Vormund, und einen rechtskundigen oder anderen geeigneten Beistand zur Vorbereitung und Wahrnehmung seiner Verteidigung zu erhalten,
iii) seine Sache unverzüglich durch eine zuständige Behörde oder ein zuständiges Gericht, die unabhängig und unparteiisch sind, in einem fairen Verfahren entsprechend dem Gesetz entscheiden zu lassen, und zwar in Anwesenheit eines rechtskundigen oder anderen geeigneten Beistands sowie – sofern dies nicht insbesondere in Anbetracht des Alters oder der Lage des Kindes als seinem Wohl widersprechend angesehen wird – in Anwesenheit seiner Eltern oder seines Vormunds,
iv) nicht gezwungen zu werden, als Zeuge auszusagen oder sich schuldig zu bekennen sowie die Belastungszeugen zu befragen oder befragen zu lassen und das Erscheinen und die Vernehmung der Entlastungszeugen unter gleichen Bedingungen zu erwirken,
v) wenn es einer Verletzung der Strafgesetze überführt ist; diese Entscheidung und alle als Folge davon verhängten Maßnahmen durch eine zuständige übergeordnete Behörde oder durch ein zuständiges höheres Gericht, die unabhängig und unparteiisch sind, entsprechend dem Gesetz nachprüfen zu lassen,
vi) die unentgeltliche Hinzuziehung eines Dolmetschers zu verlangen, wenn das Kind die Verhandlungssprache nicht versteht oder spricht,
vii) sein Privatleben in allen Verfahrensabschnitten voll geachtet zu sehen.

(3) Die Vertragsstaaten bemühen sich, den Erlaß von Gesetzen sowie die Schaffung von Verfahren, Behörden und Einrichtungen zu fördern, die besonders für Kinder, die einer Verletzung der Strafgesetze verdächtigt, beschuldigt oder überführt werden, gelten oder zuständig sind; insbesondere
a) legen sie ein Mindestalter fest, das ein Kind erreicht haben muß, um als strafmündig angesehen zu werden,
b) treffen sie, soweit dies angemessen und wünschenswert ist, Maßnahmen, um den Fall ohne ein gerichtliches Verfahren zu regeln, wobei jedoch die Menschenrechte und die Rechtsgarantien uneingeschränkt beachtet werden müssen.
(4) Um sicherzustellen, daß Kinder in einer Weise behandelt werden, die ihrem Wohl dienlich ist und ihren Umständen sowie der Straftat entspricht, muß eine Vielzahl von Vorkehrungen zur Verfügung stehen, wie Anordnungen über Betreuung, Anleitung und Aufsicht, wie Beratung, Entlassung auf Bewährung, Aufnahme in eine Pflegefamilie, Bildungs- und Berufsbildungsprogramme und andere Alternativen zur Heimerziehung.

Artikel 41
Dieses Übereinkommen läßt zur Verwirklichung der Rechte des Kindes besser geeignete Bestimmungen unberührt, die enthalten sind
a) im Recht eines Vertragstaates oder
b) in dem für diesen Staat geltenden Völkerrecht.

Artikel 42 – Artikel 54
Ausführungsbestimmungen

Wo Sie Unterstützung finden

Vorwahlnummern für Ostdeutschland gelten nur von West nach Ost.

Kinder-Sorgentelefon 01308-11103
montags-freitags 15-19 Uhr
(kostenfrei!)

1000

Arbeitsgemeinschaft 030-8012079
Freier Schulen
Am Schlachtensee 2
W-1000 Berlin 37

Jugendnotdienst 030-344026
W-1000 Berlin

Kinderschutzzentrum 030-68430
Karl-Marx-Str. 26
W-1000 Berlin 44

KiZ -
Kind im Zentrum 030-3247090
W-1000 Berlin 12

Wildwasser e.V. 030-7865017

Notruf 030-2512828
Mehringdamm 50
W-1000 Berlin 61

Kinder- und 2-2147670
Jugendnotdienst e.V. 2-2147671
Rosa-Luxemburg-Str. 14
O-1020 Berlin

Schüler in Not 2-5880814
Böcklinstr. 9
O-1035 Berlin

Kinderzentrum Kibula 2-2826743
Wilhelm-Pieck-Str. 90
O-1054 Berlin

SHIA -
SelbstHILFEgruppen 2-4481893
Alleinerziehender e.V.
Greifenhagener Str. 15
O-1058 Berlin

IFM - Menschenrechte 2-2291396
für Kinder
Friedrichstr. 165
O-1080 Berlin

Initiative 2-2299337
Deutsches Jugendwerk
Mauerstr. 53
O-1084 Berlin

Mädchentreff 2-2292629
in der
Kindervereinigung e.V.
Unter den Linden 36-38
O-1086 Berlin

Deutsches
Kinderhilfswerk e.V.
Zum Hechtgraben 1
O-1093 Berlin

Jugendnotdienst 2-4824023
Tschaikowskystr. 13
O-1110 Berlin

ISK - Initiative 2-3651295
Streitfall Kind e.V.
Paulestr. 16
O-1120 Berlin

Frauen- und 30-22992
Familienzentrum
Angelika Löschke
Ernst-Thälmann-Str. 55
O-1200 Frankfurt/Oder

Interessengemeinschaft
'Erhaltet die
Kindereinrichtungen'
Monika Kilian
Baumschulenstr. 43
O-1255 Woltersdorf

Kindernotdienst 3725-32473
O-1330 Schwedt

Eltern helfen Eltern
Heike Schmidt
Wolfgang-Staudte-Str. 21
O-1599 Potsdam

SHIA - SelbstHILFEgruppen Alleinerziehender e.V.
Birgit Uhlworm
Gerhard-Hauptmann-Str. 18
O-1600 Königs-Wusterhausen

Westhavelländischer Familienverband
Ilse-Dore Witeck
Am Schwedengarten
O-1830 Rathenow

2000

Bundeselternrat Arbeitsgemeinschaft der Landeselternvertretungen 040-291883527
Hamburger Str. 31
W-2000 Hamburg 76

Dolle Deerns e.V. 040-4394150
Juliusstr. 16
W-2000 Hamburg 50

Hilfe für Kinder von Arbeitslosen e.V. 040-772111, 7655005
Lüneburger Str. 44
W-2000 Hamburg 90

Interessengemeinschaft 'Erhaltet die Kindereinrichtungen' 90-41105
Ingrid Willhöft
Max-Adrian-Str. 29
O-2000 Neubrandenburg

Kinderschutzzentrum 040-4910007
Emilienstr. 78
W-2000 Hamburg 20

Kinder- und Jugendnotdienst 040-6320020
W-2000 Hamburg

Mädchenhaus 040-63200265
W-2000 Hamburg

Kinderschutzzentrum 0431-16831
Zastrowstr. 12
W-2300 Kiel

Autonomes Mädchenhaus 0431-733775
Kaiserstr. 58
W-2300 Kiel 14

Notruf für Mädchen 0431-731000
W-2300 Kiel

Mädchentreff 0431-685870
Rendsburger Landstr. 29
W-2300 Kiel

Mädchentreff 04351-3570
Jungfernstieg 69
W-2330 Eckernförde

Kinder-, Jugend- und Familienhilfe Rügen e.V.
Erich-Weinert-Str. 39
O-2337 Binz/Rügen

Modellprojekt "Andere Berufe für Mädchen" 04331-26505
Kieler Str. 53
W-2370 Rendsburg

Notruf 0461-29001
Postfach 1545
W-2390 Flensburg

Kinderschutzzentrum 0451-892339
Karl-Bosch-Weg 6
W-2400 Lübeck

AWO-Kreisverband
Ernst-Barlach-Str. 2
O-2500 Rostock

SHIA – SelbstHILFEgruppen Alleinerziehender e.V.
Uta Richter
Budapester Str. 49
O-2500 Rostock

Frauen- und Familienzentrum 84-864705
Platz der Freiheit 7
O-2752 Schwerin

Kinderschutz-
zentrum 0421-700037
Vor dem Steintor 87
W-2800 Bremen 1

Schattenriß e.V. 0421-393930
Verein gegen
sexuellen Mißbrauch
von Mädchen
Bremerhavener Str. 90
W-2800 Bremen 1

Stip-Institut 0421-74577
Beratung
für sexuell mißbrauchte
Mädchen
Roonstr. 57
W-2800 Bremen

Vertrauensstelle
Benjamin 0441-17788
Friederikenstr. 3
W-2900 Oldenburg

Wildwasser 0441-16656
Kaiserstr. 19
W-2900 Oldenburg

3000

Kinderschutzbund 0511-662056
Drostestr. 14-16
W-3000 Hannover 1

Spielmobil Hannover
AWO-Jugendwerk
Davenstädter Str. 19a
W-3000 Hannover

Violetta e.V. 0511-445135
Mädchenberatungs-
stelle
Wittekindstr. 17
W-3000 Hannover-91

Kinderzentrum und 91-564463
Familienberatung
Walther-Rathenau-Str. 8
O-3040 Magdeburg

Kindervereinigung e.V. 91-31407
Breiter Weg 232
O-3010 Magdeburg

Frauenhaus e.V. 05121-515546
Wildwasser
Kaiserstr. 9
W-3200 Hildesheim

Notruf 0531-43302
Beratungsstelle
Magnikirchstr. 4
W-3300 Braunschweig

Beratungsstelle 05341-15600
gegen sexuellen
Mißbrauch
Am Schölkegraben 34
W-3320 Salzgitter

Kinder-
Sorgentelefon 0551-73311
Lotzestr. 29
W-3400 Göttingen

Wildwasser e.V. 06421-63183
Postfach 2329
W-3500 Marburg

Spielmobil Baunatal
Marktplatz 14
W-3507 Baunatal 1

Notruf für Mädchen 0561-772244
W-3550 Kassel

4000

AKKI 0211-7182051
Aktion, Kunst und Kultur
mit Kindern
Benrather Schloßallee 106
W-4000 Düsseldorf 13

Frauen in Not e.V. 0211-686854
Ackerstr. 144
W-4000 Düsseldorf 1

Kinderschutz-
ambulanz 0211-9193700
Dr. med. Eugen E. Jungjohann
Fürstenwall 91
W-4000 Düsseldorf 1

Kinder-Sorgentelefon 0211-636992
613366

Not-Telefon 0211-8992400
des Jugendamtes

Till Eulenspiegel **0211-80407**
AWO-Sorgentelefon für Kinder
Wallstr. 7
W-4000 Düsseldorf 1

SHIA - SelbstHILFEgruppen Alleinerziehender e.V.
Eva-Maria Bartel
Reilstr. 14
O-4020 Halle

Interessengemeinschaft 'Erhaltet die Kindereinrichtungen'
Brigitte Rupp
Block 109/1
O-4090 Halle-Neustadt

Distel e.V. **0201-776777**
Brasserstr. 44
W-4300 Essen

Mehr Platz für Kinder **0201-255522**
W-4300 Essen

Notruf für Mädchen **0201-235469**
Waldhausenstr. 13
W-4300 Essen

Deutscher Kinderschutzbund **0208-478451**
W-4330 Mülheim/Ruhr

Notruf für Mädchen **0208-384273**
Teinerstr. 16
W-4330 Mülheim/Ruhr

Beratungsstelle für Eltern, Kinder und Jugendliche **0208-4555111**
W-4330 Mülheim/Ruhr

Verein zur Prävention von sexuellem Mißbrauch **0201-222205**
Gerlingstr. 14
W-4300 Essen 1

Paritätisches Jugendwerk Sachsen-Anhalt **447-2243**
Große Einsiedelgasse 6a
O-4350 Bernburg/Saale

Kinderschutzbund **0251-47180**
Lütkegasse 21
W-4400 Münster

Notruf für Mädchen **0251-665777**
Dortmunder Str. 11
W-4400 Münster

Zartbitter e.V. **0251-58419**
Rothenburg 35
W-4400 Münster

Frauenberatungsstelle **0541-29300**
Notruf 0541-65400
Kommenderiestr. 41
W-4500 Osnabrück

Notruf für Mädchen **0209-136166**
Wiehagen 83
W-4560 Gelsenkirchen

Wildwasser e.V. **0231-148877**
Adlerstr. 81
W-4600 Dortmund

Frauenberatung **02381-13104**
Ostenwall 11
W-4700 Hamm

Anonyme Eltern e.V. **02921-12900**
c/o Sabine Grollmann-Westphal
Deiringser Weg 9
W-4770 Soest

LaufFeuer 0521-122109
Selbstverteidigung für Mädchen e.V.
Sudbrackstr. 36
W-4800 Bielefeld 1

Mädchenhaus e.V. **0521-173016**
Alfred-Bozi-Str. 10
W-4800 Bielefeld 1

Notruf **0521-124248**
Montag und Donnerstag 17-22 Uhr
Nordstr. 37
W-4800 Bielefeld

Verein zur Prävention von sexuellem Mißbrauch an Mädchen und Jungen **0521-64183**
Oberntorwall 11
W-4800 Bielefeld

Kinderschutz-
zentrum **0541-14999**
Schulstr. 26
W-4830 Gütersloh 1
Alraune **05231-20177**
Freiligrathstr. 24
W-4930 Detmold

5000

Kinderschutz-
zentrum **0221-11103**
Spichernstr. 55
W-5000 Köln 1
Bundes-AG der **0221-520086**
Kinderschutzzentren
Spichernstr. 55
W-5000 Köln 1
Mädchenberatung **0221-542223**
Hansemannstr. 43
W-5000 Köln 30
Wildwasser **0221-527081**
W-5000 Köln
Zartbitter e.V. **0221-405780**
Stadtwaldgürtel 89
W-5000 Köln 41
Selbsthilfegruppe
'Sexueller Mißbrauch'
Rosemarie Bechtum
Michaelisstr. 4
O-5010 Erfurt
Beratungsstelle für
sexuell mißbrauchte Mädchen
Barfüßer Str. 16
O-5020 Erfurt
Notruf für **0241-34411**
Frauen und Mädchen
5100 Aachen
Kinderschutzbund **0241-23161**
Pontstr. 85
W-5100 Aachen
Kinderkommission
des Deutschen
Bundestags **0228-162271**
W-5300 Bonn 1
Notruf für **0228-635524**
vergewaltigte Frauen
und Mädchen
Berliner Platz 31
W-5300 Bonn
Kinderschutzbund **02624-5590**
Fährbachstr. 6
W-5410 Höhr-Grenzhausen
Selbsthilfegruppe für **0651-40119**
sexuell mißbrauchte
Frauen und Mädchen
W-5500 Trier
BAG Kinder- **0202-754465**
und Jugendtelefon
Domagkweg 8
W-5600 Wuppertal 1
Kinder-Sorgentelefon **627-2103**
O-5600 Leinefelde
Frauenhaus **02331-4845**
W-5800 Hagen
Beratungsstelle für **02732-4133**
Mädchen in Not
Marburgerstr. 13
W-5910 Kreuztal-Siegen

6000

Deutscher **069-598187**
Kinderschutzbund
W-6000 Frankfurt/Main
IB Mädchentreff **069-738399**
Hufnagelstr. 14
W-6000 Frankfurt/Main
Verein für femi- **069-519171**
nistische Mädchenarbeit
Hinter den Ulmen 19
W-6000 Frankfurt/Main
Wildwasser **069-418344**
W-6000 Frankfurt/Main
Interessengemeinschaft
'Erhaltet die
Kindereinrichtungen'
Margrit Gehrke
Steinsfeld 22
O-6017 Suhl

Mädchentreff (AWO) **06142-68442**
Weisenauer Str. 19
W-6090 Rüsselsheim
Wildwasser **06151-28871**
Ernst-Ludwig-Str. 9
W-6100 Darmstadt
Wildwasser **06121-808619**
Walluferstr. 1
W-6200 Wiesbaden
Deutscher Eltern-verein **06192-38558**
Brandenburger Weg 12
W-6238 Hofheim/Taunus
Mädchenberatung **06441-45107**
Kornmarkt 6
W-6300 Wetzlar
Kinderschutzbund **06031-3175**
Mittelstr. 11a
W-6360 Friedberg
Kinderschutz-Zentrum **06131-613737**
Lessingstr. 25
W-6500 Mainz
Kinder-Sorgentelefon **70-31105**
O-6500 Gera
Notruf für Frauen und Mädchen **0681-36767**
Nauwiesenstr. 19
W-6600 Saarbrücken
Kinderschutzbund **06897-67326**
Eichendorffstr. 18
W-6608 Quierschied
Kinderschutzbund **0621-525211**
Notruf **0621-691890**
Hemshofstr. 69
W-6700 Ludwigshafen
Wildwasser **0621-565721**
Schützenstr. 26
W-6700 Ludwigshafen
Frauenzentrum **06232-28833**
Herdstr. 7
W-6720 Speyer
Notruf **0621-379700**
Eichendorffstr. 15a
W-6800 Mannheim
Psychologische Beratungsstelle für Kinder, Jugendliche und Eltern **0621-896045**
Relaisstr. 164
W-6800 Mannheim 81
Kinderschutz-Zentrum **06221-10819**
Gaisbergstr. 53
W-6900 Heidelberg

7000

Kinderschutzbund **0711-244424**
Eberhardstr. 61
W-7000 Stuttgart
Mädchentreff **0711-284598**
W-7000 Stuttgart
Wildwasser **0711-296432**
Kernerstr. 31
W-7000 Stuttgart
Kinderladen Kinderhilfe e.V. Familienzentrum Kiebitz
Karl-Tauchnitz-Str. 3
O-7010 Leipzig
SHIA - SelbstHILFEgruppen Alleinerziehender e.V.
Vera Lintz
Papiermühlstr. 38
O-7025 Leipzig
Landesfamilien-verband Sachsen e.V. **41-3911194**
Brigitte Sannemüller
Berhard-Göring-Str. 152
O-7030 Leipzig
AHS - Aktion Humane Schule
Eugen-Bolz-Str. 13
W-7080 Aalen
AWO-Mädchentreff **07141-32651**
Hahnenstr. 47
W-7140 Ludwigsburg

SHIA - SelbstHILFEgruppen Alleinerziehender e.V.
Norbert Weber
Käthe-Kollwitz-Str. 80
O-7400 Altenburg

Verein 'Haus der Familie' 49/253
Wilhelm-Pieck-Str. 37
O-7560 Guben

Deutsche Gesellschaft zum Schutz der Kinderinteressen e.V. "Anwalt des Kindes" 0781-75246
Postfach 1274
Wichernstr. 22
W-7600 Offenburg

Biff 0761-77478
W-7800 Freiburg

Kinderschutzbund 0761-72200
Talstr. 21
W-7800 Freiburg

Wildwasser 0761-33339
Schwarzwaldstr. 107
W-7800 Freiburg

Notruf für Frauen und Mädchen 07541-21800
Postfach 1472
W-7990 Friedrichshafen

8000

Kinderschutz-Zentrum 089-555356
Pettenhofer Str. 10a
W-8000 München 2

Internationales Recht des Kindes auf Spiel 089-395654
Werneck Str. 9
W-8000 Müchen 40

Deutsches Kinderhilfswerk e.V. 089-814-1059
814-2550
Langwieder Hauptstr. 4
W-8000 München 60

Notruf für Frauen und Mädchen 089-763737
Güllstr. 3
W-8000 München

Zufluchtstelle für Mädchen 089-183609
W-8000 München

Kindervereinigung 51-35357
Kretschmerstr. 13
O-8053 Dresden

Kinderschutzbund 51-35719
35421
Regerstr. 2
O-8053 Dresden

Neue Art Sorgentelefon 51-4955446
Maxstr. 11
O-8010 Dresden

Sächsisches Kinder- und Jugend-erholungswerk 51-55008
Rothenburger Str. 18
O-8060 Dresden

Notruf für Frauen und Mädchen 08092-22070
Pernerstr. 9
W-8017 Ebersberg

Interessengemeinschaft 'Erhaltet die Kindereinrichtungen'
Ute Göpel
Haberkornstr. 6a
O-8290 Kamenz

Notruf für Frauen und Mädchen 0941-24171
Prüfeningerstr. 32
W-8400 Regensburg

FFGZ - Feministisches Frauengesundheits-zentrum 0911-328262
Fürther Str. 154
W-8500 Nürnberg

Wildwasser 0911-331330
Roritzer Str. 22
W-8500 Nürnberg

Notruf für **09131-209720**
Frauen und Mädchen
W-8520 Erlangen
Notruf und **0931-284180**
Wildwasser **463299**
Pedrinistr. 15 **52142**
W-8700 Würzburg
Frauenhaus **09721-16598**
Postfach 4162
W-8720 Schweinfurt
SEFRA e.V. **06021-24728**
Bodelschwinghstr. 16
W-8750 Aschaffenburg
Kinderschutzbund **0821-152534**
Volkhartstr. 2
W-8900 Augsburg

9000

Arbeitsgruppe
Alleinerziehende
Kaßbergstr. 22
O-9006 Chemnitz
Kinder-Sorgentelefon **71-32278**
O-Chemnitz

Anmerkungen

Kein Platz für Kinder

1 Der Spiegel; 25/1991; S. 70
2 Z. B.: Ministerium für Arbeit, Gesundheit und Soziales, NRW; »Information für jeden: Kindergarten«; Düsseldorf 1988; S. 3
3 Der Bundesminister für Frauen und Jugend; Das neue Kinder- und Jugendhilfegesetz; Schriftenreihe; Februar 1991, S. 17
4 Hurrelmann, Klaus; Endlich: »So leben wie ich will!«; aus: enfant t.; Zeitschrift für Kindheit; Nr. 1/90; 3. Jg.; S. 14ff.
5 Schreiner, Hanne; Die Wartelisten werden immer länger; Von den Schwierigkeiten der Kinderbetreuung; aus: Frankfurter Rundschau; 24.11.1990
6 Achter Jugendbericht; Der Bundesminister für Jugend, Familie, Frauen und Gesundheit; 1990; Drucksache 11/6576; S. 95
7 Der Spiegel; 25/1991; Hamburg 1991; S. 74
8 Bundesjugendhilfestatistik 1986; entnommen aus: Vergleichende Darstellung der Tageseinrichtungen für Kinder; MAGS; NRW; 1991; S. 20ff
9 Westfalenpost vom 3.März 1990
10 Kinder- und Jugendhilfegesetz; Sozialgesetzbuch – Achtes Buch; § 24
11 Preis, Ulrich; Perspektivenwechsel – grundsätzliche Anmerkungen zum KJHG; aus: Kommentare und Dokumente; KJHG; Schriftenreihe des Deutschen Bundesjugendrings Nr. 18; Bonn 1990; S. 14
12 Achter Jugendbericht; Der Bundesminister für Jugend, Familie, Frauen und Gesundheit; 1990; Drucksache 11/6576; S. 98
13 Achter Jugendbericht; Der Bundesminister für Jugend, Familie, Frauen und Gesundheit; 1990; Drucksache 11/6576; S. 98
14 Achter Jugendbericht; Der Bundesminister für Jugend, Familie, Frauen und Gesundheit; Drucksache 11/6576; 1990; S. 98
15 Der Bundesminister für Frauen und Jugend; Das neue Kinder- und Jugendhilfegesetz; Bonn 1991, S. 18
16 Zeitmagazin; Nr. 25; 15.6.1990; Hamburg 1990
17 Die Spitzenverbände der Freien Wohlfahrtspflege; Die Kommunalen Spitzenverbände; Empfehlungen und Hinweise zur bedarfsgerechten Gestaltung von Öffnungszeiten in Kindergärten; S. 12
18 Der Bundesminister für Frauen und Jugend; Das neue Kinder- und Jugendhilfegesetz; Bonn 1991, S. 19
19 Achter Jugendbericht; Der Bundesminister für Jugend, Familie, Frauen und Gesundheit; Drucksache 11/6576; 1990; S. 99
20 Bundesarbeitsgemeinschaft der Freien Wohlfahrtspflege e.V.; Anforderungen an die Kindergartengesetzgebung der Länder; Bonn; 21.12.1990

21 Deutscher Verein für öffentliche und private Fürsorge; Tageseinrichtungen für Kinder – eine Aufgabe der Jugendhilfe; Frankfurt 1990; S. 22
22 Der Spiegel; Nr. 25/1991; Hamburg; 1991; S. 74
23 Zitiert nach: Der Spiegel; Nr. 25/1991; Hamburg; 1991; S. 74; vergl. auch: Bericht der Kommission der Europäischen Gemeinschaft; Kinderbetreuung in der Europäischen Gemeinschaft 1985–1990; Nr. 31; August 1990; S. 12
24 Achter Jugendbericht; Der Bundesminister für Jugend, Familie, Frauen und Gesundheit; Drucksache 11/6576; 1990; S. 95
25 Schneider, Kornelia; Tagesangebote für Kinder unter drei Jahren; aus: Blätter der Wohlfahrtspflege; Mai 1989; Stuttgart; S. 116
26 Schneider, Kornelia; Tagesangebote für Kinder unter drei Jahren; aus: Blätter der Wohlfahrtspflege; Mai 1989; Stuttgart; S. 116
27 dpa-Meldung vom 15. April 1989
28 Schneider, Kornelia; Tagesangebote für Kinder unter drei Jahren; aus: Blätter der Wohlfahrtspflege; Mai 1989; Stuttgart; S. 116
29 Deutscher Verein für öffentliche und private Fürsorge; Tageseinrichtungen für Kinder; Frankfurt 1990; S. 22
30 Der Spiegel; Nr. 25/1991; Hamburg 1991; S. 71
31 Name geändert
32 Nach eigener Berechnung auf Grundlage der Angaben aus dem statistischen Jahrbuch der DDR, Ausgabe 1990, Berlin 1990 zu den Kindern im Krippen- und Kindergartenalter, der Schulstatistik zu den Schülern im Hortalter und gem. der Antwort der Bundesregierung auf die große Anfrage der SPD zur »Situation der Kindergärten, Krippen und Horte in den neuen Bundesländern«; Drucksache 12/661 v. 4.6.1991
33 Interessengemeinschaft »Erhaltet die Kindereinrichtungen« dzt. Verbindungsbüro: Arbeiterwohlfahrt Berlin, Hallesches Ufer 32–34, W-1000 Berlin 61; 19.11.1990
34 Sozialprisma, 36. Jg. Nr. 6/91; S. 84
35 Mündliche Auskunft: Arbeiterwohlfahrt, Bundesverband e.V.; Bonn im Juni 1991; gem.: Antwort der Bundesregierung auf die große Anfrage der SPD zur »Situation der Kindergärten, Krippen und Horte in den neuen Bundesländern«; Drucksache 12/661 vom 4.6.1991
36 SHIA = Selbsthilfegruppen Alleinerziehender e.V.; Rudolf-Schwarz-Straße 29; O-1055 Berlin

Kindsein ist kein Kinderspiel

1 Keller, Hartmut H.; Statements zur Sicherheit von Kindern in verkehrsberuhigten Straßen; aus: Kinder in der Stadt; Institut Wohnen und Umwelt; Darmstadt 1986; S. 71ff.
2 Informationen Deutscher Psychologen; idp vom 28.8.1990; S. 10
3 Statistisches Bundesamt; Ergebnisse 1990

4 dpa-Meldung; März 1990; Feature von Zehm, Gerd-Eckard: Spiel mit dem Leben im Fahrstuhlschacht

5 Hetzer, H.; Benner, L.; Pée, L.: Kinderspiel im Freien; München/Basel 1966, S. 46 und 29

6 Hetzer, H.; Benner, L.; Pée, L.: Kinderspiel im Freien; München/Basel 1966, S. 46 und 29; aus: Zeiher, Helga: Die vielen Räume der Kinder. Zum Wandel räumlicher Lebensbedingungen seit 1945

7 Edinger-Achenbach, Susanne; Stadtpalung für Kinder; Manuskript-Vortrag anläßlich des Kongresses »Kinder brauchen Spielraum«; Essen, am 25.10.1990

8 Die Beispiele wurden dem NRW-Landeswettbewerb »Spielen in der Stadt« des Ministeriums für Stadtentwicklung, Wohnen und Verkehr 1988 entnommen.

9 Edinger-Achenbach, Susanne; Stadtplanung für Kinder; Manuskript-Vortrag anläßlich des Kongresses »Kinder brauchen Spielraum«; Essen, am 25.10.1990

10 Landesentwicklungsbericht Nordrhein-Westfalen, Heft 51; 1988; S. 337

11 Die Zeit; Nr. 38; 15.9.1989; S. 34

12 Büchner, Peter; Ich weiß nicht, ob ich Zeit habe, aber ich ruf dich an; aus: Neue Sammlung; Vierteljahres-Zeitschrift für Erziehung und Gesellschaft; 30. Jg. Heft 4. 1990

13 Zeiher, Helga; Kindheit: Organisiert und isoliert; aus: Psychologie heute; Februar 1990, S. 20ff.

14 Zeiher, Helga; Die vielen Räume der Kinder. Zum Wandel räumlicher Lebensbedingungen seit 1945; in: Preuss-Lausitz, u.a.; Kriegskinder, Konsumkinder, Krisenkinder; Weinheim 1983, S. 176ff.

15 Hurrelmann, Klaus: Kinder brauchen Spielraum – Pädagogische Aspekte; Manuskript-Vortrag anläßlich des Kongresses »Kinder brauchen Spielraum«; Essen, am 25.10.1990

16 Hurrelmann, Klaus: Veränderte Kindheit - andere Kinder?; Redemanuskript, Referat, Bielefeld am 24.1.1990

17 Zeiher, Helga; Kindheit: Organisiert und isoliert; aus: Psychologie heute; Februar 1990, S. 24

18 Statistisches Bundesamt; VIIIB; Daten v. 15.2.1991

19 Presse- und Informationsamt der Landesregierung Nordrhein-Westfalen; 84/1/90; Düsseldorf, 30.1.1990

20 Z.B. Jörg, Sabine: Per Knopfdruck durch die Kindheit; Die Technik betrügt unsere Kinder; Berlin 1987; oder Höltershinken/Tietze; Alltag von Kindergartenkindern; Universität Münster; 1989

21 Name geändert

Mißhandelt und geschlagen

1 Frankfurter Rundschau; 16.9.83
2 Brigitte; 20/1990; S. 134
3 Winkels, Cordula, Nawrath, Christine; Kinder in Frauenhäusern (in NRW); herausgegeben von der Parlamentarischen Staatssekretärin für die Gleichstellung von Frau und Mann; Düsseldorf 1990; S. 54
4 BT-Drucksache 10/4560 vom 13.6.1986; zitiert nach: Jungjohann, Eugen E.; Kinder klagen an; Frankfurt am Main 1991; S. 85
5 Trube-Becker, Elisabeth; Gewalt gegen das Kind; Heidelberg 1987; S. 13
6 Neues Deutschland; 20.12.90
7 Trube-Becker, Elisabeth; Gewalt gegen das Kind; Heidelberg 1987; S. 17
8 Trube-Becker, Elisabeth; Gewalt gegen das Kind; Heidelberg 1987; S. 21
9 Definitionen entnommen: Hilfe statt Gewalt; Deutscher Kinderschutzbund (Hrsg.); Hannover 1989; S. 12
10 BT-Drucksache 10/5460; S. 3; zitiert nach: Gewalt an Kindern; Pädagogisches Institut der Landeshauptstadt Düsseldorf (Hrsg.); Düsseldorf 1987; S. 307
11 Jungjohann, Eugen E.; Kinder klagen an; Frankfurt am Main 1991; S. 97
12 Trube-Becker, Elisabeth; Gewalt gegen das Kind; Heidelberg; S. 21
13 Name geändert
14 Ostermeyer, Helmut; Gewalt und Sorge, über die Rechtsstellung von Minderjährigen; in: Kursbuch 72, Die neuen Kinder; Berlin 1983; S. 146
15 Ostermeyer; a.a.O.; S. 147
16 Rutschky, Katharina; Symbolische Kreuzzüge – Kinderschutzideologien der Moderne; Referat am 8. internationalen Kongress über Kindesmißhandlung und Vernachlässigung; September 1990; Hamburg; Manuskript; S. 13
17 Rutschky, Katharina; Symbolische Kreuzzüge – Kinderschutzideologien der Moderne; Referat am 8. internationalen Kongress über Kindesmißhandlung und Vernachlässigung; September 1990; Hamburg; Manuskript; S. 4f.
18 Hurrelmann, Klaus; Veränderte Kindheit, andere Kinder?; Redemanuskript, Bielefeld 24.1.1990, S. 11ff.
19 Hurrelmann, Klaus; Anspruch auf die ›Lebensphase Kindheit‹; Referat für den Deutschen Kinderschutztag am 9. Juni 1989; S. 5
20 Jungjohann, Eugen E.; Kinder klagen an; Frankfurt am Main 1991; S. 85
21 Ostermeyer, Helmut; Gewalt und Sorge, über die Rechtsstellung von Minderjährigen; in: Kursbuch 72, Die neue Kinder; Berlin 1983; S. 147

22 Dokumentation: die tageszeitung; 15.6.91; S. 20
23 Prölß, Reiner; Wagner, Klaus; Das KJHG aus Sicht eines Großstadt-Jugendamtes; aus: Deutscher Bundesjugendring; DBJR; Schriftenreihe Nr. 18; Bonn 1990; S. 26
24 Arbeiterwohlfahrt; Bundesverband e.V.; Stellungnahme der Arbeiterwohlfahrt zu dem Entwurf der Bundesregierung für ein Kinder- und Jugendhilfegesetz vom 27.9.1989; 19.1.1990; S. 1
25 Preis, Ulrich; Perspektivenwechsel – grundsätzliche Anmerkungen zum KJHG; aus: Deutscher Bundesjugendring; DBJR; Schriftenreihe Nr. 18; Bonn 1990; S. 22
26 Kinder- und Jugendhilfegesetz; Sozialgesetzbuch – Achtes Buch; Vierter Abschnitt.
27 Preis, Ulrich; Perspektivenwechsel – grundsätzliche Anmerkungen zum KJHG; aus: Deutscher Bundesjugendring; DBJR; Schriftenreihe Nr. 18; Bonn 1990; S. 22
28 Laut mündlicher Mitteilung des Bundeskriminalamtes und des Bundesamtes für Statistik am 10.6.91. »Abgeurteilt« meint alle Fälle, in denen ein Urteil ergangen ist, also auch Freisprüche. »Verurteilte« sind die Fälle, in denen eine Strafe verhängt wurde.
29 Levold, Tom; Jugendhilfe und moderner Kinderschutz; Kinderschutzzentrum Köln, Beitrag zum Expertengespräch ›Gewalt gegen Kinder‹ der Kinderkommission am 21.6.89 in Bonn.
30 Levold, Tom; anläßlich des 8. internationalen Kongresses über Kindesmißhandlung und Vernachlässigung; Hamburg; September 1990
31 Levold, Tom; anläßlich des 8. internationalen Kongresses über Kindermißhandlung und Vernachlässigung; Hamburg; September 1990
32 Jungjohann, Eugen E.; Kinder klagen an; Frankfurt am Main 1991; S. 155
33 Name wegen der besseren Unterscheidung geändert. Susanne heißt auch Melanie.

Ungeliebt und vernachlässigt

1 Neue Rhein-Ruhrzeitung; NRZ; Düsseldorf; 17.6.1991
2 Rheinische Post; RP; Düsseldorf; 15.6.1991
3 Vgl. z. B. Der Spiegel vom 27.8.1990; Hamburg
4 Jungjohann; Eugen E.; Kinder klagen an; Frankfurt/Main; 1991; S. 60ff.
5 Rose, Lionel; The massacre of the innocents; London 1986; i. d. Übersetzung v. Katharina Rutschky; Symbolische Kreuzzüge – Kinderschutzideologien der Moderne; 8. Internationaler Kongreß über Kindesmißhandlung und Vernachlässigung; Hamburg; September 1990; S. 4f.
6 Evangelisches Krankenhaus Düsseldorf; Kinderschutzambulanz; Ein Leitfaden; Manuskript; Februar 1988; S. 3

7 Trube-Becker, Elisabeth; Gewalt gegen Kinder; Heidelberg 1987; S. 99 und 201ff.
8 Evangelisches Krankenhaus Düsseldorf; Kinderschutzambulanz; Ein Leitfaden; Manuskript; Februar 1988; S. 18f.
9 Amendt, Gerhard; Schwarz, Michael; Das Leben unerwünschter Kinder; Universität Bremen; 1990
10 Der Spiegel; Nr. 37/1990; Hamburg; S. 109
11 Amendt, Gerhard; Schwarz, Michael; Vom Recht des Kindes, erwünscht zu sein; aus: Blätter der Wohlfahrtspflege; Stuttgart; 12/1990; S. 302
12 Profil; Nr. 18/30; Wien; April 1990; S. 71
13 Profil; Nr. 18/30; Wien; April 1990; S. 71
14 Deutsche Presse-Agentur; dpa; Meldung vom 6. April 1990
15 Amendt, Gerhard; Schwarz, Michael; Vom Recht des Kindes, erwünscht zu sein; aus: Blätter der Wohlfahrtspflege; Stuttgart; 12/1990; S. 303
16 Der Spiegel; Nr. 29/1990; Hamburg; S. 146
17 Hömmen, Christa; Mal sehen, ob ihr mich vermißt; Reinbek/Hamburg 1990; S. 41
18 Hömmen, Christa; Mal sehen, ob ihr mich vermißt; Reinbek/Hamburg 1990; S. 64
19 Der Spiegel; Nr. 29/1990; Hamburg; S. 147
20 Der Spiegel; Nr. 35/1990; S. 206
21 Jungjohann, Eugen E.; Kinder klagen an; Frankfurt am Main 1991; S. 101
22 Evangelisches Krankenhaus Düsseldorf; Kinderschutzambulanz; Ein Leitfaden; Manuskript 1988; S. 21f.

Das Familiengeheimnis

1 Trube-Becker, Elisabeth; Rechtsmedizinerin; Hearing in Bonn; 29.3.1990
2 Laut fernmündlicher Mitteilung des Bundeskriminalamtes vom 29.5.91. »Zusammengestellt nach der Tabelle der bekanntgewordenen Fälle. Bekanntgewordener Fall ist jede im Straftatenkatalog aufgeführte rechtswidrige Tat einschließlich der mit Strafe bedrohten Versuche, der eine polizeilich bearbeitete Anzeige zugrunde liegt.« Definition nach der Polizeilichen Kriminalstatistik. Wiesbaden 1988
3 Baurmann, Michael; Sexualität, Gewalt und die Folgen für das Opfer (Zusammenfassung); Bundeskriminalamt; Wiesbaden 1983; S. 10
4 Fegert, Jörg; Sexueller Mißbrauch an Jungen – sexueller Mißbrauch an Mädchen: zwei grundsätzlich unterschiedliche Probleme?; in: Enders, Ursula (Hrsg.); Zart war ich, bitter war's; Köln 1990; S. 245
5 Baurmann, Michael; Sexualität, Gewalt und die Folgen für das Opfer (Zusammenfassung); Bundeskriminalamt; Wiesbaden 1983; S. 14

6 Baurmann, Michael; zitiert nach Enders, Ursula; Sexueller Kindesmißbrauch und Jugendhilfe; Expertise zum 5. Jugendbericht der Landesregierung Nordrhein-Westfalen; Düsseldorf 1989; S. 2
7 Trube-Becker, Elisabeth; Gewalt gegen das Kind; Heidelberg 1987; S. 116
8 Trube-Becker, Elisabeth; Gewalt gegen das Kind; Heidelberg 1987; S. 118
9 Enders, Ursula; Sexueller Kindesmißbrauch und Jugendhilfe; Expertise zum 5. Jugendbericht der Landesregierung Nordrhein-Westfalen; Düsseldorf 1989; S. 11
10 Thönissen, Ann; Meyer-Andersen, Klaus; Dunkelziffer – das geheime Geschäft mit der schmutzigen Pornographie; München 1990; S. 97
11 Zielke, Ulrike; Kölnische Rundschau, 11.11.90
12 E., Renate; Gedichte über die Zeit ihrer Stummheit und Qual; München 1986
13 Der Spiegel; 5/1990; S. 86
14 Koch, Friedrich; Pädagögik 1/91, S. 54
15 Enders, Ursula; Sexueller Kindesmißbrauch und Jugendhilfe; Expertise zum 5. Jugendbericht der Landesregierung Nordrhein-Westfalen; Düsseldorf 1989; S. 32
16 Name geändert
17 Name geändert
18 Name geändert
19 Fey, Elisabeth; Mai, Silvia; Info für Mitarbeiterinnen der Bielefelder Jugendhilfe, Bielefeld 1989, S. 8
20 Vgl. Enders, Ursula; Sexueller Mißbrauch an Mädchen und Jungen – Möglichkeiten und Grenzen professionellen Handelns; Köln 1989; S. 13
21 Enders, Ursula; Sexueller Mißbrauch und Jugendhilfe; Expertise zum 5. Jugendbericht der Landesregierung Nordrhein-Westfalen; Düsseldorf 1989; S. 14
22 Name geändert
23 Laut fernmündlicher Mitteilung des Bundeskriminalamtes und des Statistisches Bundesamtes, Wiesbaden, vom 4.6.1991. »Abgeurteilt« sind alle Fälle, in denen ein Urteil ergangen ist, also auch Freisprüche. »Verurteilte« sind die Fälle, in denen eine Strafe verhängt wurde.
24 Kavemann, Barbara; Lohstöter, Ingrid; Plädoyer für das Recht von Mädchen auf sexuelle Selbstbestimmung; 6.Jugendbericht; Bonn 1985
25 Trube-Becker, Elisabeth; Gewalt gegen das Kind; Heidelberg 1987; S. 119
26 Trube-Becker, Elisabeth; Gewalt gegen das Kind; Heidelberg 1987; S. 120
27 Enders, Ursula; Sexueller Mißbrauch und Jugendhilfe; Expertise zum 5. Jugendbericht der Landesregierung Nordrhein-Westfalen; Düsseldorf 1989; S. 5
28 Fey, Elisabeth; Fegert, Jörg; Wenn Heimlichkeiten unheimlich werden, Frankfurter Rundschau, 3.1.1987, S. ZB5

29 Trube-Becker, Elisabeth; Gewalt gegen das Kind; Heidelberg 1987; S. 151
30 Jungjohann, Eugen E.; Symptom als Botschaft: Psychosomatische Reaktionen als Signale bei sexueller Ausbeutung des Kindes; in: Acta Paedopsychiatrica, 1990; S. 60

Kohle und Klamotten

1 Sheldon H. Danziger, Jonathan Stern; Ursachen und Folgen der Armut von Kindern in den Vereinigten Staaten; Studie für UNICEF; Zusammenfassung: Frankfurter Rundschau, 7.7.1990; S. 14
2 Der Spiegel; 52/1990; S. 67
3 Der Bundesminister für Jugend, Familie, Frauen und Gesundheit; September 1987; S. 20
4 dpa; Deutsche Presse-Agentur; 22.Mai 1989
5 Frankfurter Rundschau: »Noch nie lebten in Westdeutschland so viele Arme wie jetzt«; 24.10.1990
6 dpa; Deutsche Presse-Agentur; 21.März 1990
7 Der Paritätische Wohlfahrtsverband, Kreisgruppe Köln; u.a.; »Armes Köln«; Erste Voruntersuchung und Plädoyer für eine kommunale Armutsberichterstattung; Köln, Dezember 1990
8 Der Paritätische Wohlfahrtsverband, Kreisgruppe Köln; u.a.; »Armes Köln«; Erste Voruntersuchung und Plädoyer für eine kommunale Armutsberichterstattung; Köln, Dezember 1990; S. 9
9 Der Paritätische Wohlfahrtsverband, Kreisgruppe Köln; u.a.; »Armes Köln«; Erste Voruntersuchung und Plädoyer für eine kommunale Armutsberichterstattung; Köln, Dezember 1990, S. 2
10 Der Paritätische Wohlfahrtsverband, Kreisgruppe Köln; u.a.; »Armes Köln«; Erste Voruntersuchung und Plädoyer für eine kommunale Armutsberichterstattung; Köln, Dezember 1990; S. 55
11 Der Paritätische Wohlfahrtsverband, Kreisgruppe Köln; u.a.; »Armes Köln«; Erste Voruntersuchung und Plädoyer für eine kommunale Armutsberichterstattung; Köln, Dezember 1990, S. 55
12 dpa; Deutsche Presse-Agentur; 22.5.1989
13 Der Paritätische Wohlfahrtsverband, Kreisgruppe Köln; u.a.; »Armes Köln«; Erste Voruntersuchung und Plädoyer für eine kommunale Armutsberichterstattung; Köln, Dezember 1990, S. 52
14 Bundestagsdrucksache 10/6055, S. 10
15 Weber-Herfort, Christine; »Ich will aber nicht klagen«, Zum Thema Sozialhilfe und Frauen; aus Frankfurter Rundschau; 1.12.1990; S. ZB5
16 Kieselbach, Thomas; Auch das »endlich mehr Zeit für die Familie« wird zur leeren Hülse; aus: Frankfurter Rundschau; 2.2.1990
17 AWO = Arbeiterwohlfahrt

Die soziale Abseitsfalle

1 Mündliche Auskunft der Bundesanstalt für Arbeit; Nürnberg; 28.6.1990
2 Frankfurter Rundschau; Donnerstag, 7.2.1991; S. 1
3 Institut für Arbeitsmarkt und Berufsforschung der Bundesanstalt für Arbeit; IAB-Kurzbericht vom 15.11.1989
4 Schober, Karen; Kinder von Arbeitslosen und Arbeitslose mit Kindern: Zur quantitativen Bedeutung eines sozialen Problems; (Manuskript) Referat bei der SPD-Tagung: »Gestohlene Kindheit – verborgene Folgenlasten der Langzeitarbeitslosigkeit«; 16.11.1989
5 Kieselbach, Thomas; Auch das »endlich mehr Zeit für die Familie« wird zur leeren Hülse; aus: Frankfurter Rundschau; 2.2.1990.
6 Zenke, Karl; Ludwig, Günter; Kinder arbeitsloser Eltern; Erfahrungen, Einsichten und Zwischenergebnisse aus einem laufenden Projekt; aus: Mitteilungen aus Arbeitsmarkt und Berufsforschung; MittAB 2/1985; S. 265
7 Angestelltenkammer Bremen; Die Familie in der Arbeitslosigkeit; Studien zum Leben von Familien in der Arbeitslosigkeit; Bremen 1987; S. 113ff.
8 Zenke Karl, Ludwig Günter; Kinder arbeitsloser Eltern; Erfahrungen, Einsichten und Zwischenergebnisse aus einem laufenden Projekt; aus: Mitteilungen aus Arbeitsmarkt und Berufsforschung; MittAB 2/1985; S. 275
9 Frankfurter Rundschau; »Kinder Verlierer der Einheit«; 16.10.1990
10 INFAS-Institut für angewandte Sozialwissenschaft GmbH; Auswirkungen von Arbeitslosigkeit auf Familien und Kinder; Bonn-Bad Godesberg 1989
11 Gutschmidt, Gunhild; Alleinerziehende in der Bundesrepublik; Referat am 11. August 1990; Helsinki
12 Ergebnisse des Mikrozensus 1988; Zahlenspiegel – Ein-Eltern Familien; aus den Mitteilungen des Verbandes alleinstehender Mütter und Väter; Bonn 1990
13 Brigitte Dossier; Nr. 6/91; »Allein erziehen«; München 1991, S. 125
14 Mikrozensus 1989, Sonderauswertung des Statistischen Bundesamtes; aus: Bundesverband alleinstehender Mütter und Väter; Informationen für Ein-Eltern-Familien Nr. 6/November 1990; S. 2
15 Achter Jugendbericht; Der Bundesminister für Jugend, Familie, Frauen und Gesundheit; Drucksache 11/6576; 1990; S. 43
16 Napp-Peters, Anneke; Ein-Elternteil-Familien; Soziale Randgruppe oder neues familiales Selbstverständnis; München 1985, S. 62ff.
17 Winkler, Gunnar; Frauenreport 90; Berlin 1990
18 Woche im Bundestag; wib 18/90 – VIII/227; 31.10.1990; S. 63

19 Die Kindergeldsätze entsprechen dem Stand: 30.6.1991; für das erste Kind: 50 DM; für das zweite Kind: 130 DM; für das dritte Kind 220

DM; für jedes weitere Kind 240 DM; Merkblatt 20; Bundesanstalt für Arbeit; 1991; S. 4

20 Gutschmidt, Gunhild; Alleinerziehende Väter und Mütter sind keine Randgruppe mehr; aus Frankfurter Rundschau; 26.5.1988; Nr. 121; S. 19

21 Armutsbericht des Paritätischen Wohlfahrtsverbandes für die Bundesrepublik Deutschland; Blätter der Wohlfahrtspflege; Stuttgart; November/Dezember 1989; S. 336

22 Achter Jugendbericht; Der Bundesminister für Jugend, Familie, Frauen und Gesundheit; Drucksache 11/6576; 1990; S. 41

23 Brigitte Dossier; Nr. 6/91; »Allein erziehen«; München 1991, S. 130f.

24 Armutsbericht des Paritätischen Wohlfahrtsverbandes für die Bundesrepublik Deutschland; Blätter der Wohlfahrtspflege; Stuttgart; November/Dezember 1989; S. 336

25 Fischer, Erica; Lux, Petra; Ohne uns ist kein Staat zu machen – DDR-Frauen nach der Wende; Köln 1990; S. 231

26 Knapp, Ursula; DDR-Frauen im Abseits; aus: Frankfurter Rundschau v. 26.8.1990

27 Reinhardt, Charima; Soziale Grundsicherung soll »Armenhaus DDR« verhindern; aus: Frankfurter Rundschau, 14.9.1990

28 SelbstHILFEgruppen Alleinerziehender e.V.; SHIA-Broschürenentwurf; Berlin; 1991

29 SelbstHILFEgruppen Alleinerziehender e.V.; SHIA; April/Mai 1991; S. 4

30 Name geändert

Auf Erfolg getrimmt

1 Hurrelmann, Klaus; Politik für Kinder und Jugendliche in den beiden deutschen Staaten; PSOW – Pädagogik und Schule in Ost und West 38/1990; S. 84

2 Der Bundesminister für Bildung und Wissenschaft (Hrsg.); Grund- und Strukturdaten 1990/91; S. 74/75 und eigene Berechnungen

3 päd extra & demokratische Erziehung; 10/1990; S. 26

4 päd extra 10/1990; S. 27

5 Interview in WEST DREI; 26.6.1991

6 Frankfurter Rundschau vom 14.6.1991

7 Hurrelmann, Klaus; Nordlohne, Elisabeth; Holler, Birgit; Schulstreß, Gesundheitsprobleme und Arzneimittelkonsum; in Prävention 2/1989; S. 47

8 a.a.O.; S. 47

9 a.a.O.; S. 49

10 Der Spiegel; 9/1989; S. 74

11 Der Bundesminister für Bildung und Wissenschaft (Hrsg.); Grund- und Strukturdaten 1990/91 und eigene Berechnungen
12 Der Spiegel; 9/1989; S. 77
13 8.Jugendbericht; BT-Drucksache 11/6576; S. 49
14 Der Spiegel; 11/1989; S. 112
15 Entwurf eines Gesetzes zu dem Übereinkommen vom 20. November 1989 über die Rechte des Kindes; BT-Drucksache 12/42; S. 18
16 Laut Information der Bundesanstalt für Arbeit am 24.6.1991 nach der Neunten Verordnung zur Änderung der Arbeitserlaubnisverordnung vom 21.12.90, Paragraph 19 Absatz 1a
17 Der Bundesminister für Bildung und Wissenschaft (Hrsg.); Grund- und Strukturdaten 1990/91; S. 48/49
18 Bundesministerium für Jugend, Familie, Frauen und Gesundheit (Hrsg.); Frauen in der Bundesrepublik Deutschland; Bonn 1984; S. 15

Kinder zweiter Klasse

1 Unterrichtung durch die Bundesregierung; Sozialbericht 1990; 11/7527; S. 79
2 Franz, Fritz; Ausländerrecht auf Kollisionskurs mit der Verfassung; Gutachten zur Verfassungsmäßigkeit des AuslG'90; im Auftrag der Grünen; September 1990; S. 4
3 Der Spiegel; Nr. 48/1988; Hamburg 1988; S. 36
4 Bundesregierung; Sozialbericht 1990; Drucksache 11/7527; 29.6.1990; S. 79
5 Franz, Fritz; Ausländerrecht auf Kollisionskurs mit der Verfassung; Gutachten zur Verfassungsmäßigkeit des AuslG'90; im Auftrag der Grünen; September 1990; S. 4
6 Gesetzentwurf der Bundesregierung; Entwurf eines Gesetzes zu dem Übereinkommen vom 20.November 1989 über die Rechte des Kindes; Drucksache 12/42; 24.1.1991; Artikel 1; S. 8
7 Arbeiterwohlfahrt; Bundesverband e.V.; Das neue Ausländergesetz; Darstellung für den Praxisgebrauch; Bonn 1990; S. 28
8 Bundesverband der Arbeiterwohlfahrt; Der Entwurf der Bundesregierung zum Bundesausländergesetz; Stellungnahme zur Anhörung am 14. Februar 1990; S. 13
9 Franz, Fritz; Ausländerrecht auf Kollisionskurs mit der Verfassung; Gutachten zur Verfassungsmäßigkeit des AuslG'90; im Auftrag der Grünen; September 1990; S. 17
10 Franz, Fritz; Ausländerrecht auf Kollisionskurs mit der Verfassung; Gutachten zur Verfassungsmäßigkeit des AuslG'90; im Auftrag der Grünen; September 1990; S. 17

11 Franz, Fritz; Ausländerrecht auf Kollisionskurs mit der Verfassung; Gutachten zur Verfassungsmäßigkeit des AuslG'90; im Auftrag der Grünen; September 1990; S. 29
12 Name geändert
13 Die Grünen im Bundestag; Argumente für eine multikulturelle Kinderpolitik; Bonn 1990; S. 39
14 Die Grünen im Bundestag; Argumente für eine multikulturelle Kinderpolitik; Bonn 1990; S. 39
15 dpa-Meldung vom 5. April 1989
16 Entwurf eines Gesetzes zu dem Übereinkommen vom 20. November 1989 über die Rechte des Kindes; Drucksache 12/42; 24.1.1991; S. 15
17 Entwurf eines Gesetzes zu dem Übereinkommen vom 20. November 1989 über die Rechte des Kindes; Drucksache 12/42; 24.1.1991; S. 54
18 Woche im Bundestag; 8/91; I/16; 2.Mai 1991; S. 4
19 Gesetzesentwurf der Bundesregierung; Entwurf eines Gesetzes zu dem Übereinkommen vom 20. November 1989 über die Rechte der Kinder; Drucksache 12/42; 24.1.1991; S. 54
20 Schreiben des Oberkreisdirektors; Kreis Höxter; 3.12.1990, Ordnungsamt, S. 3
21 Namen geändert
22 Zitiert nach dem Attest des Gesundheitsausschusses vom 18.12.1990 in der beglaubigten Übersetzung.
23 Schreiben vom 3.12.1990; Kreis Höxter, Der Oberstadtdirektor; Ordnungsamt; S. 1
24 Zitiert nach: Schreiben vom 3.12.1990, Kreis Höxter, Der Oberstadtdirektor; Ordnungsamt, S. 2
25 Zitiert nach: Schreiben vom 3.12.1990, Kreis Höxter, Der Oberstadtdirektor; Ordnungsamt, S. 1
26 Ärztliches Attest, Kinderarzt Dietmar Hauptmann; in gekürzter Fassung vom 5.12.1990
27 Zitiert nach: Schreiben vom 3.12.1990, Kreis Höxter, Der Oberstadtdirektor; Ordnungsamt, S. 2 und S. 3
28 Zitiert nach: Schreiben vom 3.12.1990, Kreis Höxter, Der Oberstadtdirektor; Ordnungsamt, S. 2
29 Zitiert nach: Schreiben vom 3.12.1990, Kreis Höxter; Ordnungsamt, S. 4
30 Ärztliche Bescheinigung des Kinderarztes Dietmar Hauptmann; in gekürzter Fassung; 1991
31 Das Gespräch wurde am 9. Juni 1991 geführt.

Kleine Menschen – K(l)eine Rechte

1 BT-Drucksache 12/42 vom 24. 1. 1991

Andrea Ernst
Jg. 1957, Studium der Soziologie in Wien.
Seit 1985 als freie Sozialwissenschaftlerin und Journalistin tätig mit den Schwerpunkten Gesundheit und Soziales; u.a. für verschiedene Printmedien, das *Österreichische Fernsehen*, die *Stiftung Warentest*, den *Westdeutschen Rundfunk*.
Veröffentlichungen: *Gift-Grün*, Chemie in der Landwirtschaft und die Folgen (als Mitautorin, 1986); *Sozialstaat Österreich*, Bei Bedarf geschlossen (als Mitautorin, 1987); *Schlucken und schweigen*, Wie Arzneimittel Frauen zerstören können (als Mitautorin, 1988); *Kursbuch Gesundheit* (als Mitautorin, 1990). Lebt in Düsseldorf und Wien.

Sabine Stampfel
Jg. 1959, Studium der Journalistik in Dortmund.
Seit 1984 als freie Journalistin tätig bei verschiedenen lokalen Frauenzeitungen, dem *Südwestfunk* und dem *Westdeutschen Rundfunk*, mit den Themenschwerpunkten Innere Sicherheit, Soziales, Jugend- und Frauenpolitik.
Veröffentlichungen u.a.: *Vorsicht Kinder!* Die Vereinten Nationen verabschieden eine neue Konvention (als Mitautorin, WDR 1989); *Asphaltsurfer*, Die Skateboard-Jugend (WDR 1990). Lebt in Düsseldorf.

Vera Herbst
Unsern Kindern helfen
Was tun, wenn Kinder krank werden?

KiWi 255

Unsern Kindern helfen zeigt auf, an wie vielen Krankheiten nicht nur Bakterien und Viren, sondern auch die Seele des Kindes beteiligt ist
Unsern Kindern helfen räumt mit dem Vorurteil auf, daß Kinder verrückt sind, wenn sie psychotherapeutisch behandelt werden, und beschreibt, was bei der Therapie geschieht.
Unsern Kindern helfen setzt sich mit Arzneimittelanwendung bei Kindern kritisch auseinander und erklärt, wann und wie Antibiotika sinnvoll angewendet werden können und welche Folgen Psychopillen für Kinder haben.
Unsern Kindern helfen erklärt, was bei einer Impfung geschieht, wann Impfungen sinnvoll sind und wann besser nicht geimpft werden sollte.

Kursbuch Gesundheit

Beschwerde und Symptome / Krankheiten / Untersuchung und Behandlung / Selbsthilfe
Gebunden

Auf tausend Seiten erhält der Leser Antwort auf alle Gesundheitsfragen. Welche Beschwerden habe ich? Auf welche Krankheit kann ich schließen? Kann ich mir selbst helfen und wie? Suche ich den Arzt auf, und wie wird er mich behandeln? Welche alternativen Behandlungsmethoden gibt es für meinen Fall? Wie schütze ich mich wirkungsvoll vor Gefahren aus der Umwelt und am Arbeitsplatz?

Hunderte von vierfarbigen, einfarbigen und schwarz-weißen Illustrationen unterstützen den Text und weisen den Weg durch das *Kursbuch Gesundheit.*

Die Autorinnen und Autoren des *Kursbuch Gesundheit* sind das erweiterte Team des kritischen Arzneimittel-Ratgebers BITTERE PILLEN, der bei seinem Erscheinen »eine Bibel für Laien« genannt wurde:
Verena Corazza / Renate Daimler / Andrea Ernst / Krista Federspiel / Vera Herbst / Kurt Langbein/Hans-Peter Martin/Hans Weiss.

KATALYSE-INSTITUT FÜR ANGEWANDTE UMWELTFORSCHUNG
KINDERERNÄHRUNG

KiWi 136

Der Ratgeber *Kinderernährung* entwirft auf dem neuesten Stand der wissenschaftlichen Erkenntnisse ein geschlossenes Ernährungskonzept für Kinder in allen Entwicklungsphasen, d.h. für Säuglinge, Kleinkinder, Vorschulkinder und Jugendliche.

Die Themenschwerpunkte:
Stillen · Prüfsteine für Babynahrung · Markenzeichen »Strahlengeprüft« · Nahrungsmittelallergie · Wenn Kinder das Essen verweigern · Zucker · Magersucht · Fluor und Zahnbildung · Der Einfluß von Drogen, Rauchen und Verhütungsmitteln · Bewertung von Produktarten (Süßigkeiten, Fast-Food, Fischstäbchen, Fritten, Ketchup usw.) · Vollwerternährung für Kinder?

KiWi Paperbackreihe bei Kiepenheuer&Witsch